高等职业教育公共基础课系列教材

"十三五"江苏省高等学校重点教材

大学生生涯发展与就业准备规划

（高职高专版）

主　编　董　慧　张鹏飞
副主编　张　箴　张莉娟　夷鸣蓉
编　委　范颖一　沈　敏　宋晓周
　　　　陈鹏涛　李　萍　陈厚桥
主　审　薛伟业

西安交通大学出版社
XI'AN JIAOTONG UNIVERSITY PRESS
国家一级出版社
全国百佳图书出版单位

内容简介

　　本书针对大学生职业发展特点，在了解学生需求与企业要求的基础上，结合多年教学经验与学生职业素质培养心得，紧紧围绕如何促进学生职业化成长与个人发展的核心而展开。本书通过课堂训练活动、影片赏析、课外阅读积累和模块练习等形式多样、生动活泼的学习方式，提高学生解决实际问题的能力，让学生在实战中不断增强职业能力、提升职业素养。

　　本书读者对象是高等职业院校从事大学生职业规划教育的老师、专家和全体大学生。

图书在版编目(CIP)数据

　　大学生生涯发展与就业准备规划:高职高专版 / 董慧，
张鹏飞主编. —西安:西安交通大学出版社,2021.12
　　ISBN 978 - 7 - 5693 - 2026 - 8

　　Ⅰ. ①大… Ⅱ. ①董… ②张… Ⅲ. ①大学生—职业
选择—高等职业教育—教材 Ⅳ. ①G717.38

　　中国版本图书馆 CIP 数据核字(2021)第 214335 号

书　　　名	大学生生涯发展与就业准备规划:高职高专版	
	DaXuesheng Sheya Fazhan yu Jiuye Zhunbei Guihua: Gaozhigaozhuan Ban	
主　　　编	董　慧　张鹏飞	
策 划 编 辑	曹　昳	
责 任 编 辑	曹　昳　王　帆	
责 任 校 对	李　佳	
出 版 发 行	西安交通大学出版社	
	(西安市兴庆南路 1 号　邮政编码 710048)	
网　　　址	http://www.xjtupress.com	
电　　　话	(029)82668357　82667874(发行中心)	
	(029)82668315(总编办)	
传　　　真	(029)82668280	
印　　　刷	西安五星印刷有限公司	
开　　　本	787 mm×1092 mm　1/16　印张 13.25　字数 352 千字	
版次印次	2021 年 12 月第 1 版　2021 年 12 月第 1 次印刷	
书　　　号	ISBN 978 - 7 - 5693 - 2026 - 8	
定　　　价	45.80 元	

前 言
PREFACE

从事学生教育管理工作十三年,看着上万名学生从校园跨入职场,有人笑着,有人闹着,还有人哭泣着,不仅仅是对校园的留恋和悲伤,还有一份对未来的彷徨。同样的三年,不同的结果。有人说,大学就是象牙塔,在这里可以过着无忧无虑的生活,三年后发现,"自由"有"自由的代价",如果从大一起没有规划,不知道自己是谁、不知道自己要去哪里、不知道要准备些什么……大学舒适的生活很容易变成"混日子"。

值得注意的是:每年的毕业季,一方面全国成百上千万的大学毕业生捧着简历四处求职,另一方面企业成百上千个就业岗位招不到人。学生找不到合适的工作,企业招不到满意的员工,求职和招聘都陷入尴尬的局面。究其原因主要是学生素质与企业要求发生错位。对高职院校的大学生而言,只有尽早地科学规划未来,设计有效目标,做好三年准备,才能取得职场自信与成功。

本书根据教育部《大学生职业发展与就业指导课程教学要求》,针对大学生职业发展特点,在了解学生需求与企业要求,并在总结多年教学经验与学生职业素质培养心得的基础上,从八个问题(即八章,分为五个模块)出发,致力于寻求"如何促进大学生职业化成长与个人发展,最终实现职业梦想"的答案。本书突出了职业性、互动性、实用性,每一章在寻求答案的体验中完成知识储备和能力提升,每一模块都设计了"小商生涯工作坊",增强教材的实践性,提高学生互动参与热情;通过课堂训练活动、影片赏析、阅读时光、行动力量等形式多样、生动活泼的学习方式,提高学生解决实际问题的能力,让学生在实战中不断增强职业能力、提升职业素养。希望本书中的卡通人物——小商能成为大学生的青春领路人,陪伴大家一起成长。

本书编写计划由无锡商业职业技术学院董慧制订,董慧、张鹏飞编写本书大纲并担任主编,张箴、张莉娟、夷鸣蓉任副主编,薛伟业副教授对本书进行审定。在本书的编写过程中,得到了国家级教学团队带头人徐汉文教授的悉心指导,开亚国际物流(上海)有限公司人力资源总监陈玲女士的大力支持和帮助。西安交通大学出版社相关同志也为本书的出版付出了辛勤的劳动,本教材小商人物卡通形象由无锡商业职业技术学院动漫131班吴伟同学原创设计。在此,一并表示衷心感谢。

本书在编写过程中,尽管参阅了大量的文献资料、借鉴了许多著作的精华,但限于编者理论修养和实践经验的局限,可能会有欠缺,请各位专家、读者不吝赐教,提出宝贵意见,以期在进一步修订中给予完善。

编者
2021 年 4 月

关于小商

我是小商

我是这本书的主人公

来到大学

我爱唱歌、旅游

喜欢交朋友

有时爱思考

有时爱发呆

兴趣过于广泛

关于我的未来

还不太明白

但我的内心

充满好奇与众多期待

我们一起开启大学之旅吧

CONIENTS

目录

CONIENTS

目录

模块一

知学篇

小商 调研

当代大学生的困惑

不知道自己想要什么

不知道自己如何去做

我有三年的时间,还早着呢

嫌职业生涯规划太麻烦

对自己确定的目标没有信心

规划设计太长远,意义不大

担心计划不如变化快

第一章

我在哪里

第一节　走进大学生活

小商说故事

两名学长不同的大学生活

　　小夏是某高职院校的学生,刚进入大学,对大学的一切倍感新鲜,对未来充满着憧憬,适应、学习、人际等方面的烦恼还没产生。但适应了一个学期之后,他感到很多东西不像自己刚进入大学时想得那么美好,同时也意识到进入大学并不意味着未来就有了保障。他开始思索未来该朝哪个方向发展,但由于对自身和未来职业都缺乏了解,很难确立一个明确的发展目标,因此陷入了较为严重的空虚、无聊和迷茫之中。小夏觉得专业知识枯燥乏味,提不起兴趣,于是经常逃课,沉迷于网络游戏,极少参加集体活动,与同学之间的交流也不多。这样的生活,他过了两年。临近毕业,同宿舍的同学都找到了工作,他还没有想清楚要找什么样的工作,但也很着急,于是到处投简历,参加各种招聘会,也面试过几家单位,却一直没有得到被录用的消息。

　　小苏是小夏的同学,与小夏一样,他也发现了大学生活的特点,但他没有丧失自制力,一直让自己的生活变得很充实。大学的上课时间少了,自己支配的时间多了,小苏除了认真学习专业知识,还利用各种渠道如图书馆、网络等,增强自身的专业技能,同时结合自己的特长选择性地加入一些社团,认识来自不同领域、不同专业的同学,使自己对其他领域也有了一定的了解。通过与有共同兴趣的人交流,认识了更多的朋友,锻炼了自己的社交能力。他还积极参加集体活动，参与学生会竞聘，更好地锻炼自己各方面的能力。同时，他利用课余时间，做一些与自己所学专业相关的兼职，利用暑假到两家公司实习，实习期间非常认真，积极向同事请教学习，充分了解所学专业的行业要求，提前接触了职场。临近毕业，其他同学忙着找工作，他却已经拿到了曾经兼职过的一家公司的入职通知单。

小商语录

没有计划的人往往会被计划掉。

知识储备

第一次漫步在大学校园，我们会感慨自己终于熬过高考这一门槛。然而经过一两个月的适应之后，我们会发现大学和想象中有些不同，多了些自由，少了些约束，多了些时间，少了些忙碌，多了些浪漫，少了些呆板……一些人很快就找寻到了自己的步伐，而另外一些人则渐渐迷失在自由中。和高中相比，学习不再是我们在大学的唯一任务，我们需要用更宏观的眼光看待自己的学习、生活、工作、爱情等。我们可以看出大学有一个很重要的任务就是为社会服务与创造价值，与此相对应的是我们需要在大学里培养自己为社会服务的能力。或者通俗地说，我们还需要在大学培养自己将来工作的能力。

一、大学生活特点和目标

(一)大学生活特点

1.豁然开朗的个人自由空间

在中学的时候，由于面临着高考的压力，绝大部分学生的个人自由空间十分狭小，在学校有老师逼着学，回到家有家长看着学。进入大学以后，每天的上课时间大大减少，更重要的是下课后，所有的时间将由大学生自己安排，所以大学生的个人自由空间豁然开朗。

2.极其丰富多彩的业余生活

在中学里，学生每天除了学习就是学习，基本上没有什么业余生活。进入大学以后，大学生的业余生活则是极其丰富多彩的，有共青团、学生会、学生社团组织的各种各样的校园文化活动。

3.学习方式、内涵及内容的深刻变化

在中学里学生的学习方式基本上是上课被动地接受，然后下课做好复习，而在大学里学生的学习方式则以自学为主，课堂上老师主要起点拨作用；在中学里学习就是死记硬背和掌握理论知识，而在大学里学习十分注重思维的锻炼和理论知识的应用；在中学里学习的内容基本上就是科学文化知识，而在大学里不但要学习科学文化知识，还要学习怎么做人、怎么做事。

4.要求学会高度的自我管理

进入大学以后,由于个人自由空间的豁然开朗、极其丰富多彩的课余生活,以及学习方式、内涵及内容的深刻变化,再加上父母、亲戚、朋友不在身边,衣、食、住、行、学等日常生活都要自己安排,特别是同学们来自五湖四海,兴趣爱好、生活习惯可能存在差异,主动地加强沟通和交流,互相理解和关心成为一种必然需要。大学生要尽快适应新的环境,既要学会过集体生活,又要学会独立处理学习、生活中遇到的各种实际问题。因此,大学生学会高度的自我管理非常必要。

(二)大学生活目标

大学生活是丰富又有趣的,相信刚进入大学的同学都对大学有自己的想象和期待。同时大学也是人生中重要的阶段,所以有不少同学也会为自己制定大学的目标和计划。

1.宏观发展目标

通过大学阶段高效性、综合化的学习和参加各种社会实践活动,自身知识、素质、能力得到了协调发展。同学们要立志把自己培养成为具有崇高理想信念、良好个性品质、深厚知识基础、卓越创造才能、踏实工作作风、身心健康发展的高层次、高素质人才。

2.对大学生活多样性的打算

(1)社团活动。

大学是一个"准社会",社团为我们提供了一个良好的实践平台。大学阶段参加几个学术类和实践类团体,或自己创建一个组织,在活动的组织、策划、参与过程中,不断提高自己的领导能力、组织协调能力和社会交际能力,培养团队合作精神。

(2)文化娱乐。

充分利用课余时间参加一些有益身心的文娱活动,尽量培养自己的多种兴趣和爱好,增添生活情趣,使生活充实丰富、生机勃勃。此外,利用学校图书馆、互联网等资源,广泛阅读各类报刊书籍,特别是英文原著、学术期刊等,聆听各种讲座、报告,掌握时代脉搏、学术前沿。要博观约取,专博相济,拓宽知识面,优化知识结构,增长智慧,提高素养。

(3)竞赛活动。

通过参加竞赛,可以获得各种有价值的学习生活技能。竞赛可以磨炼技术能力、孵化理念,还可以提高时间管理能力,竞赛还可能成为一种对未来投资的形式。成功就像钻石,只有在不断打磨和提炼之后才会发光。参与竞赛的时间不会浪费,反而是对你自身发展的投资。

(4)体育活动。

强健的体魄是成功的基石,体育锻炼和体育活动是大学的必修课。体育锻炼不仅能增强我们的体质,还能增强我们的心理素质。许多体育锻炼不仅对我们的身体有着考验、锻炼的目的,而且还考验锻炼着我们的毅力、耐力。例如长跑就很能锻炼一个人的耐力与韧劲。通过体育锻炼来加强心理素质,从而使自己在学习生活中心理健康,这肯定会使我们的学习生活更加高效率、更美好。

3.对个性发展的思考

(1)自我认识与价值观。

能进入大学的学生,个个都是精英。因此,我们每个人都很优秀。进入大学后,同学之间竞争的领域也越来越广泛了,不仅是学习成绩,还有综合素质与能力。我们需要积极调整心态,以一颗平常心面对一切,正确认识自己,努力认清现实,全面发展自我。

（2）学习和思维方式的转变。

大学学习是一种自主的探索式学习,学习的终极目标并不明确,所以我们一开始就要有主动学习的自觉性和自己的学习规划与目标。同时,还要尽快转变思维方式,培养批判性、创造性和系统化的思考能力,大量查阅相关文献资料,积极与老师、同学交流沟通。发散思维,灵活主动,表现多维性、研究性、高效率的学习。

（3）独立面对生活。

大学是真正意义上的独立生活的开始,刚进入大学的我们首先应学会日常生活的料理,自己照顾好自己。在此基础上,培养良好的生活习惯,合理安排时间。此外,还应调整生活方式,注意与来自各个地方、各个学院的同学交流与沟通,学会相互帮助,以适应大学新环境。

（4）人际交往。

人际关系是个人生存与发展的必要条件,我们要有所作为,必须要有一个良好的人际环境。在大学里,我们首先要承认每个人性格习惯和价值体系的差异性,学会以广阔的胸怀包容万象,然后以恰当的方式处理各种人际纠纷,坦诚待人,严于律己。

（5）英语能力。

英语是21世纪十分重要的交流工具,英语水平会影响个人的人生道路所能达到的高度。特别是英语听力和口语表达能力,对我们日常交流、学习、应聘都至关重要。因此要从一进入大学开始,就勤奋记诵单词,坚持大量的口语、听力、写作训练,广泛阅读英文报刊和学术著作,访问国外名牌大学和世界500强公司网站,以此不断提高英语水平。

（6）国际视野。

当今中国正在以空前的速度提升自己的国际化程度,而其中的核心问题是人才的国际化,这就要求我们必须在大学里拓宽视野,以加重自己适应经济全球化的砝码,在激烈的社会竞争中立于不败之地。

时光倒流 请回忆一下当年你填报高考志愿时的情景,然后回答以下问题:

1.当时填报志愿时,你都受到哪些因素的影响?

2.当时的选择,你还满意吗?

3.如果满意,接下来你有何打算? 如果不满意,你准备怎么做?

二、大学阶段的主要任务

在大学阶段,我们要通过英语、计算机考级,要获得几项职业技能证书,要培养自己的表达能力、沟通能力,要为升本、接本、考研做准备……总之,大学阶段是我们生涯的重要准备期。归纳起来,就是要完成"一、二、三"任务。

1.培养一种精神

一种精神指职业精神。职业精神是人们在从事工作时所表现出来的一种态度或精神风貌。目前,我们虽然还没有进入职场,但是一个人在大学里养成的行为习惯,是非常容易带到今后的工作场所中去的。因此,我们应"勿以善小而不为,勿以恶小而为之",要从身边的小事做起,在做小事的过程中培养自己的职业精神。职业精神的内涵是非常丰富的,作为新时代的大学生,应该重点培养以下三个方面的职业精神。首先是责任心。责任心是一个人成才的重要支柱,也是衡量一个人成熟与否的重要标准。强烈的责任心是我们对自己的人生之路做出正确抉择,并顺利走向社会的前提。责任心是个人职业化素质的重要组成部分。只有具有强烈责任感的人才能踏实工作,把本职工作做好。如今用人单位在招聘人才时,非常强调敬业精神。其实,敬业精神的深层次来源是一个人对其工作的强烈责任心。一个没有责任心的人很难会有敬业精神。其次是主动性。从出生直至上大学,在我们的生活和学习中,总是会有人不断地告诉我们应该做什么、不应该做什么。由此,造成了我们的被动性思维。当需要我们自己做决定的时候,总是寄希望于父母或老师告诉我们应该怎样做。激烈竞争的社会不需要被动做事的人,这种人就像牙膏一样,挤一点出一点。大学阶段是大学生社会化的重要时期,我们要由他人导向型转变为自我导向型。最后是诚信品质。诚信对国家来说,是立国兴邦之基;对企业来说,是立世发达之魂;对个人来说,是立身处世之本。

案例分享

大三同学王宇航到公司应聘,经过交谈,老板觉得他并不适合他们公司的工作,因此,很客气地和他道别。王宇航从椅子上站起来时,手指不小心被椅子上跳出来的钉子划了一下。只见他顺手拿起老板桌子上的镇纸,把跳出来的钉子砸了进去,然后和老板道别。就在这一刻,老板突然改变了主意,留下了他。"我知道在业务能力上你也许未必适合我们公司,但你的责任心的确令我非常欣赏,把事情交给你我会很放心。"

2.树立两种意识

(1)生涯规划意识。

一个人如果有了明确的信念与原则,立场就会坚定,便可以始终如一;一个人如果有了明确的计划,在面对多变的外在环境时,就不会手忙脚乱;一个人如果事先做好预算,生活就不会落魄。如今,我们生活在一个瞬息万变的世界中,世界充满了不确定性。而在我们的一生中,又有许许多多的事情需要我们去完成,并且每个人的时间是有限的。面对多变的外在环境、有限的时间、无限多的事情，要充分发挥人的潜力、实现人生价值，就必须能够未雨绸缪，事先做好规划。机会往往给予有准备的人。

（2）自立意识。

自立是指个体从自己过去依赖的事物那里独立出来，自己行动、自己做主、自己判断、对自己的承诺和行为负责任的过程。自立贯穿于我们整个人生，可以分为身体自立、行动自立、心理自立、经济自立和社会自立。身体自立是指个体不需要扶助而能直立行走；行动自立是指个体具备生活自理能力，如会自己洗脸、刷牙、洗衣服等；心理自立是指个体能独立思考、独立判断、自己做决定；经济自立是指个体能不依赖父母或他人的经济援助而独立生存；社会自立是指个体能够按照社会所规定的行为规范、责任和义务而行动。

案例分享

无锡某职业技术学院新生中，曾有一名男生成绩优异，但在和寝室同学的相处中总是矛盾重重，其根源就是他的生活自理能力很差。该生从小一直生活在父母的宠溺之下，没有住校经历，生活中的许多事情也是靠父母安排。入学后，他的生活自理能力极差，夏天也很少洗衣服，换下来的衣服堆积在一起，散发着难闻的气味，同寝室的室友难以接受，纷纷劝说他，但他觉得洗衣服太麻烦，总是等衣服堆积到一定量才拿到外面洗衣店集中清洗。而且，他极不注意宿舍卫生，个人床铺和学习区非常杂乱，堆积的物品越来越多，从不整理。在一次和室友的诚恳交流中，他意识到问题所在，在室友的帮助下，逐步改正了这些不好的习惯。

学会自立是我们实现人格独立、开创事业的前提条件。因此，在大学阶段，我们应该树立自立意识，培养自立能力。因为只有具备了自立精神，才有可能在将来开创自己的事业。因此，不管家庭经济情况如何，我们作为成年人，从入校开始就要树立自立意识。一个人只有学会了自立，才可能赢得职业生涯的发展与成功。

3. 学会三种本领

（1）学会做人。

做人是指人们在人际交往中表现出来的对人、对自己的原则和态度。著名教育专家孙云晓在《教育的秘诀是真爱》一书中指出，"教育的核心是学会做人"。作为受教育者的大学生，在大学学习的过程中首先应该学会做人。

"学会做人"是一个既现实又深奥的话题，学校里没有教你"如何做人"的教材，也没有开设"如何做人"的课程。如何学会做人，是我们应该长期用心思考的问题。在日常的学习和生活中，我们应该做有心人，从老师、同学、朋友的言行中去分析、去体会：在面对同一件事情时，别人为什么处理得比我好？从中我应该学习什么？"学会做人"是个逐渐积累的过程，它不仅是大学阶段的主要任务，也是整个职业生涯发展过程中的重要方面。统一集团创始人高清愿先生说："学问好不如做事好，做事好不如做人好。"学会做人中有一个重要的内容是"学会与他人相处"，即有一个好的人际关系。人是社会性动物，从呱呱坠地开始，便无法躲避世人而离群索居。因此，如何才能在由人组成的社会中求得生存，并且生存得有意义、有价值,便成为生命中的一个重要课题,这其实就是人际关系问题。

📖 **读书分享**

书目《和谐的人际关系》　作者:曾仕强、刘君政
1+1=1 叫作"事半功倍"　　　　1+1=2 叫作"一分耕耘一分收获"
1+1=4 叫作"事倍功半"
1+1=4 的方法有:
　※敏锐的心　　※倾听的耳　　※智能的舌　　※关爱的眼
　※助人的手　　※踏实的脚　　※相互尊重　　※双胜双赢

中国入世首席谈判代表龙永图由于在中国入世谈判中的出色表现,被新闻界奉为"铁嘴"。对于这一称号,龙永图以他的"双赢"理论加以解释。他说,成为"铁嘴",除了自身修养、学识、表达能力这些因素以外,最重要的一条是要站在一种"双赢"的立场上去考虑问题。只有在"双赢"的基础上达成共识,才能获得最后的胜利。在与人的沟通中,常常要注意这种互动的双赢效果。所谓沟通、谈判,不是在口舌上逞强,而是运用技巧做合理的争取。现代社会,人与人之间的交往密切而频繁,有意见分歧之时,要在互惠的原则下尽可能保持原有理念,就需要采取双赢策略,先让他人获利,再谈自己。如此便可愉快相处,各得其利。

我们都懂得良好的人际关系是家庭和谐、事业顺利、生活快乐的关键,所以要好好掌握与人相处的艺术。从现在开始、从小事开始、从尊重每个人开始,主动交往,热情待人,豁达处世,与群体融为一体,消除隔阂,打破封闭,使大家处于一种互相理解、互相尊重、平等友好的关系之中,实现沟通顺畅、相处融洽、双胜双赢。

(2)学会学习。

美国心理学家斯金纳说:"如果我们将学过的知识忘得一干二净,最后剩下来的东西就是教育的本质。"所谓"剩下来的东西",其实就是学习的能力,也就是举一反三或无师自通的能力。事实上,在知识大爆炸的时代,学校不可能教给我们今后需要的所有知识,但是在大学里,我们可以学会独立思考并掌握学习的方法,这个"剩下来的东西"会让我们不论面对怎样的知识变更和激烈竞争,都能游刃有余、得心应手。

大学不是"职业培训场",而是一个让学生学会适应社会、适应不同工作岗位的平台。在大学期间,学习专业知识固然重要,但更重要的是要学习独立思考、解决问题的方法。只有这样,大学毕业生才能跟上瞬息万变的未来世界。有些同学总是抱怨老师教得不好、懂得不多,学校的课程安排也不合理,"与其诅咒黑暗,不如点亮蜡烛",大学生不应该只会跟在老师的身后亦步亦趋,而应当主动培养自己的自学能力。

(3)学会做事。

大学阶段,还有一个非常重要的任务就是要充分利用大学里的优质资源,培养我们的职业能力。在大学阶段完成以下几件事情,将有助于培养我们做事的能力:

①培养专业能力。专业能力是从事专门工作必须要具备的能力。专业能力的获得主要靠专业学习,专业教育也是我国高等院校特别是中高职学院人才培养的主要方式。

②学会使用办公软件。如今，随着计算机的普及，以计算机为核心的办公自动化在工作中被广泛使用，办公自动化可大大提高我们的工作效率。因此，无论是计算机专业的学生还是非计算机专业的学生，学会使用办公软件都是十分必要的。微软公司的 Microsoft Office 是人们广泛使用的办公软件。其中的 Word、Excel 和 PowerPoint 是人们使用最多的文字处理、电子表格制作和电子文稿演示工具。学会使用 Word 可以提高我们的写作速度，使我们的写作过程清晰明了，并可以帮助我们对自己的文章进行编辑、校对和修改。"一幅图能代替千言万语"，通过使用 Excel，我们可以制作出各种各样的图（如柱状图、饼图）和表格来显示数字之间的相互关系。Excel 还有一个非常重要的功能，它可以对数据进行一些简单的统计分析，进而形成图表。借助 PowerPoint 来进行演说，不仅可以让受众有听觉刺激、视觉刺激，而且可以使我们的演说更加出色。

③学会收集信息。现代社会是一个信息社会，没有信息，我们就无法顺利地开展学习和工作。因此，懂得如何收集自己想要的信息对于学习和工作而言都是至关重要的。一位企业家指出，信息是谋求发展的关键。他这样写道："要么去狩猎，要么被猎取。我大部分的成就都源自我拥有被人需要的信息。第一步，要了解别人需要什么。第二步，要拥有足够的资源，以便知道去哪里迅速地获取这些信息。速度是我着重强调的一点。企业需要速度，而当你收集信息时，你必须做到有条不紊。"

在大学阶段，学会收集信息对于我们做出合理的学习或职业生涯决定，自主地开展学习活动，培养自学能力是非常有帮助的。学会使用图书馆、电子数据库、互联网搜索、问卷调查以及信息采访，都有助于提高我们的信息收集能力。

三、大学中的丰富资源

（一）第一课堂——教室内的自主学习

大学课程学习不再以试卷分数论英雄，一门课程成绩往往由平时积累＋考试发挥组成，更多的课程是老师通过布置大量需查阅资料、动手实践的任务进行考核，参考书有可能比教材用得多。大学学习首先要适应老师快速授课、学生自主学习的模式，及时弄清不懂的知识点，积极培养自己快速学习的能力。教师在课堂上一般会设置一些教学互动环节，如分组讨论、学生之间的辩论等，我们应该把握此类机会，享受沟通带来的学习效果，无须担心经验不足导致的表现不自然，也无须担心回答错误。老师教授的不仅是知识，更是一种学习能力。大学里不会规定一个学生课后的学习时间和学习地点，任课老师与辅导员也不会实时跟踪每个学生的学习进度，一切都需要自我管理，养成一种主动学习的习惯，自觉投入学习。在很长一段时间，专业学习可能会处于雾里看花的阶段，这个时候千万不能气馁，要尽力跟上老师的进度。不论是入门的专业课，还是通识性的基础课都要给予充分的重视。

（二）第二课堂——教室外的活动与组织

大学生第二课堂活动是指大学生通过参加有组织的课余活动以达到陶冶情操、获取知识和培养能力目的的一种教育教学形式，是大学生素质教育的重要阵地。它是对课堂教学时空、内容和手段上的补充，有助于为第一课堂拾遗补阙、提高学生的综合素质、保证学生健康成长,有助于推动学生向社会化的人积极转变,有助于优秀校园文化的塑造,促进优良学风、校风的形成。通常,第二课堂学分认证被作为学生毕业的条件之一,在入学之初,学生就应该对第二课堂的学分考核要求了解清楚。

第二课堂的活动形式多种多样,大体上分为以下三类:

①群众性活动。如专家学术讲座、专题报告、知识竞赛、文体活动、参观访问、企业调研及各种社会公益活动等,这类活动特点是容量大,能够吸引较多学生参加,可在短时间内获得知识、开阔视野。

②小团队活动。如班级主题班会、团日活动、专业技能竞赛小组、记者团、社会公益服务小组、艺术团、青年志愿者小组等,各类小团队的组成人员可在班级内,也可在本院系范围内,甚至在全校范围内组成,这些活动是建立在志趣、爱好相同,又自觉自愿的基础上,成员比较稳定,活动内容比较集中,便于组织,有利于学生之间的交流、切磋和协商。

③个人活动。这是学生个人根据自己的兴趣特长,选择合适的内容或研究点进行的独立性活动。如学生独立学习某一内容、研究某一兴趣领域、从事创作和写作等,又如相声爱好者开设专场相声会、文学爱好者出版自己的散文集、音乐发烧友毕业前开原创演唱会等,它的特点是针对性强,适合在多种场合和条件下开展活动,从而弥补了群众性活动和小团队活动受时空条件限制的弱点,有利于发挥大学生的特长和独立精神。

大学里除了丰富多彩的文体竞赛活动可以培养学生素质、能力外,还有两大学生组织同样能全方面锻炼自我,促进成长。每年开学初期,尤其是新生报到后,校园里最吸引学生眼球的就属学生会、社团的招聘和竞选了,校园里随处可见各大学生会、社团的招聘信息。有很多新生在不太了解的情况下,盲目选择,随意加入,结果半途而废。如何选择适合自己的学生组织进行自我锻炼和开发,需要对学生组织进行更多调查和了解。

(1)学生会(student council),全称是学生联合会,是由学校组织,在团委的指导下,学生管理自己的群众性组织,是学校联系学生的桥梁和纽带,是学校最重要的学生组织之一。它提倡"三自服务",即自我管理、自我发展、自我成长,为学生和老师提供无偿服务。全国高等学校建立的学生会联合组织为中华全国学生联合会,简称全国学联。高职院校一般设校学生会和院系(科)学生会两级。一般的学生会都设置主席团、秘书处、外联部、学习部、宣传部、组织部、文艺部、体育部、生活部、实践部、技术部等。学生会以主席团为领导核心,包括学生会主席一人,副主席若干人,各部门设部长一人,副部长一到二人,部门秘书一人,干事若干人。

(2)学生社团(students society),全称是社团联合会。学生社团是指学生为了实现会员的共同意愿和满足个人兴趣爱好的需求、自愿组成的、按照其章程开展活动的群众性学生组织。学生社团是高职院校校园文化建设的重要载体,是大学第二课堂的引领者,它的自由度相对学生会而言更宽松一些。学生社团同样接受学校团委、各院系团委的领导,必须遵守宪法、法律以及学校各项规章制度,但可打破年级、系科以及学校的界限,团结兴趣爱好相近的同学,发挥他们在某方面的特长,开展有益于学生身心健康的活动。学生社团形式多种多样,有关于学术问题、社会问题的讨论研究会,还有爱好文学、体育、音乐、美术等的学生组成的活动小组,如文学社、调研社、棋艺社、辩论社、话剧社、摄影协会、器乐协会、武术协会、篮球俱乐部等。

(三)第三课堂——校园外的社会实践

1. 大学生寒、暑假社会实践

大学生社会实践是大学生走向职场、深入基层、服务社会、直接感受社会生活的重要途径,具体而言,是学生利用寒、暑假,在老师的指导下组建实践小分队,有目的、有计划地深入现实社会,参与具体的职业劳动和社会生活,以了解社会、增长知识技能、养成正确的社会意识和人生观的活动过程。这种假期校外实践或实习,对于在校大学生具有加深对本专业的了解、确认适合的职业、为向职场过渡做准备、增强就业竞争优势等方面都有重要的意义。很多学生希望趁暑假通过打零工、参与创业、定岗实践等活动,既可积攒一份"私房钱",又可以积累宝贵的社会经验。

2. 大学生社会兼职

大学生社会兼职包括校外家教、商超促销、信息调研、节假日路演等相关短期社会实践活动。大学期间,在完成学业的情况下,一般会出现大量自由支配的时间,只要合理规划,大学生可以充分利用这些空白时间,从事一项自己感兴趣的社会兼职。家教、促销等侧重经济利益,是一些希望自食其力学生的首要选择;具有一定经济基础的学生选择做义工、支教、志愿者等,既锻炼了能力,又奉献了爱心;更多学生则是倾向于选择和专业相关的单位实习(包括有偿和无偿),可以真正将课本上的专业知识"学以致用",为将来的职场打拼多积累一份实战经验。

四、大学期间的自我管理

(一)树立良好的职业形象与礼仪

美国形象大师罗伯特·庞德说:"服装是视觉工具,你能用它达到你的目的,你的展示——服装、身体、面部、态度为你打开凯旋、胜利之门,你的出现向世界传递你的权威、可信度、被喜爱度。"因此,求职形象设计已经成为大学生在求职活动中继学历、证书、社会实践经验等硬件条件准备之外的又一个不可或缺的要素。在当今激烈竞争的社会环境下,个人职业形象已经日益成为一种核心竞争力,其不仅能够彰显个人的专业实力和职业素养,更能够正向影响所在组织的公众形象和综合实力。然而,目前中国大多数大学生对自我形象还不够重视,毕业时的形象设计还是以一套西装的包装外表为主。由于缺乏对职业形象礼仪的相关知识、技能的学习与训练,忽视对求职目标岗位的调查与分析,很多毕业生往往是投入较大而收获甚微,甚至适得其反。如何让自己形象价值不断提升,请参阅本书第八章关于职业形象与礼仪的内容。

(二)学会情绪调节与压力管理

情绪就是交响乐中演奏的各种乐器,如果它们彼此协调,则会创造出各种美妙动听的生命乐章,这就是正面情绪;如果它们彼此冲突,创造出的就不是乐章,而只能是一种噪音,影响人的学习和生活,这就是负面情绪。人们每天都要和情绪打交道,有自我情绪,也有他人情绪。情绪不是天生定型的,决定情绪的不是外物,而是本人内心的心理状况,比如压力。压力,并不是我们高中物理书上指的压强、压力。压力往往是由于感知个人的能力与个人期望之间的差异引起的,过度的压力除了对身体造成伤害外,对自己和组织的消极影响也是巨大的。压力主要是由压力源造成。压力源来自各个方面,包括身体的、心理的、社会的、文化的,等等。大学新生刚刚迈入大学,与来自五湖四海的同学生活在一起,不仅有文化习俗、生活习惯的差异,更有各具特点的性格差异,因此,能否和谐共处一室、一班,就成了许多大学生压力的首要因素。许多不经意的小摩擦,往往在不当的处理中,被放大,被积累,直到影响到自己的身心,带来双重的压力,产生各种各样的心理问题。例如宿舍适应性、恋爱感情、人际关系敏感、社交恐惧等常见问题。这就要求大学生学会管理自己的情绪。如何控制自我情绪,如何科学释放压力,请参阅本书第八章情绪和压力管理的内容。

(三)学会有效沟通,减少无效沟通

"说得漂亮不如干得好",这是许多勤勤恳恳的前辈们对自我及晚辈们的劝勉,在他们看来,沟通不过是一个要嘴皮子的功夫,算不得真正的能力。然而,在我们的生活和工作中有没有出现过这样的情形:和同学为了一个题目观点争执了起来,弄得双方都不开心,而实际上,大家只是为了探讨一个也许更有效的方法;没有很好地完成老师交代的工作被批评,可自己一肚子委屈不知如何诉说,因为你已经尽力了;接到一个朋友的电话,劈头盖脸地把你骂了一顿,你为了友情尽力克制自己的情绪,还没来得及解释却被对方粗鲁地挂断电话……沟通,是传递信息、思想与情感并达到相互了解和理解的过程,它远远不止说话这么简单。大学生离开父母,独立生活,需要和同学、老师、朋友、陌生人等打交道,将来走向社会,会面临更多的沟通对象。俗话说"有人一句话把人说得笑起来,有人一句话把人说得跳起来",归其原因,是因为我们生活中很多的沟通属于无效沟通。沟通不仅要有自信和勇气,还要有了解对方心理的换位思考能力。戴尔·卡耐基曾说:"一个人的成功 15% 取决于他的专业知识,而 85% 来自他的沟通能力和综合素质。"把握沟通的方法和要点,争取让你的沟通变得清晰、有效并且令人愉悦。

(四)学会时间管理,让时间变得更有价值

电影《功夫熊猫》中有一句台词:"Yesterday is history,tomorrow is a mystery. But today is a gift. That is why it's called the present(the gift). "俗语说,昨天已经过去,明天一切未知,但"今天"是上帝赐给我们的"礼物"。现代管理学大师彼得·德鲁克(Peter F. Drucker)在 28 条管理箴言中也提到"认识你的时间",只要你肯,就是一条卓有成效之路。如果一天天过去了,我们的时间少了,而才华没有增加,那就是虚度了时光。所以,我们必须有效率地使用时间。那么,我们应该如何来管理我们的时间呢? 一个小时有 60 分钟,而事实上一个小时中我们真正能有效利用的时间可能只有几分钟而已。时间管理本身不是目标,它只是一种在一定的时期使用的工具,一旦形成习惯,它会永远帮到我们。详细内容请参阅本书第八章关于时间管理的内容。

(五)学会合作竞争,培养团队精神

大雁飞行时为什么结队而行? 因为排成"人"字队形,又很像"V"字,符合流体力学的原理,可以减少 75% 的空气阻力,这样它们就可以节省大量的体力而飞得更快、更远。很多企业之所以快速发展,其根源不在于员工个人能力的卓越,而在于员工整体"团队合力"的强大,起关键作用的是弥漫于企业中无处不在的"团队精神"。任何人都不是孤立的,总是生活

在社会组织和群体中,如果将组织看成是一个完整的人体,团队便是构成人体的各类系统,个人则是组织或团队的最基本的细胞,即使是天才,也需要他人的帮衬。我们处于一个竞争的时代,竞争能够激发个人的潜能,合作能够"放大"个人的功能。大学生要学会处理竞争与合作的关系,学会包容、欣赏、尊重其他成员,借助团队取长补短,在团队的差异和共鸣中不断成长。"没有完美的个人,只有完美的团队",大学生如何通过团队完善自己、成就自己,请参阅本书第八章关于团队协作精神的内容。

自我测评

正确认识自己的自我管理水平

从下面的词汇表中,挑出你认为符合自己情况的词汇,然后思考为什么会这样描述自己,有哪些例子可以用来证明你的结论。

自我管理词汇表

诚实	正直	自信	开朗	耐心	合作	细致	慎重	认真	负责
可靠	灵活	幽默	友好	真诚	热情	高效	冷静	严谨	踏实
积极	主动	豪爽	勇敢	忠诚	直爽	执着	机灵	感性	善良
大度	坚强	随和	聪明	稳重	热情	乐观	朴实	渊博	机智
敏捷	活泼	灵活	敏锐	公正	宽容	勤奋	坦率	慷慨	明智
坚定	亲切	果断	独立	成熟	谦虚	理性	周详	平和	有创意
有激情	有远见	有条理	善于观察	坚忍不拔	精力旺盛				

符合自己的自我管理词汇:

....

....

....

第二节 职业生涯规划

小商说故事

两个不同的和尚

有两个和尚住在隔壁,所谓隔壁是隔壁那座山,他们分别在相邻的两座山上的庙里。这两座山之间有一条溪,而这两个和尚每天都会在同一时间下山去溪边挑水。久而久之,他们便成了好朋友。就这样,时间在每天挑水中不知不觉已经过了五年。突然有一天,左边这座山的和尚没有下山挑水,右边那座山的和尚心想:他大概睡过头了,便不以为意。哪知第二天,左边这座山的和尚,还是没有下山挑水,第三天也一样,过了一个星期,还是一样,直到过了一个月,右边那座山的和尚,终于受不了了。他心想:我的朋友可能生病了,我要过去拜访他,看看能帮上什么忙。于是他便爬上了左边这座山去探望他的老朋友,等他到达左边这座山的庙,看到他的老友之后,大吃一惊,因为他的老友,正在庙前打太极拳,一点也不像一个月没喝水的人。他好奇地问:"你已经一个月没有下山挑水了,难道你可以不用喝水吗?"左边这座山的和尚说:"来来来,我带你去看。"于是,他带着右边那座山的和尚走到庙的后院,指着一口井说:"这五年来,我每天做完功课后,都会抽空挖这口井。即使有时很忙,能挖多少就算多少。如今,终于让我挖出井水,我就不必再下山挑水,我可以有更多时间练我喜欢的太极拳了。"

小商语录

大学三年铺好路,毕业十年牛哼哼。

知识储备

职业生涯规划起源于西方。1908 年,美国波士顿大学教授帕森斯(F. Parsons)在波士顿创建职业指导局。他提出了"选择一项职业"要比"找一份工作"重要的理念,并设计了职业辅导的步骤。在我国大陆,从第一部系统阐述职业生涯规划的专著问世并在企业中应用至今,也仅仅是最近十几年的事情,随着社会政治、经济、文化的发展,社会对个人素质的要求逐渐提高,人们越来越重视职业生涯规划。

> **想象力秒杀**
>
> 快速搜索脑中关键词,用一句话描述你心目中的生涯和职业生涯规划,并和身边同学分享你的联想。
> 生涯就像_____
> 职业生涯规划就像_____

一、基本概念

(一)生涯与职业生涯

在《庄子》中,有一句话:"吾生也有涯,而知也无涯。"大意是说我的生命是有限的,但学习是无止境的。在这里"生"是指生命、人生,"涯"是指边界、界限,生涯就是指生命的长度。

宋陈亮《谢陈参政启》一书中，"暮景生涯，恍如落日；少年梦事，旋若好风"，在这里生涯指生活的意思。

在职业生涯规划研究领域，学者们对生涯的定义也是各有解释。

（1）生涯是指一个人在工作生活中所经历的职业或者职位的总称。

（2）生涯是指一个人终生经历的所有职位的整个历程。

（3）生涯是指个体依据心中的长期目标所形成的一系列工作选择，以及相关的教育、训练活动，是有计划的职业发展历程。

（4）生涯是指一个人终其一生所从事工作与休闲活动的整体生活形态。

（5）生涯指一个人职业、社会、人际关系的总称。

结合以上观点，本文认为生涯是指个体一生中游戏、学习、职业、生活、休闲、人际等社会活动的综合。在人生的每一个阶段，社会活动的类型不同，时间跨度也不一样。例如幼儿时期，主要以游戏为主，进入小学以后主要以学习为主，进入社会以后主要以职业、生活为主。生涯具有以下特征：

（1）方向性。它是生活里各种事态的连续演进方向，主要体现为时间的一维性、向前性、不可逆性。

（2）时间性。生涯的发展是一生当中连续不断的过程，生涯的发展是连续的但同时又是有阶段的，每个阶段任务不同，发展形势也不一样。

（3）空间性。生涯是以事业的角色为主轴，也包括了其他与工作有关的角色，一个时间段内会扮演不同的角色，适应不同的生活要求。

（4）独特性。每个人的生涯发展是独一无二的，个体的独特性决定了生涯的独特性。

（5）现象性。只有在个人寻求它的时候，它才存在，生涯的发展有内在的规律性。

（6）主动性。人是生涯的主动塑造者，生涯的路径与发展最终取决于人的活动与规划。

（二）什么是规划

儒家经典之作《礼记·中庸》中，有一句话："凡事预则立，不预则废"，大意就是事情要想成功，需要做好准备与合理的规划。可见规划的重要性与意义。规划就是进行比较全面的、长远的发展计划，是对未来整体性、长期性、基本性问题的思考、考量和设计，就是个人或组织为达到预定的目标，将所有可能影响其实现的内在的、外部的、有利的、不利的和所需要的资源、时限等因素考虑在内，制定一个科学的、合理的、可行的实施方案。

规划与计划基本相似，不同之处在于：规划具有长远性、全局性、战略性、方向性、概括性和鼓动性，计划具有短期性、局部性、战术性，但是两者往往是相对而言的。两者的关系分析如下：

（1）规划的基本意义由"规"和"划"构成，规即法则、章程、标准、谋划，属战略层面；划即合算、刻画，属战术层面。两部分组成规划，"规"是起，"划"是落。从时间尺度来说侧重于长远，从内容角度来说侧重战略层面，重指导性或原则性。

（2）计划的基本意义为合算、刻画，一般指办事前所拟定的具体内容、步骤和方法。从时间尺度来说侧重于短期，从内容角度来说侧重战术层面，重执行性和操作性。

（3）计划是规划的延伸与展开，规划与计划是一个子集的关系，既"规划"里面包含着若干个"计划"，它们的关系既不是交集的关系，也不是并集的关系，更不是补集的关系。

(三)什么是职业生涯

所谓职业生涯,是指人的一生中的职业历程,就是一个人的职业经历,它是一个人一生中所有与职业相联系的行为与活动,以及相关的态度、价值观、愿望等连续性经历的过程,也是一个人一生中职业、职位的变迁及工作、理想的实现过程。

还有以下几种学者的观点:

(1)职业生涯是以心理开发、生理开发、智力开发、技能开发、伦理开发等人的潜能开发为基础,以工作内容的确定和变化,工作业绩的评价,工资待遇、职称、职务的变动为标准,以满足需求为目标的工作经历和内心体验的经历。

(2)职业生涯是人一生中最重要的历程,对人生价值起着决定性作用。

(3)职业生涯就是一个动态的过程,是指一个人一生在职业岗位上所度过的、与工作活动相关的连续经历,并不包含在职业上成功与失败或进步快与慢的含义。也就是说,不论职位高低,不论成功与否,每个工作着的人都有自己的职业生涯。

职业生涯是一个动态的过程,它并不包含在职业上成功与否,每个工作着的人都有自己的职业生涯。

职业生涯分为内职业生涯与外职业生涯。内职业生涯是指从事一种职业时的知识、观念、经验、能力、心理素质、内心感受等因素的组合及其变化过程。它是别人无法替代和窃取的人生财富。外职业生涯是指从事职业时的工作单位、工作时间、工作地点、工作内容、工作职务与职称、工作环境、工资待遇等因素的组合及其变化过程。它是依赖于内职业生涯的发展而增长的。内职业生涯发展是外职业生涯发展的前提,内职业生涯带动外职业生涯的发展。外职业生涯的因素通常由别人决定、给予,也容易被别人否定、剥夺;内职业生涯的因素由自己探索、获得,并且不随外职业生涯因素的改变而丧失。外职业生涯略超前时有动力,超前较多时有压力,超前太大时有毁灭力;内职业生涯略超前时舒心,超前较多时烦心,超前太大时要变心。

我的未来我作主

请给毕业五年后的自己设计一张名片,内容、形式不限。

思考:1.名片的含义

2.如何实现?

(四)什么是职业生涯规划

职业生涯规划就是个体对生涯中与职业相关的部分进行系统科学的思考、设计,设定一个潜在的职业目标,将所有可能影响职业目标实现的内在的、外部的、有利的、不利的和所需要的资源、时限等因素考虑在内,制定一个科学的、合理的、可行的实现方案。

从时间上来分,职业生涯规划可分为近期规划和中远期规划。近期规划时间年限与大学生涯年限基本吻合,这种规划一般为 5 年左右,例如国家的"十二五"规划等中等战略性规划；中远期规划年限一般在 5 年以上，15～20 年左右，一般情况下不会超过 30 年。

从内容上来分，职业生涯规划可分为大学生职业生涯规划和员工职业生涯规划。大学生职业生涯规划主要指大学期间规划自己的学习、生活、人际、实践等与未来职业相关的活动，制定一个科学的、合理的、可行的实施方案，为进入社会、承担一定的职业角色做好准备；员工职业生涯规划主要是指个体在工作中，权衡主客观条件设定自己的职业目标，制定一个科学的、合理的、可行的实施方案，然后有意识、有目的、有计划地实行。

🌸 我的生命线

准备：①一支红色笔、一支蓝色笔，需用颜色区分心情；②在方框的中部从左至右画一道横线，长短皆可；③给这条线加上一个箭头，使它成为有方向的线；④在不同的节点上标注你认为对自己影响重大的事件，正向事件标注在线条上方，负向事件在线条下方；⑤在线条的左侧写上"0"这个数字，在线条右方、箭头旁边，写上你为自己预计的生命数（可以写68，也可以写100）；⑥此刻，在这条标线的最上方，再写上你的"名字"和"生命线"三个字。（△代表人物、○代表事件、□代表工作）

生命 起点

二、大学生职业生涯规划

（一）大学生职业生涯规划的意义

大学生职业生涯规划的意义在于：引导高职高专学生积极进行人生价值的思考，树立正确的职业理想，了解自我，明确方向，并为之努力奋斗，有利于个人职业发展的远景规划和资源配置。

1. 有助于引导大学生积极思考人生价值

我是谁？我从哪里来，要到哪里去？人为什么活着？我要怎样活着？我要追求一种什么样的生活方式？通过思考这些问题，可以明白自己想用什么样的方式度过一生，想要获得什么样的生活内容。这样就可以评估个人目标和现状的差距，以自身现状为基础，明确人生的方向，提供奋斗的策略。

2. 有助于大学生了解自我，明确方向

通过认识自我，准确评价个人特点和强项，可以突破仅仅听从学校学业课程规划，塑造清新充实的自我。通过分析社会经济发展的状况，了解社会职业需求，准确定位自己的职业方向，去重新认识自身的价值，并通过努力使其增值。

3. 有助于引导大学生完善自我，积极竞争

在实施职业生涯规划方案的同时，不断去探索最适合自己发展的规划，及时做出调整与完善。努力发掘职业机遇，增强自我的职业竞争力。

目前大学生的职业生涯规划类型有：

※计划型——做决定时，有能力预先做好妥善的计划，认可职业生涯规划对自我的引导作用。

※顺从型——遇事不自己来做决定，听从他人的安排，甚至说就让命运来决定吧。

※冲动型——根据感觉来做事，未经过认真思考就做决定，最终会陷入失望、无奈中。

※苦闷型——特别善于搜集许多与自己或者职业有关的资讯，却陷入这些资讯中难以取舍。

※拖延型——以"得过且过"的心态来拖延对自己重大决策的决定，他们内心里往往认为职业生涯规划对自己是没有用处的。

（二）大学生职业生涯规划的步骤

职业生涯规划是一个长期的连续过程，需要设计一套程序来保证它的顺利实施。一般认为这个过程包括自我评估、环境评估、理想职业目标选择、职业生涯路线选择、实施、评估与反馈六个步骤。流程图如图1-1所示。

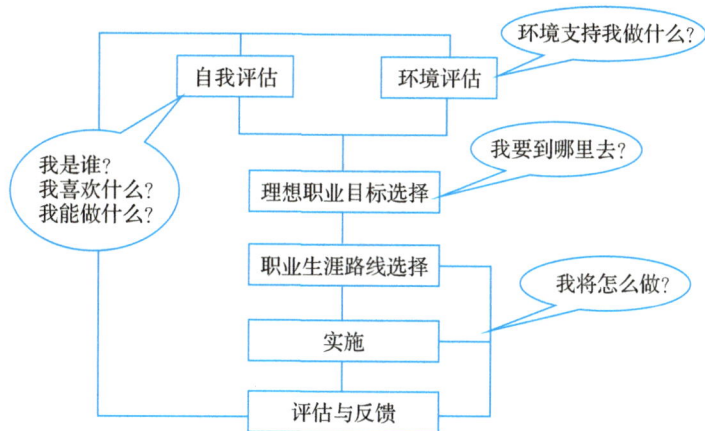

图1-1　职业生涯规划步骤

1.自我评估——了解自我（我是谁？我喜欢什么？我能做什么？）

所谓自我评估，即了解自我。自我评估的方法很多，古代就有"吾日三省吾身"的做法。需要强调的是，除了了解自己的兴趣、特长、学识、各种社会能力外，还应该借助科学的测评工具来了解自己的性格、气质、智商以及情商等，以确定什么样的职业比较适合自己。

2.环境评估——分析环境（环境支持我做什么？）

每个人都处于一定的社会环境之中，或多或少与各种组织有着这样那样的关联。因此，职业生涯规划也就离不开对这些环境因素的了解和分析。具体来说，个体要了解所处环境的特点、发展变化的趋势、自己与环境的关系、自己所处的地位、对自己有利或者不利的条件等。例如,所在单位和所属行业进行分析。这些外部条件对寻找恰当的职业生涯发展路径是至关重要的。

3.理想职业目标选择——确定目标(我要到哪里去?)

理想职业目标首先源于个人的志向。所谓志向,就是我们对未来憧憬中那些感觉最强烈的,随着自身成长不但不衰减、遗忘,反而越发渴望成为现实的东西。当个体明确了志向,也就有了人生目标,个体的人生观、兴趣、知识结构等就会向这个志向靠拢。当然,志向的明确不是一蹴而就的,而是随着时间推移,不断积淀得到的。

其次,理想职业目标就是个体对所立志向的具体化和形象化,建立在自我认知和对环境科学分析的基础之上,是具有最大实现可能性的志向。选择理想目标要具有一定挑战性,同时也要能够合乎自己的性格,顺应环境的变化趋势。

4.职业生涯路线选择——选择道路(我走哪条路到那里?)

每个人的现实状况与理想目标之间都存在有多种可供选择的路径,可以选择不同的行业,选定了行业,还可以选择不同的企业,选定了企业,还能选择不同的职位起点等。在选择好了职业生涯发展路线之后,还需要在路线上设置一些节点——阶段性目标。这些子目标的设立既是对自己前期工作成绩的肯定,也是对自己下一阶段工作的督促。职业生涯路线设计需要遵循的程序如图1-2所示。

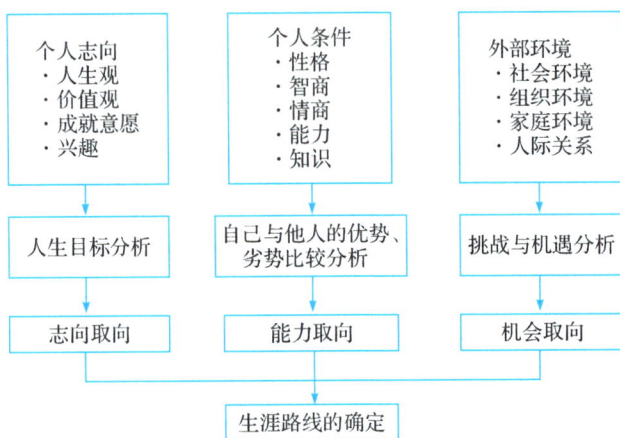

图1-2 职业生涯路线的设计程序

事实证明,每个人都有适合其发展的路径,但每个人都彼此不同,谁也不能完全复制别人的成功之道。职业生涯必须依靠个体的不断尝试和探索。

5.实施——计划与行动(我要采取什么行动到那里?)

所有的规划都要依靠具体的实践来完成。计划的实施过程也就是个体的各阶段工作经历,具体内容包括实际工作、技能培训、学习深造等。个体应注意解决实施过程中遇到的问题。例如,为达到一个目标,哪种措施的效率最高;如何充分利用日常的工作提高自己的职业技能;怎样开发自己的潜能等。

6.评估与反馈——差距分析(行进中我需做哪些调整?)

俗话说:"计划赶不上变化。"影响职业生涯的内外因素很多,有些变化是可以预测并加以控制的,但是更多的变化是难以预测的。在这种情况下,要使规划行之有效,需要根据实际情况对生涯规划的进展做出评估,并适时进行修正。当然,个体既可以只对某个阶段性目标的实施路径进行修正,也可以对理想发展目标进行修正,但这一切都应符合客观现实的需要。

第三节　成功人生与职业生涯规划

小商说故事

五只不同的毛毛虫

毛毛虫都喜欢吃苹果。有五只很要好的毛毛虫,他们都长大了,要去找苹果吃。

★第一只毛毛虫

第一只毛毛虫跋山涉水,终于来到这棵苹果树下。他根本就不知道这是一棵苹果树,也不知树上长满了红红的苹果。当他看到同伴们往上爬时,不知所以地就跟着往上爬。没有目的,不知终点,更不知生为何求、死为何所。他的最后结局呢?也许找到了一颗大苹果,幸福地过了一生;也可能在树叶中迷了路,颠沛流离糊涂过完一生。不过可以确定的是,大部分的虫都是这样活着的,也不去烦恼什么是生命意义,倒也轻松许多。

★★第二只毛毛虫

第二只毛毛虫也爬到了苹果树下。他知道这是一棵苹果树,也确定他的"虫生目标"就是找到一颗大苹果。问题是,他并不知道大苹果会长在什么地方?但他猜想:大苹果应该长在大枝叶上吧!于是他就慢慢地往上爬,遇到分支的时候,就选择较粗的树枝继续爬。当然在这个毛毛虫社会中,也存在考试制度,如果有许多虫同时选择同一个分支,可是要举行考试来决定谁才有资格通过大树枝。幸运的是,这只毛毛虫一路过关斩将,每次都能第一志愿地选上最好的树枝,最后他从一枝名为"大学"的树枝上,找到了一颗大苹果。不过他发现这颗大苹果并不是全树上最大的,顶多只能称是局部最大。因为在它的上面还有一颗更大的苹果,号称"老板",是由另一只毛毛虫爬过一个名为"创业"的树枝才找到的。令他泄气的是,这个创业分支是他当年不屑于爬的一棵细小的树枝。

★★★第三只毛毛虫

第三只毛毛虫也来到了树下。这只毛毛虫相当难得,小小年纪,却自己研制了一副望远镜。在还未开始爬时,就先利用望远镜搜寻一番,找到了一棵超大苹果。同时,他发觉当从下往上找路时,会遇到很多分支,有各种不同的爬法;但若从上往下找路时,却只有一种爬法。他很细心地从苹果的位置由上往下反推至目前所处的位置,记下这条确定的路径。于是,他开始往上爬了,当遇到分支时,他一点也不慌张,因为他知道该往那条路,而走不必跟着一大堆虫去挤破头。譬如说,如果他的目标是一颗名叫"教授"的苹果,那应该爬"升学"这条路。最后,这只毛毛虫"应该"会有一个很好的结局,因为他已具备了"先觉"的条件了。但也许会有一些意外的结局出现,因为毛毛虫的爬行相当缓慢,从预定苹果到抵达时,需要一段时间。当他抵达时，也许苹果已被别的虫捷足先登，也许苹果已熟透而烂掉了。

★★★★第四只毛毛虫

第四只毛毛虫可不是一只普通的虫，同时具有先知先觉的能力。他不仅先觉地知道自己要何种苹果，更先知地知道未来苹果将如何成长。因此当他带着那"先觉"的望远镜时，他的目标并不是一颗大苹果，而是一芽含苞待放的苹果花。他计算着自己的时程，并估计当他抵达时，这朵花正好长成一颗成熟的大苹果，而且他将是第一个钻入大快朵颐的虫。果不其然，他获得所应得的，从此过着幸福快乐的日子。

★★★★★第五只毛毛虫

第五只毛毛虫可以说是"富二代"，他什么也没做，就在树下躺着纳凉，而一颗颗大苹果就从天而降落在他的身边。因为树上某一大片树枝早就被他的家族占领了。他的爷爷、爸爸、哥哥们盘踞在某一树干上，禁止其他虫进入。然后苹果成熟时，就一颗颗的丢给底下的子孙们捡食。奉劝诸位，如果你不是含着金汤匙出生的，可不要妄想捡到大苹果，可能反而会被砸死。

小商语录

有的人睁开第一眼看到的是满地苹果，有的人睁开第一眼看到的是苹果树苗。这就是人和人的差距。

知识储备

我们在童年、少年时期乃至现在，对未来都充满了梦想，梦想将来从事什么职业。有的人梦想将来成为商人，有的人梦想成为警察，有的人梦想成为画家，在梦想中描绘着美好的将来。然而，很多人却不清楚人生真正的含义，有的人认为人生就是谋一份职业，确保日常生计；有的人认为人生要寻找自我，获得自我认同；也有的人认为人生必须努力工作，实现自我价值。人生犹如一场旅行，这场旅行决定着我们的幸福、自尊、自我实现以及心理健康。职业生涯的成功与否在某种意义上主宰了人生的成功与否。

读书分享

《追寻生命的意义》 作者：维克多·弗兰克

奥地利心理学家维克多·弗兰克被囚禁在纳粹集中营里的一段生活，不仅使他的一些基本思想得到了深刻的检验，并且真实的感触让他感受到了生命意义的强大。这本书是一个人面对巨大的苦难时，用来拯救自己的内在世界，同时也是关于一个人存在的价值和应担负职责的思考。

一、人生中的职业生涯

职业生涯在人生中占有绝对重要的地位,有着非常重要的意义:我们从事职业的时期是从精力充沛的二十多岁开始,到精力衰退的六十多岁结束。一天 24 小时,用于吃饭、睡觉、洗澡、上厕所、买菜、做饭的时间称为生理活动时间,每天占 10~11 小时,其余的 13~14 小时称为社会活动时间。我们每天用于工作、上下班路途所占的时间,加上业余时间里与工作相关的思考、应酬等时间,为 10~12 小时,也就是说我们平时职业生涯用的时间占可利用社会活动时间的 71%～92%,有的人甚至更多。即使在周末或节假日,我们用在与职业相关的时间也常常超过 50%,由于职业生涯所用时间平均占我们 20 多岁到 60 多岁人生重要时段中可利用社会活动时间的 70% 以上,并且由于人们向来有早出晚归的劳动传统,职业生涯所用时间通常皆是一天中精力最充沛的时间段。因此,我们应该科学有效地规划、利用好如此宝贵的时间。从整体上来看,职业生涯的 35~40 年在人生中占据了主要时光。

二、人生与职业生涯成功

严格地说,职业生涯成功标志着个人追求职业生涯的目标实现。然而在迅速变化的社会环境和开放的劳动力市场中,个人和组织职业生活的不确定性和变化性因素,导致了职业生涯成功的含义因人而异,具有很强的相对性,个体在一个组织或组织中求得职业生涯的终生发展,正渐渐地被一种灵活的、不固定的工作安排所代替,组织内部和外部给员工提供多元的、数不清的职业发展的机会和路线,使个人一生中可能会有从事多种不同的职业的机会和受聘于多个单位的选择。因此,这不同的职业阶段都可能有不同的成功含义,而且每一个人都可以对自己的职业成功进行明确的界定。当然对很多人来说,成功可能是一个较为抽象的、不能量化的概念,有的时候成功并不意味着一定要拥有什么。例如,有的人认为在愉快、和谐的组织气氛中,较好地完成本职工作任务,就有一种成就感和满足感;也有的人认为职务晋升或者虽不晋升,但工作内容丰富,具有挑战性也会产生满足感和成就感等。由此可见,职业生涯成功的标准、方向与评价体系具有明显的多样性。人生事业的成功依仗职业生涯的成功。一个人要想实现自己的价值,得到社会的承认,一定要为社会、为所在组织做出贡献,这是成功的必要条件。

(一)人的全面发展

现代人追求全面发展。从个人角度而言,随着生活水平和教育程度的提高,人们的自我意识逐渐增强。在法制化建设、民主进程不断发展的市场经济社会里,人们会普遍追求拥有健康的生理体系、健全的人格体系、丰富的知识体系、多方面的能力体系、良好的人际关系体系、丰硕的职业生涯成果体系、幸福和谐的家庭生活体系、丰富多彩的人生活动体系等全新生活方式。人们从事一项职业的动机,从解决温饱问题向实现价值转化,工作从谋生的手段转变为自我实现的途径，职业生涯规划是为了人的全面发展。

(二)职业生涯成功是人生成功的核心组成

人生成功是多方面的，职业生涯成功是核心内容，职业生涯成功令人产生满足感。因为职业生涯成功的方向和成功的标准具有多样性，所以每个人对成功下的定义各不相同，我们可以将职业生涯的方向分为进取型、安全型、自由型、攀登型和平衡型五种类型。进取型视视成功为升任组织或职业的最高阶层，特别注重在群体中的地位，追求更高职务。安全型追求认可、稳定，视成功为长期的稳定和相应不变的工作认可。自由型追求不被控制，视成功为经历的多样性，希望有工作时间和方法上的自由。攀登型追求挑战和冒险，愿意做创新工作，视成功为螺旋式不断上升和自我完善。平衡型视成功为家庭、事业和自我完善等均衡协调发展。

高人指点

制订第一个五年职业规划的重要性

在现代职场上，没有职业规划的人生，就像一辆没有发动机的汽车，要么只能走下坡路，要么就被人推着走。职业发展五年，如果通过第一个职业规划的定位得到健康发展，如果没有做职业规划而导致发展不健康，已经出现职业瓶颈、脚步紊乱，那就必须通过重新定位、转型或者转行来解决，这个过程是痛苦的，但是不割伤疤不长新肉。经过第二个五年计划，使职业开出新枝、长出新芽，得到新的发展，是必经之路。如果你已经通过做出第一个五年规划取得了职业发展，那就赶快做第二个五年规划，求得更大的发展吧，如果你因为没有做过第一个五年规划，已经发生了五年之痒、职业瓶颈的问题，那就赶快做第二个五年规划，让你的职业回归到主干道上来吧！

(三)扮演好人生各种角色

1.职业生涯不是人生的全部

职业生涯固然重要，但不是人生的全部。人生当中有很多角色要去扮演，除了职业角色外，还有家庭角色、朋友角色等。尽管人在社会生命周期中有多种选择，甚至存在逆向选择的可能性，但我们作为子女、父母的角色是不可逆的。我们能放弃一项职业，却不能放弃这些家庭中的角色，相反，我们要设法扮演好这些角色，这点对人生也是非常重要的，不能忘记作为子女、父母的责任。

2.不同角色不能互相替代

人生中的每一种不同角色都需要不同的知识体系、能力体系、价值体系。例如，组织者的知识体系是对社会环境和组织发展趋势的了解，重点是关于行业发展和人文环境的知识，主要的能力体系是决策和组织，关键的价值观念是风险意识；政治家是另一种职业，需要从业者具有崇高的品质、卓越的才能、坚强的意志、精深的智慧，他们唯有在为一个国家的发展振兴，在推动历史前进的卓越工作过程中，实现更大的人生价值。

三、人生职业生涯规划的方法

(一)阶段划分

职业生涯阶段的划分是职业生涯规划的一个重要内容,对此国内外专家学者有不同的划分理论和方法。我国从事职业生涯规划研究的罗双平教授以 10 年为一个阶段将每个人的职业生涯划分为以下几个阶段。

1.20～30 岁——走好第一步

这一阶段个体的主要特征是从学校走上工作岗位,是人生事业发展的起步阶段。如何起步直接关系到今后的成败。这一阶段个体的主要任务之一就是选择职业,在充分做好自我分析和内外环境分析的基础上,选择适合自己的职业,设定人生目标,制订人生计划,还有一个重要的任务就是学习。经日本科学家研究发现,人一生工作所需要的知识大多是工作后学习的,这足以说明参加工作后学习的重要性。

2.30～40 岁——尽快修订目标

这一时期是一个人风华正茂之时,是充分展现自己才能、获得晋升、事业得到迅速发展之时。此时的任务,除发奋努力、展示才能、拓宽视野以外,对很多人来说,还有一个调整职业、修订目标的任务。人到 30 多岁,应对自己、对环境有更清楚的了解,这时需要看看自己所选择的职业、所选择的职业生涯路线、所确定的人生目标是否符合现实,如有出入,应尽快调整。

3.40～50 岁——及时充电

这一阶段是人生的收获季节,也是在事业上获得成功的人大显身手的时期。如果一个人到了这一年龄阶段仍事业无成、一无所获,就应深刻反省一下原因何在。此阶段仍然要继续充电。很多人在此阶段都会遇到知识更新问题,如不及时充电,将难以满足工作的需要,甚至会影响事业的发展。

4.50～60 岁——做好晚年职业生涯规划

此阶段是人生的转折期,无论是打算在事业上继续发展,还是准备退休,都面临转折问题。由于医学的进步、生活水平的提高,很多人此时乃至以后的十几年,身体依然健康,可以继续工作,所以做好晚年职业生涯规划对个体来说也十分重要。

(二)目标分解

职业生涯目标分解是根据观念、知识、能力差距,将职业生涯的远大目标分解为有时间规定的长、中、短期分目标。目标分解的原则是将目标分解到某一确定的日期、可采取的具体步骤为止,即分目标应该是可衡量、可预见的。目标分解是将目标清晰化、具体化的过程,是将目标量化成可操作的实施方案的有效手段。目标分解是为了使目标的实现具有可操作性。职业生涯目标按时间长短可以分解为短期目标、中期目标、长期目标和人生目标。

1.短期目标

短期目标通常为1年以内的目标，主要是确定近期目标及要完成的任务。制订短期目标必须坚持清楚、明确、现实和可行四项准则。对短期内期望完成的目标要有清晰而完整的概念，把它定在身边或行业里的某个人或者某件事情上，如要达到这个人的位置或成就，做一个成功满意的项目，一年内要掌握哪些业务知识，等等。

2.中期目标

中期目标通常为3～5年的目标和要完成的任务，如毕业后找什么工作，并担任什么职务。中期目标需要给自己制订比较明确的时间和行为规定，既要有激励价值，又要现实可行。

3.长期目标

长期目标通常为5～10年较长远的目标，如大学毕业后到30岁时在企业内取得怎样的地位和业绩。长期目标应放眼未来，推测可能的职业进步。长期目标需要个人经过长期艰苦努力、不懈奋斗才有可能实现。确立长远目标时要立足现实、慎重选择、全面考虑，使之既有现实性又有前瞻性。

4.人生目标

人生目标要尽可能远大，但不要求具体详细，要根据个人的专业、性格、气质、价值观以及社会的发展趋势来制订，是一个人的最高目标。人生目标要在符合自己价值的基础上，与社会发展需求相适应。

在职业生涯目标设定上，通常是先设定长期目标，然后再进行分解，根据个人经历和所处的环境制订相应的中期目标和短期目标。在大多数情况下，长期职业生涯目标比较粗泛，可能随着内外部形势的变化而变化，所以在制订时宜以勾画轮廓为主。在确定了长期目标后，将其具体化、现实化、可操作化，便形成中期目标和短期目标。中、短期目标应该清楚、明确、现实、可行。心理学实验证明，太难或太容易的事，都不具有挑战性，也不会激发人的热情行动。因此，应根据个人的经验、素质水平和现实环境的许可来决定中、短期目标。中、短期目标应尽可能具体明确，并限定时间。要求在特定的时限内完成特定的任务，这就使人必须集中精力，调动自己和他人的潜力，为实现目标而奋斗。唯其如此，制订的目标才具有行动指导和激励的价值。

(三)规划方法

1.滚动计划法

滚动计划法是一种定期修改未来计划的方法。制订计划时，计划制订得越长远，前提条件越难确定。

为提高计划的有效性，可以采用滚动、连续编制计划的方法。它是根据计划的执行情况和条件的变化，调整和修订未来的计划，并逐期向前移动，把远期计划与近期计划结合起来，采取近细远粗的办法。每次制订或调整计划时均将计划期顺序向前推进一期，如此不断滚动、不断延伸,故称之为滚动计划。具体做法如表1-1所示。

表 1-1　滚动计划表

1月份 很细	2月份 较细	3月份 一般	4月份 较粗	5月份 很粗
2月份 很细	3月份 较细	4月份 一般	5月份 较粗	6月份 很粗

2. PDCA 循环法

PDCA 循环计划法是美国质量管理专家爱德华·戴明发明的,又被称为"戴明循环"。PDCA 计划方法分为四个阶段:P 阶段、D 阶段、C 阶段、A 阶段,分别代表英语的"计划""执行""检查""处理"阶段。PDCA 循环的意思是说一切工作,干任何事都必须经过四个阶段。

1)计划(plan)阶段

这一阶段的工作主要是找出存在的问题,通过分析,制订改进的目标,确定达到这些目标的措施和方法。

(1)摸清现状。

(2)明确目的与要求。

(3)瞄准问题,找出差距,确定实现目标应关注的主要因素。

实现目标的过程就是缩小自身同目标之间的差距的过程。只有明确自己的能力、知识、观念等现状与所确定的职业生涯目标之间的差距,才可能有的放矢地采取措施弥补差距,保证目标的最终实现。

①思想观念的差距。只有与组织、社会相适应的思想观念,才能有效地促进个人的职业目标按计划实现。

②知识差距。分析了解当前自己的知识水平和既定职业目标要求的知识水平之间的差距,通过针对性培训、进修等方式补充新知识,不断学习新知识并将其应用到工作实践中。

③能力差距。能力差距是指自己目前具有的能力与实际工作需求之间的差距。

④心理素质差距。心理素质差距涉及一个人的毅力、面对变故和挫折时的心理承受能力和情感智力(EQ)等。良好的心理素质能够使自己在关键时刻保持冷静的头脑、平和的心态,制订出正确的战略和实施方案。

(4)制定措施:根据上述问题制定对策,调整分阶段目标和计划。

2)实施(do)阶段

按照制订的计划和措施,严格地去执行。在实施过程中会发现新的问题或情况发生变化,如原来制订的培训内容等发生变化,则应及时修改措施计划内容,以保证达到预期目标。

3)检查(check)阶段

在分阶段完成计划时,应根据所制定的目标和要求对其执行计划的结果实事求是地进行评估。未完全达到目标也没有关系,可以为进一步改进提供机会。

4）处理（action）阶段

（1）总结经验，巩固成绩。根据检查的结果进行总结，把成功完成计划的经验和失败的教训纳入自己的信息库中，作为今后提高工作效率所积累的经验。与此同时，为了更好地提高自己的能力，寻找新的目标，开始新的 PDCA 循环工作。

（2）出现新的问题或是遗留问题，转入下一个循环。根据检查未解决的问题，找出原因，转入下一个 PDCA 循环中，作为制订下一个循环计划的资料和依据。对于产生的新问题，要不断总结经验，坚持改进，就会获得成功。

PDCA 循环理论的特点是环环相套，相互促进；周而复始，不断循环；螺旋式上升和发展。PDCA 的四个阶段并非是截然分开的，而是紧密衔接连成一体，各阶段之间也存在着一定的交叉现象。在实际的工作中，往往需要边检查边总结调整计划，不能机械地理解和操作PDCA 循环。

3. 斯温的生涯规划模式

斯温（Swain）是美国伊利诺斯大学的教授，他于 1989 年提出了自己的生涯规划模式，旨在帮助大学生对自己的生涯做出一个良好的规划。

如图 1-3 所示，斯温的生涯规划模式主要包括四个部分，即由三个三角形和一个圆形所组成的模型。中间的圆形是此模式的核心部分，表示一个人所要达到的生涯目标，而这一目标的设定又深深受到周围三个小三角形的影响。三个小三角形分别表示个人特质的澄清与了解，教育与职业资料的提供，个人和环境关系的协调。斯温认为这三个方面在生涯规划中同等重要。

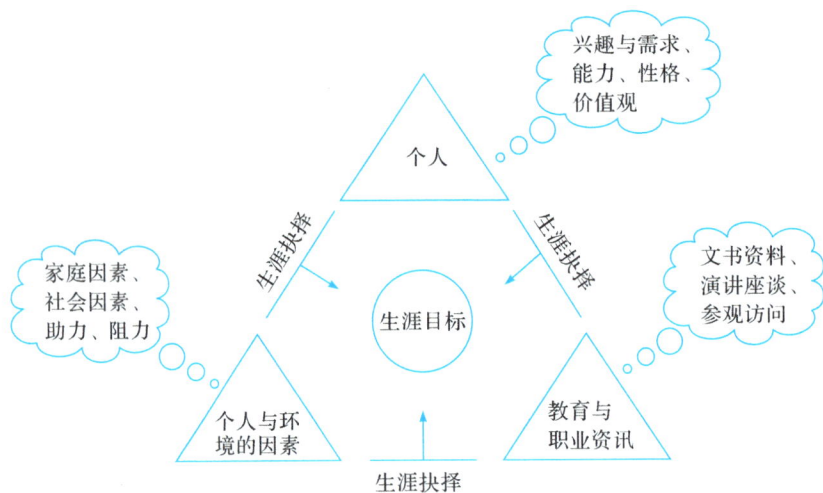

图 1-3 斯温的生涯规划模式

每一个小三角形又包含着丰富的内容，都是我们进行生涯探索和规划的重点。生涯抉择是指圆形和三角形之间的联结点，由生涯抉择形成最终的生涯目标；这一生涯规划模式，为我们进行个人职业生涯规划提供了一个良好的参照框架和思考方向。

小商生涯工作坊

情景模拟

八十层楼的故事

有一对兄弟,他们的家住在八十层楼。有一天他们出去爬山,回家的时候,却发现大楼停电了!虽然他们背着一大包的行李,但看来没什么选择,于是哥哥对弟弟说:"我们爬楼梯上去吧!"于是,他们就背着一大包行李开始往上爬。

你会怎么做? _____

_____

到了二十楼的时候,他们开始累了!哥哥告诉弟弟说:"包包太重了,这样吧!我们把它放在二十楼,先爬上去,等电来了再坐电梯下来拿。"弟弟说:"好!你真聪明!"于是他们就把包包放在二十楼,继续往上爬。

你会怎么做? _____

_____

卸下了沉重的包袱,轻松多了!他们一路有说有笑地往上爬。但好景不长,到了四十楼,两人实在累了,想到只爬了一半,往前看,竟还有四十层楼要爬,两人开始互相抱怨,指责对方不注意停电公告,才会落得如此下场。

你会怎么做? _____

_____

他们边吵边爬,就这样一路到了六十楼。到了六十楼,也许是累得连吵架的力气都没有了,哥哥对弟弟说:"只剩二十层楼了,我们就不要吵了,默默地爬完它吧!"。于是他们安静地继续走,终于,八十楼到了!到了家门口,哥哥摆出了一个很帅的姿势:"弟弟,开门!"弟弟说:"别闹了!钥匙不是在你那儿吗?"

结果,如你所想的,他们把钥匙留在二十楼的包包里了!

我的启示: _____

_____

_____

这个故事其实在反映我们的人生:

二十岁之前,我们活在家人、老师的期望和期许之下,背负着很多的压力、包袱在走,自己也不够成熟、有能力,因此步履难免不稳。

二十岁之后,离开了众人的压力,卸下包袱,开始全力追求自己的梦想,就这样过了愉快的二十年。可是到了四十岁,发现青春早已过去,不免有许多的遗憾追悔,于是开始遗憾这个、惋惜那个、抱怨公司、抱怨社会……就这样在抱怨遗憾中度过了二十年。到了六十岁,发现人生已所剩不多,于是告诉自己,不要再抱怨了,就珍惜剩下的日子吧! 于是默默地走完自己的余年。到了生命的尽头,才想起自己好像有什么事还没完成……原来,我的梦想还留在二十岁,没有完成。你也是如此吗? 想想自己的梦想是什么? 最在意的是什么? 不要到了四十年后才来追悔。

想一想希望将来的自己和现在有何不同,就去做吧……

把握现在,记得,今天就是礼物。

影片赏析 观看《中国合伙人》这部电影,重点观察三位怀揣梦想的年轻人的自身生涯规划的区别。尝试分析三人在职业发展道路上的经历对其职业发展的影响。重点观察孟晓骏职业道路上的可取与不可取之处。

成功之处	失败之处

阅读时光

一杯茶、一本书、一个下午的美好时光……

1.《读大学,究竟读什么》 作者:覃彪喜 南方日报出版社/2012-5-1

2.《活出生命的意义》 作者:弗兰克尔 华夏出版社/2010-06-01

3.《幸福的方法》 作者:沙哈尔 当代中国出版社/2009-05-01

4.《老板要你在大学里学的10件事》 作者:科普林 机械工业出版社/2005-6-1

模块小结

来到大学,欣喜地发现,一切都由我自己做主。自由了一段时间后,我逐渐发现,自由也是有代价的。看看即将毕业的大三学长、学姐们,有的人正能量满满,有的人却整天抱怨。原来大学这么自由,一切都在自己的选择。我可以选择努力,也可以选择安逸;我可以选择优秀,也可以选择随大流。问题是,每个人只对自己负责,这也许就是自己要学的第一堂课。我选择努力,让明天的我感激现在如此努力的自己。

模块二

知己篇

小商 调研

我是一个什么样的人

我想成为谁？

不知道自己优点在哪里

我将来想从事什么职业

我的缺点是不是太多了

我的优点大家都有

现在做的不是我喜欢的

什么样的职业才能让我充分发挥潜能

我最不能放弃的是什么

……

我是谁

第一节　认识自己

纪伯伦小说《认识自我》

　　一个雨夜,赛艾姆坐在书房的书架前,开始翻阅起旧书。他叼着支土耳其大雪茄,厚厚的嘴唇不时喷涌出一阵烟雾。柏拉图记录和他的老师苏格拉底关于"认识自我"的一段对话引起了赛艾姆的注意⋯⋯赛艾姆掩卷深思,心中油然漾起一种对东西方哲人圣贤敬佩的感情。

　　"认识你自己。"他嘟囔着苏格拉底这句名言,猛地从座椅上站了起来,展开双臂大声叹道:"对! 我必须要认识自我,洞察自己那秘密的心灵,这样我就抛脱了一切疑惧和不安,从我物质的人中找出我的抽象实质,这就是生命赋予我的至高无上的神圣使命!"赛艾姆像害了场热病,眼中闪烁着酷爱"认识自我"的狂热光芒。

　　他踱到邻屋,像座塑像一样伫立在穿衣镜前,凝视着镜子里鬼一般可怕的自我,并默默地估量着自己的头形、面庞、躯干和四肢。

　　赛艾姆的这种塑像神态持续了半小时,空灵飘纱的"认识自我",仿佛给他灌注了一套足以揭示自我灵魂秘密的奇异,升华了思想,并使他心里充满了理性之光。他平静地启动双唇,自言自语地说:"嗯! 从身材上看,我是矮小的,但拿破仑、维克多·雨果两位不也是这般吗? 我的前额不宽,天庭欠圆,可苏格拉底和斯宾诺莎也是如此;我承认我是秃顶,这并不寒磋，因为有大名鼎鼎的莎士比亚与我为伴；我的鹰鼻弯长，如同伏尔泰和乔治·华盛顿的一样；我的双眼凹陷，使徒保罗和哲人尼采亦是这般；我那肥厚嘴唇足以同路易十四媲美，而我那粗胖的脖子堪与汉尼拔和马克·安东尼齐肩。"

"不错，我的身体是有缺陷的，但要注意，这是伟大的思想家们的共同特点。更奇怪的是，我与巴尔扎克一样，阅读写作时，咖啡壶一定要放在身旁；我同托尔斯泰一样，愿意与粗俗的民众交际攀谈；有时我三四天不洗手脸，贝多芬、惠特曼亦有这一习惯；我的嗜酒如命，足令马娄和诺亚自愧不如；我的饕餮般暴食暴饮使巴夏齐长和亚历山大王也要大出冷汗。"

又沉默了片刻，赛艾姆用肮脏的指尖点了点脑门，继续发言："这就是我！这就是我的实在。我拥有迄今为止人类历史上的伟人们的种种品质。一位拥有这么多伟大品质的青年是一定能干一番惊天动地的事业的。"

"睿智的实质是认识自我。伟人们把宇宙的这一伟大思想根植于我心灵深处，并激励我开始去干伟大的工作。从诺亚到苏格拉底，从薄伽丘到雪莱，我伴随着伟人们一起度过了历史的风风雨雨。我不知道我会以什么样的伟大行动开始，不过一个兼备在白昼的劳作和夜晚的幻梦中所形成的神秘自我和真正本性的人，无疑是可以开创伟业的……是的，我已经认识了自我，而神灵也已洞鉴了我。啊！我的灵魂万岁！自我万岁！愿天长地久，诸事如愿！"

赛艾姆在屋里踱来踱去，他那丑陋的脸上荡漾着欢乐的光泽，嘴里不时发出一阵像猫啃骨头时的欢乐叫声。他反复吟哦着阿比·阿拉的一段诗文：尽管我是这个时代的晚辈，创业祖先的未尽之业，总会历史地压在我的肩背。

过了一会，我们的这位赛艾姆穿着他那肮脏的衣服倒卧在乱七八糟的床上，进入了鼾声如雷的梦乡。

小商语录

认识事物是困难的，然而，认识自己更为困难。

知识储备

你认识自己吗？

当听到这个问题的时候，是不是感到很惊讶呢？谁能不认识自己呢？每一个人都希望自己的一生是幸福和成功的，是有效率的。只有真正清醒地认识了自己，才可能获得成功的人生。而认识自己，却是一件非常难做到的事。在急剧变革的今天，面对色彩斑驳、日渐新月，认识自己更是件困难的事情。有句话说得好："万千皆识，唯有难辩自己。"

一、认识自己

认识自己，既是一种能力和智慧，又是一种德行、一种高贵的人格境界，认识自己更是走向成功的第一步。常言说得好：知人者智，自知者明。那么我们该如何来认识自己，才算有

"自知之明"呢？

　　我们要认识自我,首先要从自"身"开始。我们的姓名、外貌体态、健康状况、家庭出身、经济能力、所担任的角色,等等,都是我们区别于他人的基本特征。当然,人是生活在社会中的,我们还要了解这些特征在这个社会中所代表的意义和所带来的影响。例如,我们现在的角色是学生,学习课本知识和前人经验就是我们现在的主要任务;如果我们身材矮小,那么从事篮球运动想有所成就的可能性就相对较小;等等。

　　这些都是显而易见的显性的自我。要认识自我,恐怕最难的还是认识我们自己的内"心"世界,正所谓:知人知面不知心。我们自己有时都不了解我们自己,更何况别人呢! 所以,我们认识自我的重心要放到对我们"心"的理解上来。

　　我们的心理现象是非常复杂的,心理过程包含了认知过程、情绪情感过程和意志过程,简称知、情、意。"知"代表了认知和理解。从内容来看,认知过程包含了对外在事物的理解、对自我与外在事物关系的理解、对自我的整体与根本的认识这三个层面,是我们认识世界、追求科学和真理的过程。"情"注重协调和博爱。从内容来看,情绪情感过程包含了与特定个人的情感、自我情绪的协调、博爱情操这三个层面,就是我们协调自我的情绪,抛却一切烦恼,最终达到博爱和无我的境界的过程,追求的是"善"。"意"则是抉择和信念。从内容来看,意志过程包含了自我控制和坚韧不拔、果断抉择和敢作敢为、坚定信念和矢志不渝这三个层次,所以,意志的力量就是要我们懂得珍惜和追求自己的信念和志向,追求生命之"美"。因此,我们知、情、意的心理过程,就是我们追求真、善、美的过程。

二、认识自己对职业生涯规划的意义

(一)人职匹配的前提

　　人职匹配是职业生涯规划最重要的理论之一,认为个体差异是普遍存在的,每一个个体都有自己的个性特征,而每一种职业由于其工作性质、环境、条件、方式的不同,对工作者的能力、知识、技能、性格、气质、心理素质等有不同的要求。在进行职业决策(如选拔、安置、职业指导)时,要根据一个人的个性特征来选择与之相应的职业种类,即进行人职匹配。如果匹配得好,则个人的特征与职业环境协调一致,工作效率和职业成功的可能性就大为提高。反之则工作效率和职业成功的可能性就很低。因此,对于个体来说,进行恰当的人职匹配具有非常重要的意义,而进行人职匹配的前提之一是对个体特性有充分的了解和掌握。

(二)对求职心理的影响

　　正确地进行自我认知,对于大学生求职择业时的心理健康具有十分重要的意义,从而克服由于自我认知不准确产生的误区,例如自负心理和自卑心理。自负心理表现为择业期望值很高,把待遇是否优厚、交通是否便利、住房是否宽敞等作为选择标准,不愿承担艰苦的工作,不愿到经济欠发达地区和基层地区去工作,往往会给用人单位留下"眼高手低、浮躁虚夸"的不良印象;自卑心理主要表现为对自身的素质和竞争能力评价过低,不敢主动向用人单位推销自己,不敢主动参与就业竞争,陷入不战自败的困境之中。

📚 **读书分享**

《遇见未知的自己》　作者：张德芬

有人说21世纪是水瓶世纪，是追求心灵成长的一个世纪。这是一本值得用心仔细阅读的书，本书从一个智慧老者问一个问题开始：你是谁？渐次透过小说的形式，将许多心灵修行的观念写进这个故事中，让读者了解如何与真我——爱、喜悦及和平重新连接，表达了生命成长的蓝图，可以缩短读者茫茫摸索的阶段。

三、认识自己的方法

认识自己是个体在社会环境中与他人的互动中逐步形成的。一般来说，一个人对自己的认识可以通过下面三个主要渠道逐渐形成。第一，他人的反馈。别人给予自己的品质、能力、性格等清晰的反馈，从而使个体增加了对自己的了解。第二，根据自己的行为来推断。在内部线索（如想法、情绪）微弱或模糊的情况下，人们常常根据自己的外在行为来推断自己的特征（如性格、态度、品质、爱好等）。第三，社会比较。费斯廷格于1954年提出社会比较理论，认为人们非常想准确认知、评估自己，在缺乏明确的标准时，人们常和自己相似的人比较。由此产生自我认知的以下几种方法。

（一）360度评估

360度评估又称"360度绩效反馈"或"全方位评估"，最早由被誉为"美国力量象征"的典范企业英特尔首先提出并加以实施，运用于企业员工的自我认识，是由员工自己、上司、直接部属、同事、同仁甚至顾客等全方位的各个角度来了解个人的绩效。被评估者从这些不同的反馈清楚地知道自己的不足、长处与发展需求，使以后的职业发展更为顺畅。后来，这种方法逐渐应用于各领域。对于大学生来说，360度评估即来自自己、家人、朋友、老师、同学、实习同事等各角度全方位的评价。

360度评估过程分为评估准备、评估前的宣导、评估阶段、结果分析和反馈面谈五个阶段。评估准备一般包括评估项目的设计、内容的确定，还有参与评估人员的选择。评估人员的选择要坚持对被评估者充分了解的原则。评估前，必须要向所有参与者说明本次评估的目的，培养参与者进行评估的技能，对他们的疑问给予解答，这样，才能消除参与者的顾虑，提高评估的质量。在评估阶段除了保证保密和公正的环境外，组织者要积极引导，保证评估者的参与率，这样，结果才能反映更加真实的情况。结果分析是一个相对专业化的过程，它绝不是简单的数据罗列，而是要找出被评估者的特点，并通过文字予以说明。反馈过程中要注意沟通的技巧，使被评估者能够真诚地接受。

通过评估反馈，受评者可以获得来自多层面的人员对自己素质能力等的评估意见，较全面、客观地了解有关自己优缺点的信息，并以此作为制定目标、改善计划、个人未来职业生涯及能力发展的参考，并通过反馈信息与自评结果的比较让受评者认识到差距所在。

某同学的 360 度评估：

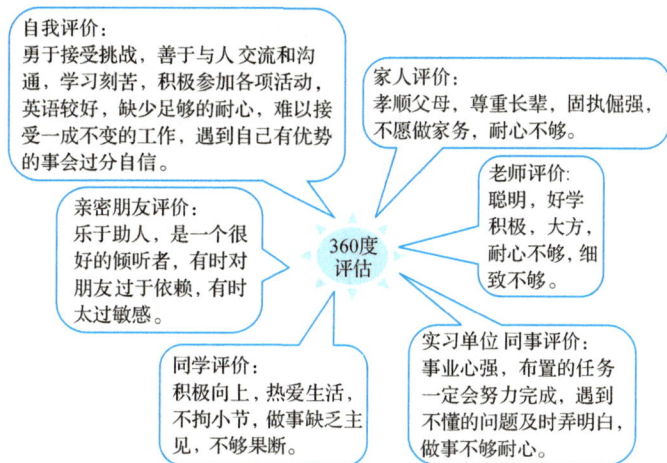

自我评价：
勇于接受挑战，善于与人交流和沟通，学习刻苦，积极参加各项活动，英语较好，缺少足够的耐心，难以接受一成不变的工作，遇到自己有优势的事会过分自信。

家人评价：
孝顺父母，尊重长辈，固执倔强，不愿做家务，耐心不够。

老师评价：
聪明，好学积极，大方，耐心不够，细致不够。

亲密朋友评价：
乐于助人，是一个很好的倾听者，有时对朋友过于依赖，有时太过敏感。

360度评估

实习单位 同事评价：
事业心强，布置的任务一定会努力完成，遇到不懂的问题及时弄明白，做事不够耐心。

同学评价：
积极向上，热爱生活，不拘小节，做事缺乏主见，不够果断。

图 2-1 某同学的 360 度评估

立即行动

从自己熟悉的人中，选择不同层面的人作为评估自己的对象，通过发放调查问卷的形式来测评。根据测评目的，调查问卷多用行为性描述来设计相关问题，评分的选项应该是行为描述出现的频次，比如，总是、一直、通常、很少、从来不等，而尽量避免出现优、良、中、差或者直接打分。最后对调查结果进行综合分析，梳理自身的优势、劣势和职业适配情况。

(二)橱窗分析法

橱窗分析法由美国心理学家乔(Jone)和哈里(Hary)提出，是关于人自我认识的窗口理论，又称为乔哈里视窗。橱窗分析法是自我剖析的重要方法之一，心理学家把对个人的了解比作一个橱窗。为了便于理解，可以把橱窗放在一个直角坐标中加以分析。坐标的横轴正向表示别人知道，负向表示别人不知道；纵轴正向表示自己知道，负向表示自己不知道。（如图 2-2 所示）

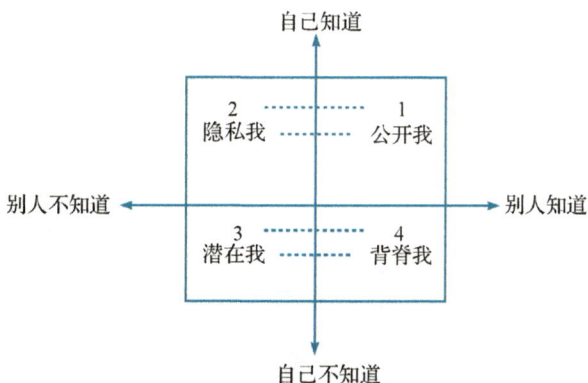

图 2-2 橱窗分析法了解的自己

（三）比较法

根据时空属性的不同，比较研究法可以分为横向比较法和纵向比较法。横向比较法是对空间上同时并存事物的既定形态进行比较。纵向比较法即时间上的比较，就是比较同一事物在不同时期的形态，从而认识事物的发展变化过程，揭示事物的发展规律，是自我认知可以借鉴的方法。

1. 横向比较法

这种方法是把自己与他人从某些角度进行比较，与他人比较时，找好参照点，挖掘自身的相对优势，激发自身的觉悟、能力、本领、特长和潜力等，从而更加清醒地认识自我。

2. 纵向比较法

个体是不断发展变化的，对自己的认识也在变化和发展，个体可以对自己进行前后的比较，深刻地了解自我、认识自我，从而对自己做出客观的评价。尤其作为大学生，可以通过与自己的比较，分析自己的思想品德、学习能力、探索精神、社交能力、适应能力和实践能力等方面。

（四）测量法

目前有一些评估工具，包括正式评估工具和非正式评估工具。正式评估工具是指有正式计分和量化处理的个人探索工具，非正式的评估更多地用于确认正式评估的结果。有价值的评估工具一般不能免费获得，使用方法也比较复杂，一般由专业咨询评估机构的专业人员使用。

在使用量表进行测量时，可以在短期内获得对自己较为客观的描述和评价。通过评估，分析和了解自我的特点。人是极为复杂的，单一的测评不能反映出一个人的全部特质，应将多项测评结合起来，同时要客观看待测评结果，从而实现对人才全面、准确、深入的了解。

拓展阅读

"认识自己"常用测试网站

才储网，http://www.apesk.com/（MBTI职业性格测试）

向阳生涯网，https://www.xycareer.com/（霍兰德职业兴趣测试）

壹心理，http://www.xinli001.com/（各类心理小测试）

第二节　性格与气质

小商说故事

每种性格都能成才

19世纪末，一个男孩降生于布拉格一个贫穷的犹太人家里。随着男孩一天天长大，人们发现他虽生为男儿身，却没有半点男子气概。他的性格内向、敏感、多虑，防范和躲避的心理在他心中根深蒂固。

男孩的父亲竭力想把他培养成一个男子汉，希望他具有刚毅勇敢的性格。在父亲严厉的培养下，男孩的性格不但没有变得刚毅勇敢，反而更加懦弱自卑，以至于生活中的每一个细节、每一件小事对他来说都是一个不大不小的灾难。他常独自躲在角落里，小心翼翼地猜度着会有怎样的伤害落到他的身上。

父亲面对儿子彻底失望了，你能够让他去当兵、去冲锋陷阵吗？不可能，部队还没有开始选拔，他也许就已经当逃兵了。让他去从政？依靠他的智慧、勇气和决断力，要从各种纷杂势力的矛盾冲突中寻找出一种平衡妥当的解决方法，那更是可望而不可即的幻想。他也不可能做律师，内向懦弱的性格怎么可能面对法庭上紧张激烈的法庭辩论。懦弱内向的性格也许是人生的悲剧，即使想要改变也改变不了。

这个男孩后来成为一位闻名世界的文学家，他就是捷克的作家卡夫卡。

为什么会这样？原因就在于卡夫卡找到了适合自己性格的职业。性格内向、懦弱的人往往有丰富的内心世界，能敏锐地感受到一般人感受不到的东西。他们也许是外部世界的懦夫，却是精神世界的国王。在自己营造的艺术王国中，在这个精神家园里，卡夫卡的懦弱、悲观、消极等人性弱点，反倒使他对世界、生活、人生、命运有了更尖锐、更敏感、更深刻的认识。他以自己在生活中受到的压抑、苦闷为题材，开创了文学史上一个新的艺术流派，给我们留下了《变形记》《城堡》《审判》《美国》等不朽的文学巨著。

想象一下，如果卡夫卡当初听从父命去做律师，法律界可能就多了一个失败的律师，更可惜的是世间也就少了这些不朽巨著。

小商语录

播下一个行动，收获一种习惯；播下一种习惯，收获一种性格；播下一种性格，收获一种命运。

知识储备

在日常生活中，我们经常会发现身边的同学，有的活泼开朗，喜欢交际；而有的则做事谨慎，深思熟虑，孤僻，沉静。这是为什么呢？我们常会认为这是两个人性格不同所致。性格对于个体将来所从事的职业有着很重要的意义。

一、性格

(一)性格的概念

性格对我们来说并不是陌生的心理现象。在文学作品中，有许多我们熟悉的不同性格的人物。如提起《三国演义》中的张飞，就会让我们想起豪爽、鲁莽这些字眼；

提起诸葛亮，就会把他与计谋、智慧相联系。我们的这种评价，其实说的就是人的性格特征。

性格是一个人对现实的稳定态度和习惯化了的行为方式。它是一个人个性的核心成分。为了理解性格的含义，可以用左撇子及右撇子来体会我们行为方式的习惯和偏好。即使你是一个右撇子，也并不意味着你不用你的左手，只是说你更喜欢用你的右手，在通常情况下你会更多地用右手而相对较少地使用左手。许多偏好自打人一出生就有了，而且经常会伴随人的一生。

每个人都有自己的性格，每一种性格都有其擅长的职业。无论哪一种性格，我们都应该接受它，并按照这一性格去寻找适合的职业。如果找对职业，每一种性格都能成功。性格是人格的核心。

（二）性格的形成和发展

俗话说，"江山易改，本性难移"，是指人的行为方式和态度具有稳定性。但并不是不可改变的，当我们发现自己的某种性格与发展不相符合时，通过努力是可以将其改变的。性格的形成受很多方面的影响，如社会环境、学校教育、家庭环境以及自我教育等。在这里我们要重点强调的是自我教育对性格形成和发展的作用。自我教育是良好性格形成与发展的内在动力。人与动物最本质的区别就是人有主观能动性，有自我调控能力，我们在自我认知的基础上，不断运用自我激励、自我暗示、自我反省、自我约束等方式进行自我教育，都可以通过自我教育的方式塑造自己良好的性格。俄国伟大的教育家乌申斯基认为，人的自我教育是性格形成的基本条件之一，因为一切外来的影响都要通过自我调节而起作用。从这个意义上讲，每个人都在自己塑造自己的性格。

听大师的话

性格，既不坚固也不是一成不变，而是活动变化着的，和我们的肉体一样也可能会生病。

——艾略特

二、性格的类型与测试

（一）性格的类型

性格类型是指一类人身上所共有的某些性格特征的独特结合，按照一定的原则将性格加以分类，具有十分重要的理论和实践意义。我国的教育家和心理学研究人员根据我国的实际情况，将职业性格总结为九种基本类型。其特点及典型职业如表2-1所示。

表 2-1　职业性格的九种类型

性格类型	性格特征	典型职业
变化型	在新的和意外的活动和工作中感到愉快,喜欢有变化的和多样的工作,善于转移注意力	记者、推销员、演员等
重复型	适合连续从事同样的工作,按固定的计划或进度办事,喜欢重复的、有规律的、有标准的工作	纺织/机械/印刷工、电影放映员等
服从型	愿意配合别人或按别人指示办事,不愿意自己独立做出决策、担负责任	办公室职员、秘书、翻译等
独立型	喜欢计划自己的活动、指导别人的活动或对未来的事情做出决定,在独立负责的工作情境中感到愉快	管理人员、律师、警察、侦察人员等
协作型	在与人协同工作时感到愉快,善于引导别人并想得到同事们的喜欢	社会工作者、咨询人员等
劝服型	通过谈话或写作等使别人同意自己的观点,对别人的反应有较强的判断力,善于影响别人的态度和观点	辅导员、行政人员、宣传员、作家等
机智型	在紧张和危险的情况下能自我控制、沉着应对,发生意外和差错时不慌不忙地出色完成任务	驾驶员、飞行员、消防员、救生员等
自我表现型	喜欢表现自己的爱好和个性,根据自己的感情做出选择,通过自己的工作来表现自己的思想	演员、诗人、音乐家、画家等
严谨型	注重工作过程的各个环节及细节的精确性,愿意按一套规划和步骤将工作尽可能做得完美,倾向于严格、努力地工作,以看到自己出色完成工作的效果	会计、出纳、统计员、打字员、图书管理员等

小游戏

想一想当你肚子有点饿,又不会太饿,而你又正在追剧时,你会拿下列哪一样食物来活动唇齿?

1.糕点、饼干类; 2.比萨; 3.炸鸡、汉堡、薯条; 4.牛肉面、饭类

测出你的个性特点:

1.糕点、饼干类:你的个性天真、活泼、恬淡,又容易相处,且性情温和、乐于助人,是个标准的乐天派。

2.披萨:你具有艺术家的自傲性格,叛逆味道极重,最好收敛点你的自以为是。

3.炸鸡、汉堡、薯条:你是个标准的现代人,你讨厌孤单、害怕寂寞,感情脆弱,一般而言你缺乏冲劲。

4.牛肉面、饭类:你有些愤世嫉俗,所以你对于与他人之间的礼貌往来及社交活动,都显得不耐烦和排斥。

(二)性格测试

1.MBTI 性格测试

许多心理学家都对性格类型进行了大量研究,根据各自立场、观点和所观察到的事实,提出了自己的理论和相应的评估方法。其中 MBTI 性格测量量表是现在职业测评中使用最广泛的性格测量工具。目前几乎所有的职业咨询与服务机构都使用 MBTI 作为辅助工具。这种理论可以帮助解释为什么不同的人对不同的事物感兴趣并擅长不同的工作。

MBTI 性格评估分类系统的依据是个人个性的四个基本特征,我们称之为维度。四个维度如同四把标尺,每个人的性格都会落在标尺的某个点上,这个点靠近哪个端点,就意味着个体有哪方面的"偏好"。所谓"偏好",是一种天生的趋向性,是一种特定的行为和思考方式。这些"偏好"并无优劣之分,却形成了人与人之间的不同。每个维度又分为两个方面,即:外倾(E)－内倾(I);感觉(S)－直觉(N);思考(T)－情感(F);判断(J)－知觉(P)。

下面对四个维度进行解释,读者在阅读时不妨进行自评,看看你在每个维度中属于哪个"偏好"。

(1)EI 外倾-内倾。

外倾	内倾
从人际交往中获得能量	从时间中获得能量
喜欢外出	喜静,多思,冥想(离群,与外界相互误解)
表情丰富,外露	谨慎,不露表情
喜欢交互作用,合群	社会行为的反射性(会失去机会)
喜行动,多样性(不能长期坚持)	独立、负责、细致、周到、不蛮干
不怕打扰,喜自由沟通	不怕长时间做事,勤奋,怕打扰
先讲然后想;易冲动,易后悔,易受他人影响	先想然后讲

Extraversion 外向

Introversion 内向

举例说明:

①在与人的交流中,外倾者往往主动与人沟通,表现得热情、开朗;内倾者则被动等待,有时甚至会回避人际沟通。

②在面对问题需要解决的时候,外倾者会说:"我们讨论下吧。"内倾者会说:"让我想想。"想想自己是内倾还是外倾呢? 确定你的第一个维度。

（2）SN 感觉-直觉。

感觉	直觉
通过五官感受世界,注重真实的存在、实际 用已经有的技能解决问题 喜具体明确 重细节(少全面性) 脚踏实地 做事有可能的结果,能忍耐,小心 可做重复工作(不喜新),不喜展望	通过第六感洞察世界,注重应该如何,比较 笼统 喜学新技能 不重准确性,喜抽象和理论 重可能性,讨厌细节 好高骛远,喜欢新问题 凭爱好做事,对事情的态度易变 提新见解,仓促下结论
Sensing └ 感觉	Intuition └ 直觉

举例说明:

①面对一只小白兔,感觉型的人会说:"这只兔子通体雪白,它的眼睛是红色的,耳朵直竖着,皮毛摸起来光滑细腻。"直觉型的人会说:"它灵动、耀眼,就像一只精灵。"

②感觉型的人常说:"说说事情的细节。"直觉型的人经常说:"谈谈你的感受。"你是感觉型还是直觉型? 确定你的第二个维度。

（3）TF 思考-情感。

思考	情感
分析,用逻辑客观方式决策;坚信自己的观点正确 不考虑他人意见 清晰,正义,不喜欢调和主义 批判和鉴别力 规则 工作中少表现出情感,也不喜欢他人感情用事	主观和综合,用个人化的、价值导向的方式决策;考虑决策对他人的影响 和谐,宽容,喜欢调解 不按照逻辑思考 考虑环境 喜欢工作场景中的情感,从赞美中得到享受,也希望他人的赞美
Thinking └ 思考	Feeling └ 情感

举例说明:

①在分析问题时,思考型的人会问:"这合乎逻辑吗? 这样公平吗?"情感型的人会问:

"会有人因此受到伤害吗？这是否不近人情？"

②某学生在课堂讲话被教师批评,思维型的人会说:"如果你上课不讲话,老师也不会批评你呀。"情感型的人会说:"当着这么多人批评你,有点不近人情。"

你是思考型还是情感型？确定你的第三个维度。

(4)JP 判断-知觉。

判断	知觉
封闭定向	开放定向
结构化和组织化	弹性化和自发化
时间导向	探索和开放结局
决断,事情都有正误之分	好奇,喜欢收集新信息而不是做结论
喜命令、控制,反应迅速,喜欢完成任务	喜欢观望;喜欢开始许多新的项目,但不完成;优柔寡断,易分散注意
不善适应	
Judging 判断	Perceiving 知觉

举例说明:

①在做具体事情时,判断型的人会说:"我们计划一下吧。"知觉型的人会说:"等等看,到时候再说吧。"

②面对具体工作,判断型的人通常会按时完成工作任务;知觉型的人往往会拖拉工作,需要督促才能完成。

你是判断型还是知觉型？确定你的第四个维度。

四个维度在每个人身上会有不同的比重,不同的比重会导致不同的表现,关键在于各个维度上的人均指数和相对指数的大小。

在 MBTI 测评结果中,每个维度上一个人只能是一种偏好,如一个人是内倾就不可能是外倾,是感觉型就不可能是直觉型。但是,这个并不能说明一个人是内倾就不能有一点外倾的特征,就像之前讲过的一样,我们把一个维度看成一个标尺,每个人的性格就落在这个标尺上,这个"偏好"是一个相对的量。比如一个外倾的人,他既有外倾的表现,又有内倾的表现,只是在绝大多数情况下其自然反应是外倾,但是在特别的情境下,可能表现为内倾。所以,不要绝对地看待测评的结果。了解 MBTI 类型的目的是区分每个人的不同,所有的类型没有好坏之分。

2.十六种人格类型的组合

为了方便理解,前面将 MBTI 的各个维度做了单独介绍,但人的性格非常复杂,每个维度都会彼此影响,需将我们将 4 个维度结合起来进行理解。4 个维度中的两级正好组合成 16 种人格类型,每一种类型组合都有适合的工作类型。如表2-2所示。

表 2-2　十六种人格类型与职业环境的适配

组合	人格特征	适合的职业
ESTP	灵活、忍耐力强,实际,注重结果。喜欢积极地采取行动解决问题。注重当前,喜欢物质享受和时尚。学习新事物最有效的方式是通过亲身感受和练习	各类贸易商、批发商、中间商、零售商、房地产经纪人、保险经济人、汽车销售人员、股票经纪人、理财顾问等
ESFP	外向、友好、接受力强。在工作中讲究常识和实用性,并使工作显得有趣。对于新的任何事物都能很快地适应。学习新事物最有效的方式是和他人一起尝试	精品店店员、商场销售人员、市场营销人员(消费类产品)、广告设计师、创意人员、客户经理、公共关系专家等
ENFP	热情洋溢、富有想象力。能很快地将事情和信息联系起来,然后很自信地根据自己的判断解决问题。总是需要得到别人的认可,也总是准备着给予他人赏识和帮助	社会工作者、人力资源专家、培训师、演讲家、记者(访谈类)、节目策划和主持人、专栏作家、剧作家等
ENTP	反应快、睿智,有激励别人的能力,警觉性强、直言不讳。在解决新的、具有挑战性的问题时机智而有策略。不喜欢例行公事,很少会用相同的方法做相同的事情	投资顾问(房地产、金融、贸易、商业等)、各类项目的策划人和发起者、企业业主(新兴产业)、政治家等
ISTP	容忍,有弹性,是冷静的观察者。当有问题出现,便迅速行动,分析哪些东西可以使事情进行顺利,善于从大量资料中,找出问题的关键,提出可行的解决方法	各类技术专家和技师、证券分析师、财务顾问、商品经销商、产品代理商(有形产品为主)等
ISFP	沉静、友善、敏感和仁慈。不喜欢争论和冲突,喜欢有自己的空间,喜欢能按照自己的时间表工作,不喜欢争论和冲突。不会强迫别人接受自己的意见和价值观	时装、首饰设计师、装潢、园艺设计师、舞蹈演员、画家、个人健康和运动教练、旅行社销售人员等
INFP	理想主义者,忠于自己的价值观及自己所重视的人。外在的生活与内心的价值观配合。有好奇心,很快看到事情的可能与否,能够加速对理念的实践	插图画家、小说家、设计师、文学编辑、记者、心理学工作者、社会工作者、教育顾问、图书管理者、翻译等
INTP	对任何感兴趣的事物,都要探索一个合理的解释。喜欢思维多于社交。在他们感兴趣的范畴内,有非凡的能力去专注而深入地解决问题。有怀疑精神,有时喜欢批评	大学教授、科研机构研究人员、历史学家、金融投资顾问、律师、作家、设计师、音乐家、艺术家、艺术鉴赏家等
ESTJ	实际、现实主义。果断,一旦下决心就会马上行动。善于将项目和人组织起来将事情完成,在实施计划时强而有力,并尽可能用最有效率的方法得到结果。注重细节	大、中型外资企业员工、业务经理、中层经理(多分布在财务、营运、物流、销售管理)、中小型企业主管和业主
ESFJ	热心肠、有责任心。喜欢和他人一起精确并及时地完成任务。能体察到他人在日常生活中的所需并竭尽全力帮助。希望自己和自己的所为能受到他人的认可和赏识	办公室行政或管理人员,客户服务部人员,营养学专家,小学教师,银行、酒店、大型企业客户服务代表,客户经理
ENFJ	热情、为他人着想,有责任心。非常注重他人的感受、需求和动机。善于发现他人的潜能,并希望能帮助他们实现。能成为个人或群体成长和进步的催化剂	人力资源培训主任、销售、沟通、团队培训员、职业指导顾问、心理咨询工作者、社会活动家、画家、音乐家等
ENTJ	坦诚、果断,有天生的领导能力。善于做长期计划和目标的设定。见多识广,博览群书,喜欢拓广自己的知识面并分享给他人。陈述自己的想法时非常强而有力	各类企业的高级主管、总经理、企业主、社会团体负责人、政治家、律师、法官、知识产权专家、科技专家等

续表

组合	人格特征	适合的职业
ISTJ	安静、严肃,通过全面性和可靠性获得成功。有责任感、逻辑性,并一步步地朝着目标前进,不易分心。喜欢将工作、家庭和生活都安排得井井有条。重视传统和忠诚	会计、办公室行政管理、后勤供应管理、中层经理、机械工程师、计算机程序员、实验室技术人员、医学研究员等
ISFJ	安静、友好和有责任感。坚定地致力于完成他们的义务。全面、勤勉、精确、忠诚,关心重视他人的感受。努力把工作和家庭环境营造得有序而温馨	行政管理人员、总经理助理、人事管理、物流经理、律师助手、营养学家、零售店业主、酒店管理人员、室内设计师等
INFJ	寻求思想、关系、物质等之间的联系。有很强的洞察力和责任心,坚持自己的价值观。在对于目标的实现过程中有计划而且果断坚定	心理咨询工作者、心理诊疗师、职业指导顾问、大学教师、作家、诗人、剧作家、建筑师、设计师等
INTJ	多疑、独立,对于自己和他人能力和表现的要求都非常高。能很快洞察到外界事物间的规律并形成长期的远景计划。一旦决定就会开始规划并直到完成为止	各类技术顾问、企业管理顾问、投资专家、法律顾问、医学专家、证券投资和金融分析员、设计师、艺术家等

立即行动

对照 MBTI 相关理论,结合自己的实际情况,判断自己是哪一种人格,这对你以后的生涯规划有何影响。

生涯驿站

九型人格

九型人格学是一门古老的学说,距今已有两千多年的历史,源自古老的中亚细亚地区,相传是苏菲教派的神秘智慧。九型人格学是一把破译性格密码的钥匙,也是一个有效团队建设的工具,它能帮助你深入地了解自己和他人的性格特征,正确评估自己的优势与劣势,准确地判断和掌握他人的长处和短处,更有效地与他人沟通和建立良好的合作关系。

当前九型人格学的热潮正席卷欧美,并传入港台,被许多著名学府列为教材,成为热门叫座的心理研究课程。斯坦福大学 MBA、中央情报局(CIA)情报员更将九型人格学作为必修课,用于了解各国商界、政界领袖的行为,被誉为知人知己的利器。许多各行业的精英人士,如心理学家、精神分析家、企业家、管理顾问、培训师、律师、心灵导师等,都在工作中广泛有效地运用九型人格学。

九型人格是一种深层次了解人的方法和学问,它按照人们的思维、情绪和行为,将人分为九种:一号:完美主义者;二号:给予者;三号:实干者;四号:悲情浪漫者;五号:观察者;六号:怀疑者;七号:享乐主义者;八号:支配者;九号:调停者。

二、气质

在日常生活中,我们常发现有的人比较活泼好动,反应敏捷,有的人则比较安静,行动缓慢;有的人干什么事情都是比较急躁,而有的人则干什么事都是慢条斯理。这些人与人之间心理特征的差异,其实就是由于他们的气质不同所导致的。心理学中所讲的气质一词,与我们平时所说的"脾气""秉性"差不多。

(一)气质的概念

气质是指不以活动目的和内容为转移的典型的、稳定的心理特征。气质在很大程度上受先天和遗传因素的影响,具有相对稳定性。受环境的影响时,也有可能发生某些改变。

(二)气质的类型

现代心理学沿用古希腊医生希波克拉底和古罗马医生盖伦的说法,将气质分为四种类型:胆汁质、多血质、黏液质和抑郁质。一般来说,典型的一种气质少见,多的是两种气质类型的混合至多种气质类型的混合。

1.胆汁质

日常活动带有强烈的情绪色彩,情绪高时,学习、工作热情高,肯出大力;反之,对什么事都不感兴趣。积极参加各项课外活动,喜欢每一项新的活动,甚至喜欢倡导一些别出心裁的事,尤其喜欢运动量大和场面热烈的活动;完成作业匆匆忙忙,比谁都快,考试交卷争第一;活动效率高,想干的事未完成,饭可不吃,觉可不睡;学习的理解能力和接受能力很快,但不求甚解;说话喜欢与同学争辩,总想抢先发表自己的意见,喜欢在公开场合表现自己,坚信自己的见解;姿态举动强而有力,眼光锐利而富有生气,表情丰富敏捷;喜欢看情节起伏、激动人心的小说和电影,不爱看表现日常生活题材的作品。

2.多血质

内心的体验一般会在面部表情和眼神中明显表现出来;积极参加学校一切活动,但表现散漫,有始无终;学习疲倦时,只要稍休息一下,便会立刻焕发精神重新投入学习;理解问题总比别人快,但学习常会见异思迁,注意力不容易集中;希望做难度大、内容复杂的作业,但不耐心细致,总希望尽快完成作业;容易激动,但情绪表现不强烈;容易产生骄傲情绪,觉得自己比别人要机智和灵敏;变化迅速,遇到稍不如意的事就情绪低落,稍得安慰或又遇到使他高兴的事,马上就会兴高采烈;善于交际,待人亲切,容易交上朋友,但友谊常不巩固,缺少知心好友。

3.黏液质

不爱活动,安静沉稳,很少发脾气,情感很少外露,面部表情单一;课堂上守纪律,静坐听讲不打扰别人,生活有规律,很少违反作息制度;理解问题比较慢,希望老师能多重复几遍;学习认真严谨,始终如一,喜欢复习过去学过的知识,对新知识接受能力差,但弄懂之后就很难忘记;沉默寡言,较少主动搭话;交际适度,通常有几个要好的朋友;善于自制,善于忍耐;兴趣爱好稳定专一,有毅力。

4.抑郁质

喜欢安静独处,性情孤僻,但是在友爱的集体中,又可能是一个很容易相处的人;办事犹豫不决，优柔寡断，做事情总比别人花费时间多，细心谨慎，稳妥可靠；不爱表现自己，对出头露面的工作尽量摆脱；在陌生人面前害羞，当众讲话常表现出惊慌失措；感情比较脆弱，因为一点小事就会引起情绪波动，容易神经过敏，患得患失；当学习或工作失利时，会感到很大的痛苦；爱看感情细腻、富有描写心理活动的小说和电影。

巴甫洛夫认为，气质是"每一个人最一般的特征，是他们神经系统的最基本特征。而这种特征在每个人的一切活动上都打上了一定的烙印"。气质就其构成来说具有很多先天的因素，比如说同样是新生儿，有的爱哭、好动；有的平稳、安静。但气质中某些成分随着后天环境的影响也是可以改变的。正应验了中国的古话："近朱者赤，近墨者黑"，这句话很有道理，不然也不会有孟母三迁择邻处的故事。

伦敦大学心理学家艾森克（H. J. Eysenck）认为，人的气质应该包括两个维度：一个是内向-外向维度，一个是情绪稳定-不稳定维度。根据以上两个维度的相互制约关系，人的气质可以分为不稳定外向型、稳定外向型、稳定内向型和不稳定内向型四种人格类型，分别相应于希波克拉底和巴甫洛夫学说的胆汁质、多血质、黏液质和抑郁质四种不同的气质类型。

各种气质类型均有各自的优缺点，正视这种"短""长"的客观存在，充分发挥自己的主观能动性，相信气质虽有极大的天赋性，但只要通过努力，就可以在后天得以改造，但要认识到这种改造的长期性、艰苦性。应认识到，气质类型虽然不同，但成才机遇均等，只是因为不同专业、职业对气质特点有不同要求，充分发挥个性，改造气质，克服气质弱点，有利于自己将来选择各种不同的职业和专业，以求人尽其才。

思考时间

在一望无际的草原上……

● 有一只狮子不停地奔跑，有人问它为什么要奔跑，狮子说："我只有跑得比猎物快，才能获得食物。"

● 有一只羚羊也在独自奔跑。有人问它为什么要奔跑，羚羊说："我只有跑得比其他羚羊快，才能不被吃掉。"

● 故事告诉我们：

三、气质对职业的影响

气质体现了个体差异，不同气质对事业成功有相当大的影响。理解不同气质的优势与劣势，对选择职业、修炼性格、提高学习与工作效率、处理人际关系、了解对方、了解自己等都有重大意义。

在职业规划中，如何看待气质与职业选择之间的关系呢？

首先,气质类型相对稳定,可塑性小。因此可以选择与气质类型相适应的职业,为个体从事某种职业活动提供有利条件。其次,气质在不同的职业中,能影响工作的效率。职业领域多种多样,不同类型的职业对人的要求也不同,不同类型的人适合不同的职业。最后,气质影响人对职业环境的适应。能否自如地应对不同的职业环境,将检验一个人的适应能力。一般来说,胆汁质的人脾气暴躁、易怒;多血质的人机制灵敏,会运用巧妙的办法应对环境变化;黏液质的人能以克己忍耐来应对环境,缺乏交往的主动性;抑郁质的人对自身和他人的情绪都敏感,体验深刻。

从心理学上说,气质使人的行为具有动力特征,而动力特征是中性的,不分好坏;从职业选择上说,每种气质各有优劣,互为补充。例如:胆汁质的人热情豪爽,精力旺盛,但脾气火爆;多血质的人善于交往,活泼开朗,却难于专注与耐性;黏液质的人做事认真,有条不紊,却缺乏激情;抑郁质的人敏锐,却多疑。关键是在职业规划中,选好与气质吻合的职业,使自己能用己所长,避己之短。因为气质对我们来说,没有选择的可能,重要的是了解自己,自觉发挥长处。

气质不决定一个人智力发展的水平,也不决定一个人职业成就的高低。这在现实中有大量的事例。例如,数学家陈景润属抑郁质,文学家郭沫若属多血质,普希金属胆汁质,克雷洛夫属黏液质。能否发挥所长,适应职业环境,提高工作效率,取得职业成就,关键是进行职业规划选择合适的职业。(如表 2-3 所示)

表 2-3　气质类型与适合工作的对照表

气质类型	适合工作
胆汁质	导演、推销员、节目主持人、演讲者、外事接待人员、演员等
多血质	外交官、管理人员、驾驶员、医生、律师、运动员、新闻记者、演员、军人、公安干警等
黏液质	医生、法官、出纳员、会计、播音员、话务员、调解员等
抑郁质	雕刻工作者、书法家、编辑、机要秘书、化验员、刺绣工作者、保管员等

第三节　性格与气质测评

一、性格类型自测

说明:

1.参加测试的同学请务必诚实、独立地回答问题,只有如此,才能得到有效的结果。

2.《性格分析报告》展示的是你的性格倾向,而不是你的知识、技能、经验。

3.本测试分为四部分,共 93 题,需时约 18 分钟。所有题目没有对错之分,请根据自己的实际情况选择。将你选择的 A 或 B 所在的○涂黑,例如:●。

只要你是认真、真实地填写了测试问卷,那么通常情况下你都能得到一个确实和你性格相匹配的类型。希望你能从中或多或少地获得一些有益的信息。

（1）哪一个答案最能贴切地描绘你一般的感受或行为？

序号	问题描述	选项	E	I	S	N	T	F	J	P
1	当你要外出一整天,你会 A.计划你要做什么和在什么时候做 B.说去就去	A							○	
		B								○
2	你认为自己是一个 A 较为随性所至的人 B.较为有条理的人	A								○
		B							○	
3	假如你是一位老师,你会选教 A.以事实为主的课程 B.涉及理论的课程	A			○					
		B				○				
4	你通常 A.容易与人混熟 B.比较沉静或矜持	A	○							
		B		○						
5	一般来说,你和哪些人比较合得来 A.富于想象力的人 B.现实的人	A				○				
		B			○					
6	你经常让 A.你的情感支配你的理智 B.你的理智主宰你的情感	A						○		
		B					○			
7	处理许多事情上,你会喜欢 A.凭兴所至行事 B.按照计划行事	A								○
		B							○	
8	你是 A.容易让人了解 B.难于让人了解	A	○							
		B		○						
9	按照程序表做事 A.合你心意 B.令你感到束缚	A							○	
		B								○
10	当你有一份特别的任务,你会喜欢 A.开始前小心组织计划 B.边做边找需要做什么	A							○	
		B								○
11	在大多数情况下,你会选择 A.顺其自然 B.按程序表做事	A								○
		B							○	
12	大多数人会说你是一个 A.重视自我隐私的人 B.非常坦率开放的人	A		○						
		B	○							
13	你宁愿被人认为是一个 A.实事求是的人 B.机灵的人	A				○				
		B			○					
14	在一大群人当中,通常是 A.你介绍大家认识 B.别人介绍你	A		○						
		B		○						
15	你会跟哪些人做朋友 A.常提出新主意的 B.脚踏实地的	A				○				
		B			○					
16	你倾向 A.重视感情多于逻辑 B.重视逻辑多于感情	A						○		
		B					○			
17	你比较喜欢 A.坐观事情发展才做计划 B.很早就做计划	A								○
		B							○	
18	你喜欢花很多时间 A.一个人独处 B.和别人在一起	A		○						
		B	○							
19	与很多人一起会 A.令你活力倍增 B.常常令你心力交瘁	A	○							
		B		○						
20	你比较喜欢 A.很早便把约会、社交聚集等事情安排妥当 B.无拘无束,看当时有什么好玩就做什么	A							○	
		B								○

续表

序号	问题描述	选项	E	I	S	N	T	F	J	P
21	计划一个旅程时，你较喜欢 A.大部分的时间都是跟当天的感觉行事 B.事先知道大部分的日子会做什么	A								○
		B							○	
22	在社交聚会中，你 A.感到郁闷　B.常常乐在其中	A		○						
		B	○							
23	你通常 A.和别人容易混熟　B.趋向自处一隅	A	○							
		B		○						
24	哪些人会更吸引你 A.一个思维敏捷且非常聪颖的人 B.实事求是，具有丰富常识的人	A				○				
		B			○					
25	在日常工作中，你会 A.颇为喜欢处理迫使你分秒必争的突发情况 B.通常预先计划，以免要在压力下工作	A								○
		B							○	
26	你认为别人一般 A.要花很长时间才认识你 B.用很短时间便认识你	A		○						
		B	○							

（2）在下列每一对词语中，哪一个词语更合你心意？请仔细想想这些词语的意义，而不要理会他们的字形或读音。

序号	问题描述	选项	E	I	S	N	T	F	J	P
27	A.注重隐私　B.坦率开放	A		○						
		B	○							
28	A.预先安排的　B.无计划的	A							○	
		B								○
29	A.抽象　B.具体	A				○				
		B			○					
30	A.温柔　B.坚定	A						○		
		B					○			
31	A.思考　B.感受	A					○			
		B						○		
32	A.事实　B.意念	A			○					
		B				○				
33	A.冲动　B.决定	A								○
		B							○	
34	A.热衷　B.文静	A	○							
		B		○						
35	A.文静　B.外向	A		○						
		B	○							
36	A.有系统　B.随意	A							○	
		B								○
37	A.理论　B.肯定	A				○				
		B			○					

续表

序号	问题描述	选项	E	I	S	N	T	F	J	P
38	A.敏感 B.公正	A						○		
		B					○			
39	A.令人信服 B.感人的	A					○			
		B						○		
40	A.声明 B.概念	A			○					
		B				○				
41	A.不受约束 B.预先安排	A								○
		B							○	
42	A.矜持 B.健谈	A		○						
		B	○							
43	A.有条不紊 B.不拘小节	A							○	
		B								○
44	A.意念 B.实况	A				○				
		B			○					
45	A.同情怜悯 B.远见	A						○		
		B					○			
46	A.利益 B.祝福	A					○			
		B						○		
47	A.务实的 B.理论的	A			○					
		B				○				
48	A.朋友不多 B.朋友众多	A		○						
		B	○							
49	A.有系统 B.即兴	A							○	
		B								○
50	A.富想象的 B.以事论事	A				○				
		B			○					
51	A.亲切的 B.客观的	A						○		
		B					○			
52	A.客观的 B.热情的	A					○			
		B						○		
53	A.建造 B.发明	A			○					
		B				○				
54	A.文静 B.爱合群	A		○						
		B	○							
55	A.理论 B.事实	A				○				
		B			○					
56	A.富同情 B.合逻辑	A						○		
		B					○			
57	A.具分析力 B.多愁善感	A					○			
		B						○		
58	A.合情合理 B.令人着迷	A			○					
		B				○				

（3）哪一个答案最能贴切地描绘你一般的感受或行为？

序号	问题描述	选项	E	I	S	N	T	F	J	P
59	你要在一个星期内完成一个大项目,你在开始的时候会 A.把要做的不同工作依次列出 B.马上动工	A							○	
		B								○
60	在社交场合中,你经常会感到 A.与某些人很难打开话茬和保持对话 B.与多数人都能从容地长谈	A		○						
		B	○							
61	要做许多人也做的事,你比较喜欢 A.按照一般认可的方法去做 B.构想一个自己的想法	A			○					
		B				○				
62	对你刚认识的朋友能否说出你的兴趣 A.马上可以 B.要待他们真正了解你之后才可以	A	○							
		B		○						
63	你通常较喜欢的科目是 A.讲授概念和原则的 B.讲授事实和数据的	A				○				
		B			○					
64	哪个是较高的赞誉 A.一贯感性的人 B.一贯理性的人	A					○			
		B						○		
65	你认为按照程序表做事 A.有时是需要的,但一般来说你不太喜欢这样做 B.大多数情况下是有帮助而且是你喜欢做的	A								○
		B							○	
66	和一群人在一起,你通常会选 A.跟你很熟悉的个别人谈话 B.参与大伙的谈话	A		○						
		B	○							
67	在社交聚会上,你会 A.是说话很多的一个 B.让别人多说话	A	○							
		B		○						
68	把周末期间要完成的事列出清单,这个主意会 A.合你意 B.使你提不起劲	A							○	
		B								○
69	哪个是较高的赞誉 A.能干的 B.富有同情心	A					○			
		B						○		
70	你通常喜欢 A.事先安排你的社交约会 B.随兴所至做事	A							○	
		B								○
71	总的说来,要做一个大型作业时,你会选 A.边做边想该做什么 B.首先把工作按步细分	A								○
		B							○	
72	你能否滔滔不绝地与人聊天 A.只限于跟你有共同兴趣的人 B.几乎跟任何人都可以	A		○						
		B	○							
73	你会 A.跟随一些证明有效的方法 B.分析还有什么毛病,以及针对尚未解决的难题	A			○					
		B				○				
74	为乐趣而阅读时,你会 A.喜欢奇特或创新的表达方式 B.喜欢作者直话直说	A				○				
		B			○					

续表

序号	问题描述	选项	E	I	S	N	T	F	J	P
75	你宁愿替哪一类上司(或者老师)工作 A.天性纯良,但常常前后不一的 B.言辞尖锐但永远合乎逻辑的	A					○			
		B				○				
76	你做事大多是 A.按当天心情去做 B.照设好的程序表去做	A								○
		B							○	
77	你是否 A.可以和任何人按需求从容地交谈 B.只是对某些人或在某种情况下才可以畅所欲言	A	○							
		B		○						
78	要做决定时,你认为比较重要的是 A.据事实衡量 B.考虑他人的感受和意见	A					○			
		B						○		

(4)在下列每一对词语中,哪一个词语更合你心意?

序号	问题描述	选项	E	I	S	N	T	F	J	P
79	A.想象的 B.真实的	A				○				
		B			○					
80	A.仁慈慷慨的 B.意志坚定的	A						○		
		B					○			
81	A.公正的 B.有关怀心	A					○			
		B						○		
82	A.制作 B.设计	A			○					
		B				○				
83	A.可能性 B.必然性	A				○				
		B			○					
84	A.温柔 B.力量	A						○		
		B					○			
85	A.实际 B.多愁善感	A			○					
		B						○		
86	A.制造 B.创造	A			○					
		B				○				
87	A.新颖的 B.已知的	A				○				
		B			○					
88	A.同情 B.分析	A						○		
		B					○			
89	A.坚持己见 B.温柔有爱心	A					○			
		B						○		
90	A.具体的 B.抽象的	A			○					
		B				○				
91	A.全心投入 B.有决心的	A						○		
		B					○			

序号	问题描述	选项	E	I	S	N	T	F	J	P
92	A.能干 B.仁慈	A					○			
		B						○		
93	A.实际 B.创新	A			○					
		B				○				

每项总分

E I S N T F J P

4.评分规则。

当你将●涂好,把8项(E、I、S、N、T、F、J、P)分别加起来,并将总和填在每项最下方的方格内。请复查你的计算是否准确,然后将各项总分填在下面对应的方格内。

每项总分

外向	E			I		内向
实感	S			N		直觉
思考	T			F		情感
判断	J			P		认知

5.确定类型的规则。

MBTI以四个组别来评估你的性格类型倾向:"E-I""S-N""T-F"和"J-P"。请你比较四个组别的得分。每个组别中,获得较高分数的那个类型,就是你的性格类型倾向。例如,你的得分是:E(外向)12分,I(内向)9分,那你的类型倾向便是E(外向)了。

将代表获得较高分数的类型的英文字母,填在下方的方格内。如果在一个组别中,两个类型获同分,则依据下边表格中的规则来决定你的类型倾向。

评估类型

同分处理规则:假如E=I,请填上I

假如S=N,请填上N

假如T=F,请填上F

假如J=P,请填上P

二、气质类型自测

说明：请您实事求是地回答下面 60 道问题。完全相符的记 1 分；介于符合与不符合之间的，记 0 分；有点不符合的记 -1 分；完全不符合的记 -2 分。

自测内容

1.喜欢安静的环境

2.做事有些莽撞，常常不考虑后果

3.别人说我总是闷闷不乐

4.假如工作枯燥无味，马上就会情绪低落

5.别人讲新概念，我常常听不懂，但是弄懂以后就很难忘记

6.兴奋的事情常常使我失眠

7.做事力求稳妥，不做无把握的事

8.反应敏捷，不做无把握的事

9.做事总是有旺盛的精力

10.理解问题时常比别人慢

11.在人群中不觉得过分拘束

12.碰到陌生人觉得很拘束

13.遇到令人气愤的事情，能够很好地自我克制

14.羡慕那些能够克制自己感情的人

15.遇到问题时常常举棋不定，优柔寡断

16.在多数情况下情绪是很乐观的

17.宁愿侃侃而谈，不愿窃窃私语

18.当注意力集中于某一事物时，别的事物就难以使我分心

19.希望做变化大、花样多的工作

20.小时候会背的诗歌，我似乎比别人记得清楚

21.别人说我"出语伤人"，可我并不觉得这样

22.能够长时间做枯燥、单调的工作

23.能够很快忘记那些不愉快的事情

24.喜欢复习学习过的知识，重复做已经掌握的工作

25.疲倦时只要短暂的休息，就能够精神抖擞地重新投入工作

26.与人交往不卑不亢

27.喜欢运动量大的剧烈运动，或参加各种文体活动

28.爱看感情细腻、描写人物内心活动的文学作品

29.能够同时注意几件事物

30.喜欢有条理而不麻烦的工作

31.情绪高昂时,觉得干什么都有趣;情绪低落时,又觉得干什么都没有意思

32.宁可一个人干事,不愿很多人在一起

33.生活有规律,很少违反制度

34.讨厌做那种需要耐心、细致的工作

35.心里有事,宁愿自己想,也不愿意说出来

36.认准一个目标就希望尽快实现,不达目的,誓不罢休

37.和别人同样学习、工作一段时间后,常比别人更疲倦

38.遇到可气的事就怒不可遏,想把心里话全都说出来

39.别人讲授新知识、新技术时,总希望他讲慢些,并且多重复几遍

40.符合兴趣的事情,干起来劲头十足,否则就不想干

41.做作业或完成一件工作总比别人花更多的时间

42.喜欢参加热烈的活动

43.不能很快地把注意力从一件事情转移到另一件事情上去

44.接受一项任务后,就希望把它迅速解决

45.认为墨守成规总比冒风险强

46.工作和学习时间长了,常常感到厌倦

47.当我烦闷的时候,别人很难使我高兴起来

48.爱看情节起伏跌宕、激动人心的小说或文学作品

49.在学习和生活中,常常因为反应慢而落后于人

50.和周围人的关系总是相处不好

51.一点小事情就能引起情绪波动

52.理解问题总比别人快

53.碰到危险情况时,常常有一种极度恐惧感

54.对学习、工作、事业怀有很高的热情

55.对工作抱以认真、严谨、始终如一的态度

56.喜欢和人交往

57.不喜欢长时间谈论一个问题,愿意实际动手干

58.和人争吵时,总是先发制人,喜欢挑衅

59.厌恶那些强烈的刺激,如尖叫、噪音、危险镜头等

60.到一个新的环境很快就能适应

将每题得分填入表内相应栏内，计算每种气质类型的总得分：

胆汁质	题号	2	6	9	14	17	21	27	31	36	38	42	48	50	54	58	总分
	得分																
多血质	题号	4	8	11	16	19	23	25	29	34	40	44	46	52	56	60	总分
	得分																
黏液质	题号	1	7	10	13	18	22	26	30	33	39	43	45	49	55	57	总分
	得分																
抑郁质	题号	3	5	12	15	20	24	28	32	35	37	41	47	51	53	59	总分
	得分																

得分说明：

1.如果某类气质得分明显高出其他三种，且均高出4分以上，则可以确定属于该种气质类型。

2.如果该气质类型得分超过20分，则为典型；如果该得分的总分在10～20分之间，则属于此种气质类型的一般型。

3.如果两种气质类型的总分很接近，两者得分差数小于3，而又明显高于其他两种类型，其高出部分超过4分以上者，则属于两种气质的混合型。

4.如果有三种气质的总分很接近，但又明显高于第四种者，则气质属于三种气质的混合型。

我喜欢做什么

第一节　兴趣探索

小商说故事

择己所爱

1978 年 8 月 4 日,美国纽约市体育场,数万名来自全球各地的观众怀着复杂的心情参加了一位巨星隐退的仪式,一代球王贝利终于要退出绿茵场了。当贝利哽咽着宣布从此退出足坛时,场上、场下涕泪滂沱。是什么造就了贝利,造就了历史上最伟大的球王?

显然,数十年的刻苦训练、坚毅的品格、非凡的天赋都是贝利成为巨星的原因。但最不可缺的却不是这些。

贝利说:"我热爱足球,足球是我的生命!"执着的爱恋是推动贝利踢球的原动力,在一种与生俱来的兴趣引导下,贝利步入绿茵场,成为万众瞩目的英雄。

年轻时,贝利当运动员;退役后,他当教练,当评论员。贝利以足球为生,足球事业是贝利终生的职业,也是足球给贝利的一生带来了无穷的乐趣、无上的荣誉。

小商语录

兴趣是不会说谎的,爱是藏不住的。

在人的一生当中，如果从事的总是自己喜欢的职业，其职业生涯就会变得更有趣、更有意义，也更容易获得职业满意与成功，因此，兴趣是最好的老师，也是职业选择最初的原动力。

一、兴趣的产生过程

兴趣是人认识某种事物或从事某项活动时的心理倾向。从兴趣的发生和发展来看，一般要经历这样一个过程：有趣—乐趣—志趣，这也是兴趣的三个发展阶段。

第一阶段为有趣。有趣是兴趣发展的低级水平，它往往易起易落，转瞬即逝，非常不稳定。处于这一阶段的兴趣常常与人们对某一事物的新奇感相联系，随着这种新奇感的消失，兴趣也会自然逝去。

第二阶段为乐趣。乐趣又称为爱好。它是在有趣定向发展的基础上形成的，是兴趣发展的中级水平。在这一阶段或水平上，人们的兴趣会向专一的、深入的方向发展。如一个人对无线电很有乐趣，他不但会学习这方面的知识，还会亲自装配和修理，并参加有关的兴趣小组活动。

第三阶段为志趣。当乐趣同一个人的社会责任感、理想、奋斗目标结合起来时，乐趣便转化为志趣，它是兴趣发展的高级水平。志趣是取得成就的根本动力，是成功的重要保证，具有社会性、自觉性和方向性三个特点。

二、兴趣与职业兴趣

兴趣是人们力求认识某种事物或从事某种活动的心理倾向，这种心理倾向往往表现为积极的态度和情绪反应。兴趣是人们活动的巨大动力，是推动人们寻求知识、从事活动的重要心理因素。很多人认为爱好和兴趣是等同的，事实上二者是有区别的。爱好是兴趣的外在表现形式，同一爱好背后的兴趣点可能有所不同。例如，两个人都爱好篮球，一个人的兴趣点是可以和一群人玩，很开心；而另一个人可能是觉得打篮球这件事本身很开心，他并不是很喜欢和人交流。

所谓职业兴趣，即人们对正在从事或即将从事的职业活动的兴趣。诸如一些人喜欢经商，一些人爱好学术。值得注意的是，职业兴趣仅仅是人们兴趣中与职业相关的部分，因此不能将人们所有的兴趣都看作职业兴趣，例如很多人都很喜欢跳舞，但是并不是这些人都最终将跳舞发展成为自己的职业兴趣,事实上很多人仅仅将跳舞当作了业余爱好。

总之,兴趣是人们幸福的动力和源泉。

➜ 立即行动

请列举出三种你现在或曾经非常感兴趣的职业(排除所有现实的考虑)。这些工作中的哪些特征吸引着你?

回忆幸福时光

请放松,深呼吸,回忆三个自己感到特别愉快、忘记时空和自己的时候。请仔细回想当时的场景细节以及自己的感受。

讨论:人在什么时候感到幸福?

☆ 场外报道

人在什么时候感到幸福?

美国芝加哥大学心理学教授米哈利(Mihaly Csikszentmihalyi)花 30 多年的时间对几百位各行各业的人进行了访谈,研究是什么东西真正令人感到幸福和满足。他发现,和人们通常想象的不同,不是在人们很放松、什么事也不做(比如看电视)的时候,而是当人们专心致志地从事某种活动,甚至忘我地完全沉浸在这种活动中的时候,他们感到最为愉快和满足。对不同的人而言,幸福和满足可能是跳舞,可能是演奏、绘画,也可能是阅读等。

米哈利将这种状态称为"flow"(原意是"流动",也被译为"沉浸"或"心流"状态),因为这时候人们的体验好像是被一股潮流往前推动,一切都很平稳而自然地发生了。在这种状态下,人们没有考虑到做这样事情可能带来什么样的回报或担心自己表现如何,而只是整个人都忘情地投入其中,享受从事这个活动过程本身带来的快乐。

三、职业兴趣的类型

约翰·霍兰德(John Holland)的职业兴趣理论可以说是职业规划领域应用得最广泛同时也最实用的职业理论之一。霍兰德假设,大多数人的职业兴趣可以归纳为六种类型:实用型、研究型、艺术型、社会型、企业型和事务型。大多数的工作环境也可以分为这样六种类型。当人们所选择的职业类型与个人的兴趣类型相匹配时,人们会更能运用自己的特长,体现自己的价值并能在其中扮演令自己感觉愉快的角色。

（一）职业兴趣的六种分类

霍兰德的六种职业兴趣类型划分如表所示。

表 3-1　霍兰德的六种职业兴趣类型划分

代码	类型	兴趣类型特点	职业类型特点
R	实用型（Realistic）	物质的、实际的、安定的；喜欢具有实际技能、有规则的具体劳动缺乏洞察力，往往不善与人交往	有一定程序要求的、明确的、具体的岗位职务，运用手工工具或机器进行的操作性强的技术工作。例如：工程师、技术员；机械操作工、维修安装工、木工、电工、鞋匠等；司机；测绘员、描图员；农民、牧民、渔民等
I	研究型（Investigative）	分析的、独立的、内省的、慎重的；喜好运用智力通过分析、概括、推理定向的科学研究与技术工作，往往缺乏领导能力	以观察和科学分析进行的系统的创造性研究活动和实验工作，一般侧重于自然科学方面。比如自然科学和社会科学方面的研究人员、专家；化学、冶金、电子、无线电、电视、飞机等方面的工程师、技术人员；飞行驾驶员、计算机操作人员等
A	艺术型（Artistic）	想象力丰富的、直觉的、冲动的、理想的、独立的；喜欢以表现技巧来抒发丰富的感情，往往缺乏事务性办事能力，不愿依赖、服从他人，不愿做循规蹈矩的工作	在文学与艺术创作方面，通过非系统化的、自由的活动方式，擅长具有艺术表现能力的职业。例如：音乐、舞蹈、戏剧等方面的演员、艺术家、编导、教师；文学、艺术方面的评论员；广播节目的主持人、编辑、作者；绘图、书法、摄影家；艺术、家具、珠宝、房屋装饰等行业的设计师等
S	社会型（Social）	助人的、易于合作的、喜欢交往的、有责任感的、有说服力的；愿为别人服务，关心社会问题，对教育与社会福利等事业有兴趣往往缺乏动手操作能力	为社会及他人办事或服务，从事与人打交道的说服、教育、治疗及与社会福利事业方面有关的职业。例如：教师、保育员、行政人员；医护人员；衣食住行服务行业的经理、管理人员和服务人员；福利人员等
E	企业型（Enterprising）	支配的、冒险的、自信的、精力旺盛的、有自我表现欲的、不易被人支配的；喜欢管理和控制他人，喜欢担任领导角色往往，缺乏科学研究精神	从事具有风险、需要胆略、承担责任较大的工作，善于管理、营销、投资与主持指派他人去做工作的职业。如经理、企业家、政府官员、商人、行政部门和单位的领导者、管理者等
C	事务型（Conventional）	有耐心和良好的自制力的、顺从的、实际的、稳定而有秩序的、思想比较保守的、循规蹈矩的、有条有理的；喜欢系统性强的工作往往缺乏创造力和艺术性	按照固定程序与规则，从事重复性、习惯性的、具体的日常事务，适宜常规管理方面的职业。例如：会计、出纳、统计人员；打字员；办公室人员；秘书和文书；图书管理员；旅游、外贸职员；保管员、邮递员；审计人员；人事职员等

(二)职业兴趣的六边形图形

霍兰德职业兴趣分类与关系如图 3-1 所示。

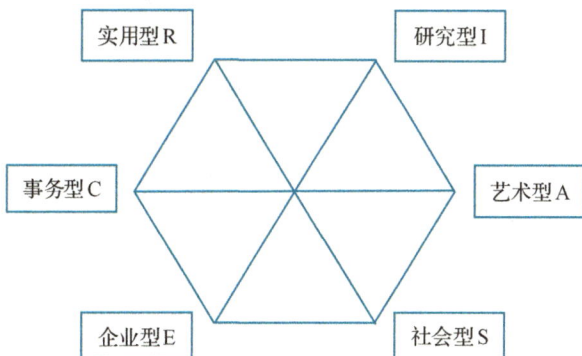

图 3-1　霍兰德职业兴趣分类与关系

从图 3-1 中可以看出,每一种类型与其他类型之间存在不同程度的关系,大体可描述为三类。

1.相邻关系。如 RI、IA、AS、SE、EC 及 CR。属于相邻类型的个体之间共同点较多,现实型 R、研究型 I 的人就都不太偏好人际交往,这两种职业环境中也都较少有机会与人接触。

2.相隔关系。如 RA、RE、IC、IS、AE、SC 及 EA,属于相隔类型的个体之间共同点较相邻关系少。

3.相对关系。在六边形上处于对角位置的类型之间即为相对关系,如 RS、IE 及 AC,相对关系的人格类型共同点少。因此,一个人同时对处于相对关系的两种职业环境都很感兴趣情况较为少见。

人们通常倾向选择与自我兴趣匹配的职业环境,例如具有实用型兴趣的人希望在现实的职业环境中工作,以最好地发挥个人的潜能。但在职业选择中,个体并非一定要选择与自己兴趣完全对应的职业环境。一是因为个体本身常是多种兴趣类型的综合体,单一类型显著突出的情况不多,因此评价个体的兴趣类型也时常依据其在六大类型中得分居前几位的类型组合,并根据分数的高低依次排列字母,构成其兴趣组型。二是因为影响职业选择的因素是多方面的,不完全依据兴趣类型,还要参照社会的职业需求及获得职业的现实可能性等。因此,进行职业选择时会不断妥协,寻求与最高兴趣领域相邻关系的职业环境,甚至是相隔关系的职业环境,在这种环境中,个体需要逐渐适应工作环境。但如果个体寻找的是相对关系的职业环境,则意味着所进入的是与自我兴趣完全相左的职业环境,结果可能是难以适应,或者难以做到乐业。

(三)职业兴趣测试——兴趣岛

假设在你去度十一的途中,你所乘坐的轮船突然发生了意外故障,必须紧急靠岸。这时候,轮船正好处于下列 6 个岛屿的中间。你希望选择哪一个岛屿靠岸?要知道,这些岛屿只能通过轮船与外界联系。而由于天气原因,今后至少半年内船只都无法出航,而且你还要等待境外的轮船运送人员和器材前来维修你所乘坐的轮船。因此一旦靠岸，你可能需要在这个岛上呆很长一段时间（至少一年）。请按一、二、三的顺序挑出3个岛屿。

A岛：美丽浪漫的岛屿，岛上充满了美术馆、音乐馆，弥漫着浓厚的艺术文化气息。同时，当地的原住居民还保留了传统的舞蹈、音乐与绘画，许多文艺界的朋友都喜欢来这里找寻灵感。

I岛：深思冥想的岛屿，岛上人迹较少，建筑物多僻处一隅，平畴绿野，适合夜观星象。岛上有多处天文馆、科博馆，以及科学图书馆等。岛上居民喜好沉思、追求真知，喜欢和来自各地的哲学家、科学家、心理学家等交换心得。

C岛：现代井然的岛屿，岛上建筑十分现代化，是进步的都市形态，以完善的户政管理、地政管理、金融管理见长。岛民个性冷静保守，处事有条不紊，善于组织规划。

R岛：自然原始的岛屿，岛上保留有热带的原始植物林相、自然生态保育很好，也有相当规模的动物园、植物园、水族馆。岛上居民以手工见长，自己种植花果蔬菜、修缮房屋、打造器物、制作工具。

S岛：温暖友善的岛屿，岛上居民个性温和、十分友善、乐于助人，社区均自成一个密切互动的服务网络，人们多互助合作，重视教育，弦歌不辍，充满人文气息。

E岛：显赫富庶的岛屿，岛上的居民热情豪爽，善于企业经营和贸易。岛上的经济高度发展，处处是高级饭店、俱乐部、高尔夫球场。来往者多是企业家、经理人、政治家、律师等，衣香鬓影，夜夜笙歌。

结果显示：
选择R岛属于：实用型（Realistic）
选择I岛属于：研究型（Investigative）
选择A岛属于：艺术型（Artistic）
选择S岛属于：社会型（Social）
选择E岛属于：企业型（Enterprising）
选择C岛属于：事务型（Conventional）

一个理想的职业生涯应是符合个体个性、能发挥潜力、感兴趣的职业，尽量去寻找他们的切合点，在充分考虑这几种因素的前提下，找到最佳的职业生涯定位。

四、职业兴趣的自测与分析

对于自我职业兴趣的识别，我们除了自我观察外，还可以通过标准化的量表进行测评。现在网上使用较多的标准化测评是以霍兰德的自我探索量表为基础加以修订和改编的测评版本，大家如果想了解自己的职业兴趣，还可以在网上测试，例如问道网（http://www.ask-form.cn/）。

现提供两份标准化测试的测评结果并对测评结果加以分析（表3-2）。

表 3-2 两份标准化测试的测评结果

性别:男 年龄:23 专业:计算机应用				性别:女 年龄:23 专业:英语			
维度	量表分	百分位	等级	维度	量表分	百分位	等级
艺术 A	4	11	D	艺术 A	7	26	D
事务 C	20	77	B	事务 C	19	74	B
企业 E	7	11	D	企业 E	13	36	C
研究 I	19	81	B	研究 I	0	0	E
实用 R	13	53	C	实用 R	2	8	E
社会 S	5	4	E	社会 S	28	100	A

我们从表 3-2 提供的数据来看,这名男生在"事务型"和"研究型"上得分较高,"量表分"分别是 20 和 19 分,但对我们更有参考价值的是"百分位"。这名男生在"研究型"上百分位的分数是 81 分,也就是说在这一项上,参考群体有 81% 的人比他低,因此这名男生属于 IC 型(而不是 CI 型)。而这名女生在"社会型"和"事务型"的百分比较高,就是典型的 SC 型。

就这两个被测对象而言,他们的职业兴趣就属于不同的类型,他们适合的工作类型也不一样。这名男生对观念、事物感兴趣,喜欢研究型或事务型的工作,如计算机编程、工程技术等;而这名女生则对人高度敏感,乐于合作,喜欢人际互动的工作,如营销、咨询等。

在现实中,完全属于某一种典型类型的人并不多,大多数人除了主要表现为某一种兴趣类型外,还可能同时具有另外一种兴趣类型的特点,这样两两交叉就形成了 36 种职业兴趣类型(表 3-3)。

表 3-3 36 种职业兴趣类型

类型	类型					
	实用型(R)	研究型(I)	艺术型(A)	社会型(S)	企业型(E)	事务型(C)
实用型(R)	RR	IR	AR	SR	ER	CR
研究型(I)	RI	II	AI	SI	EI	CI
艺术型(A)	RA	IA	AA	SA	EA	CA
社会型(S)	RS	IS	AS	SS	ES	CS
企业型(E)	RE	IE	AE	SE	EE	CE
事务型(C)	RC	IC	AC	SC	EC	CC

表中 RR、II、AA、SS、EE、CC 为典型类型,其余都是综合类型。

下面列举部分类型及与其相匹配的职业类型如表 3-4 所示。

表 3-4 性格类型特点及典型职业

类型	职业类型特点	代表职业
典型实用型(RR)	需要进行明确的、具体的、按一定程序要求进行的技术性、技能性工作	机械操作人员、电工、技师、技术工人等
研究实用型(IR)	具有一定科技含量的技术、技能性工作	计算机编程人员、工程技术人员、质量检验人员等

续表

类型	职业类型特点	代表职业
艺术实用型（AR）	需要一定艺术表现的技术或技能性工作	雕刻人员、手工刺绣人员、家具和服装制作人员等
社会实用型（SR）	与人打交道较多的技术或技能性工作	出租汽车驾驶员、家电维修人员等
企业实用型（ER）	需要一定的经营能力的技术或技能性工作	领航员、动物管理员等
事务实用型（CR）	事务性的技术或者技能性工作	计算机操作人员、机械维护人员等
典型研究型（II）	需要通过观察、科学分析而进行的系统的创作性活动的科学研究工作和理论性工作	数学、物理等学科的研究人员，学术评论者等
实用研究型（RI）	侧重于技术或技能性的科学研究工作	机械、电子、化工行业的工程师，化学技师，研究室的实验人员等
典型艺术型（AA）	需要通过非系统化的、自由的活动进行艺术表现的工作	演员、诗人、作曲家、画家等
实用艺术型（RA）	运用现代科技较多的艺术工作	电视摄影师、录音师、动画制作人员等
典型社会型（SS）	需要更多时间与人打交道的说服、教育和医疗工作	教师、公关人员、供销人员、社会活动家等
实用社会型（RS）	具有一定技术或技能的社会性工作	护士、职业学校教师等
典型事务型（CC）	严格按照固定的规则、方法进行重复性、习惯性的劳动，并具有一定自控能力的相关工作	出纳员、行政办事员、图书管理员等
实用事务型（RC）	需要一定技术或能力的事务性工作	档案资料管理员、文印人员等

第二节　职业价值观

小商说故事

　　时冰（化名）是一名毕业于法国某知名大学通信系统专业的硕士。2016年，她应聘进入了中国联通，月薪12 000元左右。虽然生活上很安逸，可是时冰却很迷茫，觉得花了很多精力和金钱读来的学位没有派上用场，工作水平也得不到提高。

　　后来，时冰向北京职业指导专家寻求咨询。职业咨询师说："时冰的迷茫源于她对自己的职业价值观缺乏认识，她希望自己的职业在相对稳定的同时还能体现自身价值，实现自我提升。"为此，职业咨询师建议时冰进行一次职业价值观测试。结果，包含52个问题的职业价值观测试显示,时冰的职业价值观属于"成就动机型",即不断创新,不断取得成就,不断得到赞扬,不断实现自己想做的事。职业咨询师结合时冰的专业和留学经历,建议她选择竞争比较激烈的行业。现在,时冰正在北京的一家外企快乐地工作着。

小商语录

展开双臂、放开心胸去改变,但千万不要放掉了你的价值观。

知识储备

一、价值观的含义

价值观是人对周围事物的一种评价或态度,是人们在一定的环境中的动机、目的、需要和情感意志的综合体现。价值观是后天习得的,因此,有许多后天因素对它的形成产生了重要影响,包括父母的价值观、社会的价值观、民族和传统文化的价值观、老师和受教育经历、宗教和信仰,以及朋友和伙伴的价值观等。

价值观决定人们从事各种活动的基本心理倾向。所谓价值,是指对个人有用的或重要的东西,往往是个人追求的东西。个人追求就意味着缺乏或不拥有,一个人会对自己拥有或曾经拥有的东西有"免疫力"。所以,人的追求不同在于人的需要或者缺乏不同。

价值观具有相对稳定性和持久性。在特定的时间、地点、条件下,人们的价值观总是相对稳定和持久的。比如,对某种事物的好坏总有一个看法和评价,在条件不变的情况下这种看法不会改变。但是,随着人们的经济地位以及人生观和世界观的改变,这种价值观也会随之改变。当然,报刊、电视和广播等宣传的观点以及父母、老师、朋友和公众名人的观点与行为,对一个人的价值观也有不可忽视的影响。这就是说价值观也处于发展变化之中。

二、职业价值观

价值观在职业选择上的体现就是职业价值观,是人们对待职业的一种信念和态度,或是在职业生活中表现出来的一种价值取向。人们在选择职业时,个人的择业标准和对具体职业的评价集中反映了他们的职业价值观。

职业价值观在职业生涯选择中起着决定性的作用。比如大学里同班同学毕业时面临选择,虽然是同一个专业,能力、兴趣也相当,但做出的选择截然不同。比如金融专业,有的学生毕业到证券公司投身于金融行业,赚大钱,还有学生读硕士、博士做学问,还有部分学生只是到公司从事一般性的财务工作,他们工作选择差异的主要来源是价值观,去证券公司意味着经济收入比较高,选择做学问意味着追求学术,做一般的财务工作可能是选择安稳的生活。所以,价值观的不同也就意味着选择道路的不同。

心理学家马丁·凯茨找出了十种与职业有关的价值观：

1.高收入——除了足够生活的费用之外还有可以随意支配的钱。

2.社会声望——是否受到人们的尊重。

3.独立性——可以在职业中有更多自己做决定的自由。

4.帮助别人——愿意把助人作为职业的重要部分，帮助他人改善其健康、教育与福利。

5.稳定性——在一定时间内始终有工作，不会被轻易解雇，收入稳定。

6.多样性——所从事的职业要参与不同的活动，解决不同的问题，不断变化工作场所，结识新人。

7.领导力——在工作中可以控制事情的发展，愿意影响别人，承担责任。

8.在自己感兴趣的领域中工作——坚持所从事的职业必须是自己感兴趣的领域。

9.休闲——把休闲看得很重要，不愿意让工作影响休闲。

10.尽早进入工作领域：涉及一个人是否在意进入工作领域的早晚，是否希望节约时间和不支付高等教育的费用而尽早进入工作领域。

立即行动

看看自己

你可以参照上面列出的职业价值观的相关项目，结合自己的情况做出优先排序。将你选择的职业价值观的相关项目写在下面的表格上，然后按照重要性的高低来排列。请记住，每项报酬的意义因人而异。在某人眼中看来可有可无的财产，对另一个人却可能是生死攸关的预算。某人心中的美好生活是出国旅游，对另一来说却可能认为能够每天或周末按时回家才是最棒的生活。当然价值观也会改变，但这是一个较长时期的事情。

我已投入精力完成的10项工作或活动	重要性1	重要性2	重要性3	重要性4	重要性5
1.					
2.					
3.					
4.					
5.					
6.					
7.					
8.					
9.					
10.					
总计					

完成了这个活动之后，如果对你来说重要的价值观都有不少的"√"，那么你的价值观是经过了行动检验的，你的价值观已经很成熟和稳定。如果不是，那么需要检验一下为什么会

出现这样的结果？这个价值观真的是你在乎的,还是别人强加给你的？只有经过澄清了的价值观,才是我们在职业选择时需要关注的价值观。

三、职业价值观类型

俗话说:"人各有志。"这个"志"表现在职业选择上就是职业价值观。职业价值观是人生理想和人生态度在职业选择方面的具体表现,也就是一个人对职业本身的认识和态度以及对职业目标的追求和向往。它是一种具有明确的目的性、自觉性和坚定性的职业选择的态度和行为,对一个人的职业目标和择业动机起着决定性的作用。

职业心理学家通过大量的调查,从人们的理想、信念和世界观角度把职业价值观分为九种。这九种职业价值观的典型特点和典型职业类型如表 3-5 所示。

表 3-5　九种职业价值观的典型特点和典型职业类型

职业价值观	典型特点	典型职业类型
独立经营型	也称非工资生活者型。这种类型的人不受别人指使,凭自己的能力拥有自己的小"城堡",不愿受人干涉,想充分施展本领	演员、记者、诗人、画家、音乐家、雕刻家、摄影师等
经济型	也称经理型。这种类型的人确信世界上所有的幸福都可以用金钱买到;他们认为人与人之间的关系是金钱关系,连父母与子女的爱也带有金钱的烙印	各类商人等
支配型	也称独断专行型。这种类型的人想当组织的一把手,飞扬跋扈,无视他人的想法,为所欲为,且视此为无比快乐的事	政治家、律师、调度员、管理人员等
自尊型	这种类型的人受人尊重的欲望很强,追求虚荣,优越感也很强。他们渴望能有社会地位和名誉,希望常常受到众人尊敬。在欲望得不到满足时,由于过于强烈的自我意识,有时反而很自卑	公务员、银行出纳、工商税务人员、会计等
自我实现型	这种类型的人对诸如平常的幸福、一般的惯例等毫不关心,一心一意想发挥个性,追求真理。不考虑收入、地位及他人对自己的看法,尽力挖掘自己的潜力,施展自己的本领,并视此为有意义的生活	各类学科的科研人员等
志愿者型	这种类型的人富于同情心,他们把他人的痛苦视为自己的痛苦,不愿干表面上哗众取宠的事,把默默地帮助不幸的人视作无比快乐的事	护士、社会工作者、导游、咨询人员等
家庭中心型	这种类型的人过着十分平凡但又安定的生活,重视同家人的团聚。为人踏实,生活态度保守,不敢冒险	农民、工程师、飞机机械师、机械工、司机等
才能型	这种类型的人单纯,爱给别人戴高帽子,把深受周围人的欢迎视为乐趣。常常以不凡的谈吐、新颖的服装博得众人好感,以滑稽的表情使周围气氛活跃	营销人员、公关人员、司仪、节目主持人等
自由型	这种类型的人一开始做事无目的和计划,但能适时地使自己的行动适应于当时的气氛,常被周围人认为无责任感,但他能承担有限的责任,不麻烦他人,无拘无束,生活随便	无固定职业

小游戏

价值大拍卖

下面这个团体游戏有助于大家了解自己的价值观。

1. 活动要求

(1)活动开始前要准备足够的道具钱和拍卖槌。

(2)将拍卖的东西事先写在硬板纸上(最好是不同颜色)，以方便拍卖和增加拍卖的趣味性。

(3)宣布游戏规则，即每位成员有5 000元(道具钱)，他们可以随意叫卖下表中的东西，每样东西都有底价(见表3-6)，每次出价以500元为单位，价高者得到东西，有出价5 000元的，立即成交。

2. 活动步骤

(1)给每位成员每人5 000元(道具钱)，介绍拍卖游戏的方法和拍卖的东西。

(2)举行拍卖会。拍卖会由小组长主持，按游戏方法进行，到所有拍卖的东西卖出为止。

(3)引导小组成员对拍卖过程进行讨论思考，此如，在拍卖过程中"你的心情如何""你是否后悔得到你所买的东西""你争取回来的东西是否是你最想得到的""假如现在已经是人生的尽头，请看看你手上所有的是什么东西"等。

表3-6　底价表

项目	底价	项目	底价
爱情	500元	财富	1 000元
友情	500元	欢乐	500元
健康	1 000元	长命百岁	500元
美貌	500元	诚实	500元
礼貌	1 000元	享受一次美餐	500元
威望	500元	分辨是非的能力	1 000元
自由	500元	大学毕业证书	1 000元
爱心	500元		

四、职业价值观对职业发展的影响

大学阶段是青年人形成职业价值观的最重要时期，绝大多数学生的职业理想就是在这一时期形成的。就目前而言，拥有良好职业价值观的学生将来会成为企业招聘的宠儿，但这也常常是大学毕业生所缺乏的。所以，学校对学生进行的职业价值观教育扮演着极其重要的角色,也是我国高等教育必须面临的抉择。首先,高校生职业价值观教育的意义是学生在职业选择中表现出来的倾向性态度和选择性行为,是对自身价值的定位,不仅影响其进行职业选择和实现就业,而且对学生将来的工作态度、工作积极性,乃至整个社会的发展与进步都将产生深刻的影响。对高校生的职业价值观进行探讨,有利于发现学生在职业选择上的误区,并制定相应的教育措施对他们进行积极引导,让大家找准自己的职业定位;还可以丰富职业价值观的结构理论,给学生将来的就业指导工作的开展提供理论依据,制定更加具体的学生就业指导措施,提高学生的就业率。所以,对学生进行职业价值观教育对于学生的职业发展具有重大的意义,具体主要表现在以下几个方面。

第一,通过对高校生进行职业价值观方面的教育,可以知道:学生对未来就业的期待和现实就业状况之间存在着不一致,而学生的个人素质和人力资源市场的需求之间也会有矛盾之处,通过价值观教育可以让学生明确这些突出的问题,从而进一步制定具体而有效的职业发展措施。

第二,有利于在校生明确自身的职业定位。高校学生由于刚步入成年时期,其思想行为会随着社会现实状况变化而变化,而学生粗浅的经验和阅历还不足以面对职业生活中复杂的现实状况,将来在面对多元化职业观时做不出很好的判断和正确的选择。进行职业价值观教育无疑是提升高校在校生就业核心竞争力的行为活动,同时也是心理活动的过程。因而,了解市场经济的这种需要也会使学生自觉养成良好的行为习惯,从而形成合理的人生观和世界观。职业定位能够影响一个人日后的工作进程,是奠定工作目标、实现自身价值的出发点。在校生由于年龄方面的原因,正是人一生中最适宜明确职业定位的阶段,因此,职业价值观教育有利于学生群体在学习专业知识的前提下,明确自身的职业定位。

第三,有利于高校生提高自身的就业竞争力。学校培养学生的目标是专业型人才,就业率的高低直接由市场所决定,高就业率是学校得以良性循环的基础,也是其具有竞争力的条件。大多数学生毕业后都将直接面对工作的现实,接受市场对他们的选择。学生不但要熟练掌握专业技能,还要逐步形成规范的职业道德,专业技术好且职业适应性强的学生将来才是企业用材的第一选择。通过职业价值观教育,能够让学生提高职业认知程度,了解当前社会对职业工种的基本需求和相关职业在未来的发展前景;也能够让大家更加清楚地认识自己,发现自身存在的不足,激励自己进一步明确职业目标、学好专业知识、转变就业观念和提升心理素质,从而不断提高自身的就业竞争力。

五、大学生职业价值观的变化

我们曾经让高校应届毕业生评价"择业时最看重用人单位什么"对该问题做了调查(以职业优劣、好坏、高低为依据),调查结果见表3-7。

表 3-7　择业首要因素汇总表

影响择业的因素	百分比(%)	排位
薪水高	9.1	3
自身发展空间大	46.2	1

续表

影响择业的因素	百分比（%）	排位
符合自己的兴趣爱好	15.4	2
社会地位高	2.6	9
工作环境舒适	4.0	7
工作地点满意	5.3	6
单位的性质	3.2	8
单位福利待遇好	7.7	4
工作稳定	6.5	5

　　调查结果显示了大学生择业时最看重的因素是："自身发展空间大"，"符合自己兴趣爱好"，"工资、福利"紧随其后，而"单位性质"和"社会地位高"两项摆在了最后。数据表明了当代大学生的职业评价和标准具有如下特点：

　　第一，以个人发展为目标。列第一、第二位的指标有较强的关联性，均属于自我发展因素，两项累加达到61.6%，充分说明对大多数毕业生来讲，个人的发展是就业的首要目标。

　　第二，以经济利益为导向，追求高收入和高福利。"薪水高""单位福利待遇好"分别列第三、第四位，两项之和达到16.8%，说明物质利益成为大学生择业比较重要的指标。

　　第三，传统职业观念有所淡化。调查显示，"单位性质"和"社会地位高"排在最后两位，反映出一些传统的职业观念在大学生心目中已逐渐淡化，评价的标准由传统的"社会地位型"向"发挥个人才干型"转变。

第三节　职业兴趣与价值观测评

一、职业兴趣测评

　　测验指导语：本问卷共90道题目，每道题目是一个陈述，请您根据自己的真实情况对这些陈述进行评价，如果陈述符合实际情况就在相应的题目前打"√"，否则打"×"，不要漏答。

　　1.强壮而敏捷的身体对我很重要

　　2.我必须彻底地了解事情的真相

　　3.我的心情受音乐、色彩、写作和美丽事物的影响极大

　　4.和他人的关系丰富了我的生命并使它有意义

　　5.我自信会成功

　　6.我做事时必须有清楚的指引

　　7.我擅长于自己制作、修理东西

　　8.我可以花很长的时间去想通事情的道理

　　9.我重视美丽的环境

10. 我愿意花时间帮别人解决个人危机

11. 我喜欢竞争

12. 我在开始一个计划前会花很多时间去计划

13. 我喜欢使用双手做事

14. 探索新构思使我满意

15. 我总是寻求新方法来发挥我的创造力

16. 我认为能把自己的焦虑和别人分担是很重要的

17. 成为群体中的关键人物对我很重要

18. 我对于自己能重视工作中的所有细节感到骄傲

19. 我不在乎工作时把手弄脏

20. 我认为教育是一个发展及磨炼脑力的终身学习过程

21. 我喜欢非正式的穿着,尝试新颜色和款式

22. 我常能体会到某人想要和他人沟通的需要

23. 我喜欢帮助别人不断改进

24. 我在做决策时,通常不愿冒险

25. 我喜欢购买小零件,做成成品

26. 有时我可以长时间地阅读玩拼图游戏,或冥想生命的本质

27. 我有很强的想象力

28. 我喜欢帮助别人发挥天赋和才能

29. 我喜欢监督事情直至完工

30. 如果我将面对一个新环境,我会在事前做充分的准备

31. 我喜欢独立完成一项任务

32. 我渴望阅读或思考任何可以引发我好奇心的东西

33. 我喜欢尝试创新的概念

34. 如果我和别人发生摩擦,我会不断地尝试化干戈为玉帛

35. 要成功,就必须定高目标

36. 我不喜欢为重大决策负责

37. 我喜欢直言不讳,不喜欢拐弯抹角

38. 我在解决问题前,必须把问题彻底分析

39. 我喜欢重新布置我的环境,使它们与众不同

40. 我经常借着和别人的交谈来解决自己的问题

41. 我常起草一个计划,而由别人完成细节

42. 准时对我而言非常重要

43. 从事户外活动令我神清气爽

44. 我不断地问:为什么?

45. 我喜欢自己的工作能够抒发我的情绪和感觉

46. 我喜欢帮助别人找出可以互相关注其他人的方法

47. 能够参与重大决策是件令人兴奋的事

48. 我经常保持整洁,喜欢有条不紊

49. 我喜欢周边环境简单而实际

50. 我会不断地思索一个问题,直到找出答案为止

51. 大自然的美深深地触动我的灵魂

52. 亲密的人际关系对我很重要

53. 升迁和进步对我是极重要的

54. 当我把每日工作计划好时,我会较有安全感

55. 我非但不害怕过重的工作负荷,并且知道工作的重点是什么

56. 我喜欢能使我思考、给我新观念的书

57. 我期望能看到艺术表演、戏剧及好电影

58. 我对别人的情绪低潮相当敏感

59. 能影响别人使我感到兴奋

60. 当我答应做一件事时,我会竭尽所能地做好所有细节

61. 我希望笨重的体力工作不会伤害任何人

62. 我希望能学习所有使我感兴趣的科目

63. 我希望能做些与众不同的事

64. 我对于别人的困难乐于伸手援助

65. 我愿意冒一点危险以求进步

66. 当我遵循规则时,我感到安全

67. 我选车时,最先注意的是好的引擎

68. 我喜欢能刺激我思考的对话

69. 当我从事创造性事务时,我会忘掉一些旧经验

70. 我对于社会上有许多人需要帮助感到关注

71. 说服别人依计划行事是件有趣的工作

72. 我擅长于检查细节

73. 我通常知道如何应对紧急事件

74. 阅读新发现的书是件令人兴奋的事

75. 我喜欢美丽、不平凡的事

76. 我经常关心孤独、不友善的人

77. 我喜欢讨价还价

78. 我花钱时小心翼翼

79. 我用运动来保持强壮的身体

80. 我经常对大自然的奥秘感到好奇

81. 尝试不平凡的新事物是件相当有趣的事

82. 当别人向我诉说他的困难时,我是个好听众

83. 做事失败了,我会再接再厉

84. 我需要确切地知道别人对我的要求是什么

85. 我喜欢把东西拆开,看是否能够修理它们

86. 我喜欢研读所有事实,再有逻辑性地做决定

87. 没有美丽事物的生活,对我而言是不可思议的

88. 人们经常告诉我他们的问题

89. 我常能借着通信网络和别人取得联系

90. 小心谨慎地完成一件事,是件有成就感的事

计分:下表中的数字代表上列兴趣测验中的题号。请你将自己的答案用"√"或"×",画在各数字上。

实用型	研究型	艺术型	社会型	企业型	事务型
1	2	3	4	5	6
7	8	9	10	11	12
13	14	15	16	17	18
19	20	21	22	23	24
25	26	27	28	29	30
31	32	33	34	35	36
37	38	39	40	41	42
43	44	45	46	47	48
49	50	51	52	53	54
55	56	57	58	59	60
61	62	63	64	65	66
67	68	69	70	71	72
73	74	75	76	77	78
79	80	81	82	83	84
85	86	87	88	89	90

算出每种类型打"√"项目的总数,并将它填在下面的横线上:

算出每种类型打"√"项目的总数,并将它填在下面的横线上:

实用型_____   研究型_____   艺术型_____

社会型_____   企业型_____   事务型_____

将上述分数,从最高到最低,依次排好,填在下面的横线上:

第一高分_____   第二高分_____   第三高分_____

第四高分_____   第五高分_____   第六高分_____

算出每种类型打"×"项目的总数,并将它填在下面的横线上:

实用型_____   研究型_____   艺术型_____

社会型_____   企业型_____   事务型_____

如果考虑打"×"的项目,是否会改变原有的兴趣?

对于各种兴趣类型的解释请参见前文霍兰德职业兴趣所述一节。

二、职业价值观自测

以下 1～36 题有 A、B 两种观点与态度。

比较同一题中的 A 与 B，如果认可其中的一个或觉得其中一个与自己的情况比较符合的就在下表的 A 或 B 上画"√"，另一个画"×"。如果两者都不符合，两者都画"O"。

1. A. 即使有所损失，也可以以后再挣回来　　　B. 没有确实可靠的赢利就不着手做
2. A. 国家的繁荣是经济力量在发挥作用　　　B. 国家的繁荣是军事力量在发挥作用
3. A. 想当政治家　　　B. 想当法官
4. A. 凭衣着打扮或居住条件了解他人　　　B. 不想凭外表推测他人
5. A. 养精蓄锐，以便大刀阔斧地工作　　　B. 必要时愿意随时献血
6. A. 想领个孤儿抚养　　　B. 不愿让他们留在家中
7. A. 买汽车买能把家人都装下的大型汽车　　　B. 买汽车买外形美观、颜色适宜的最新型汽车
8. A. 留意自己和他人服装　　　B. 无论是自己的事还是他人的事，全都不放在心上
9. A. 结婚前首先确保自己有房间　　　B. 不考虑以后的事
10. A. 被认为是个照顾周到的人　　　B. 被认为是个有判断力的人
11. A. 生活方式同他人不一样也行　　　B. 其他人家里有的东西我也想凑齐
12. A. 为能被授予勋章而奋斗　　　B. 暗地帮助不幸的人
13. A. 自己的想法比别人的正确　　　B. 必须尊重他人的价值观
14. A. 最好婚礼能上电视，而且有人赞助　　　B. 把婚礼搞得比别人的更有气派
15. A. 被认为手腕高、能推断将来的人　　　B. 被认为是处事果断的人
16. A. 店面虽小，也想自己经营　　　B. 不干被人蔑视的工作
17. A. 对法定的佣金、利息很关心　　　B. 关心自己的能力和适应性
18. A. 在人生道路上不获胜就感到无意义　　　B. 认为人生应该互相帮助
19. A. 社会地位比收入更有吸引力　　　B. 与社会地位相比安定最实惠
20. A. 不重视社会的惯例　　　B. 经常被邀请主持婚礼
21. A. 同独身生活的老人交谈　　　B. 嫌为别人做事麻烦
22. A. 度过充实的每一天　　　B. 在还有生活费时不想干活
23. A. 有空闲时间就想学习文化知识　　　B. 考虑被他人喜欢的方法
24. A. 想一鸣惊人　　　B. 生活平平淡淡，同别人一样就行了
25. A. 用金钱能买到别人的好意　　　B. 在人生中必需的是爱而不是金钱
26. A. 一考虑到将来就紧张不安　　　B. 对将来能否成功置之度外
27. A. 伺机重新大干一番　　　B. 关心发展中国家人们的生活
28. A. 该尽量利用亲戚　　　B. 同亲戚友好地互相帮助
29. A. 如托生动物的话愿变为狮子　　　B. 如托生动物的话愿变为熊猫
30. A. 严格遵照作息表，生活有规律　　　B. 不想忙忙碌碌，愿轻松地生活

31. A. 有空的话读成功者的传记　　　　　　B. 有空的话看电视和睡觉

32. A. 干不赚钱的事是没意思的　　　　　　B. 时常请客送礼给他人

33. A. 擅长干决得出胜负的事情　　　　　　B. 擅长改变家室布局和修理东西

34. A. 对自己的行动有信心　　　　　　　　B. 注意与对方合作

35. A. 有借于人,但不借物于人　　　　　　B. 忘记借进、借出的东西

36. A. 不认为人生由命运决定　　　　　　　B. 被命运摆布也很有趣

计分方法:画"√"者得2分,画"○"者得1分,画"×"者不得分。把所有的得分,分别按纵向累积,记入"合计"(合计的总分应为72分)。

题号	一	二	三	四	五	六	七	八	九
1	A	B							
2		A	B						
3			A	B					
4				A	B				
5					A	B			
6						A	B		
7							A	B	
8								A	B
9								A	B
10						A		B	
11					A		B		
12				A		B			
13			A		B				
14		A		B					
15	A		B						
16	A			B					
17		A			B				
18			A			B			
19				A			B		
20					A			B	
21						A			B
22						A			B
23				A				B	
24			A				B		

题号	一	二	三	四	五	六	七	八	九
25		A				B			
26	A				B				
27	A					B			
28		A					B		
29			A					B	
30				A					B
31			A						B
32		A						B	
33	A						B		
34	A							B	
35		A							B
36	A								B
合计									

判断方法：

1.价值观不明确的话,分数就会分散。

2.得分超过 12 分的,基本上可以看成是你的"职业价值观"。

第四章

我适合做什么

第一节　能力探索

小商说故事

奇迹时刻，是专业在闪光

以同样的专注与专业，每个人都可以展现静水流深的力量，成就属于自己的奇迹时刻。被网友称为"奇迹返航"的川航迫降事件的背后引人深思。机长刘传健在接受采访时表示，自己飞过上百次该航线，对当时出现故障的飞机状况较有把握。中国民航局也为这位机长点赞，表彰他"高超的技术水平和职业素养"。一次化险为夷的航行让人看到，专业精神和专业能力总能在关键时刻闪光。

据刘传健的妻子介绍，丈夫的每次飞行、每个动作，"回家后还会不断总结反思"；即使做了教员，还是经常看书、翻手册、做笔记；每天都坚持训练、认真学习操作，妻子住院的时候在飞行，孩子出生的时候也在飞行……透过种种细节不难发现，能够在生死一线之际成为英雄，正是因为在日常工作中保持了一丝不苟的专业精神，培养出了精益求精的专业能力。

何为专业精神？这是严格甚至苛刻的自我要求，是追求每一个细节都执行到位、烂熟于心的职业习惯。何为专业能力？就是在专业精神的基础上，锤炼而成的能够迅速适应变化的环境、能够迅速处理突发的问题，确保自己所在的岗位、所做的工作万无一失的能力。重视专业能力，倡导专业精神，是社会主义核心价值观中"敬业"的体现，是托举行业进步乃至社会进步的一种重要文化因子、精神素养。

透过川航机长的日常工作生活可以发现，关键时刻的成功迫降，都来源于点滴的积累而成的专业素养。正如此次遇险后的成功返航，不仅需要专业的机长，全体机组人员在遇险时严格按照标准程序应急处置、地面救援人员的及时出动与妥善安排等，同样功不可没。另一方面，虽然事故原因尚在调查之中，但不管是哪个环节出了问题，都可能是不专业、不细致造成的风险隐患。

专业能力源于专业精神支撑之下的自我历练。日复一日的坚持、年复一年的专注，才能换来奇迹时刻的神来之笔。2014 年北京 APEC 峰会上，我国送给各国元首的国礼纯银丝巾果盘，让中国古老的錾刻工艺惊艳世界。錾刻师孟剑锋即使右手被烫出大泡，也不愿违背纯手工的诺言，从不同角度进行上百万次的錾刻敲击，雕刻出令人叹为观止的"丝巾"。正是因为不抄近路、不减物力的专业精神，才能让日常的积累最终绽放出灿烂的光华。老想投机取巧反而欲速不达，一意日积月累方可灵光乍现，"专业"二字背后，专注与浮躁的对比引人深思。

诚如郎平在女排再夺奥运金牌时所言，不管输赢，女排精神始终都在。这个精神里面，最不缺少日常的汗水与努力，最不缺少对实力、技术、心理、科学等专业能力的严苛追求。进入新时代，"高质量发展"成为经济社会发展的关键词，比以往任何时候都更需要专业精神和专业能力。平时的专注与专业成就了川航机长在关键时刻的力挽狂澜，以同样的专注与专业，每个人都可以在具体的工作领域展现静水流深的力量，成就属于自己的奇迹时刻。

"我不过是握紧了驾驶器而已"，影片《萨利机长》中的机长谈到成功迫降时如是说。沉下心来好好做事，才是推动我们前进的现实力量。"静而后能安，安而后能虑，虑而后能得"，力戒浮躁，砥砺志趣，拥有专业能力、职业道德、敬业精神，人生自会别有洞天。

（资料来源：《人民日报》2018 年 05 月 23 日 05 版）

小商语录

一个有能力的人，就是逢山开路、遇水架桥，实在过不去就绕个弯，也要前进。平坦不是最佳道路，起伏才是丰富人生！

知识储备

能力，就是顺利完成某一活动所必需的主观条件。能力是直接影响活动效率，并使活动顺利完成的个性心理特征。能力总是和人完成一定的活动联系在一起，它只有通过活动才能表现出来，并在活动中得到发展。在人的一生中，要从事各种各样的社会活动，因此必须具备适应多种社会活动的能力。

一、职业能力

职业能力是人们从事某种职业的多种能力的综合，它是一个人进入职场的先决条件和胜任职场工作的主观条件。每一个人在求职时都会不可避免地面对雇主提出这类问题："你有什么能力？为什么你觉得你能胜任这份工作？相比较他人而言，你的特色是什么?"无论这类问题是以何种形式表达出来，都说明能力是雇主最关心的问题，能力也是我们未来职业的基石，是我们最需要证明的东西。

二、职业能力分析

个人的基本职业能力包括以下几种。

(一)一般学习能力

一般学习能力可以说是人的基本能力。它是指人们认识、理解客观事物，并运用知识、经验等解决问题的能力，又称为智力。它包括记忆能力、观察能力、注意能力、想象能力、思维能力，特别是逻辑思维能力。职业或专业水平越高，对人的一般学习能力要求也越高。

(二)语言能力

语言能力是指对词及其含义的理解和使用能力，对句子、段落、篇章的理解能力，以及善于清楚而正确地表达自己的观点和向别人介绍信息的能力。简言之，它包括语言文字的理解能力和口头表达能力。不同的职业对人的语言能力要求也不同。

📚 读书分享

《一句话说动人心》 作者：邹雄彬

不管你生性有多聪慧，接受过多高深的教育，穿着多么华丽漂亮的衣服，如果没有说动人心的能力，仍旧无法真正实现自己的人生价值。要想让别人喜欢你，要想让别人与你合作，就必须培养自己的谈话能力，只有这样，才能打开人与人之间沟通的大门，彼此的心灵才能碰撞，产生共鸣。该书通过大量短小精悍的事例，来谈说动人心的技巧及说服他们的方法，可以让你短、平、快地掌握说服人心的办法。

(三)数学逻辑能力

数学逻辑能力是指运用数学思维分析和处理问题、迅速而准确运算的能力。部分职业都要求人们有一定的运算能力，但不同职业对人的运算能力的要求程度不同。对于会计、出纳、统计人员、建筑师、工业药剂师等职业来说，工作人员必须具有较强的运算能力；对于法官、律师、历史学研究者、护士、X光技师等职业来说，要求工作人员具备中等水平的运算能力。

(四)空间判断能力

空间判断能力是指能看懂几何图形、识别物体在空间运动中的关系、解决几何问题的能力。这方面的能力可以从中学时期平面几何和立体几何等科目的学习成绩好坏看出来。与图纸、工程、建筑等打交道的人，对空间判断能力要求很高；而对于裁缝、电工、木工、无线电修理工、机床工来说，必须有事实上的空间判断能力。

（五）形态知觉能力

形态知觉能力是指对物体或图像的有关细节的知觉能力。要看出图表的明暗、线的宽度和长度，能辨别细微的差异。对于生物学家、建筑师、测量员、制图员、农业技术人员、动植物技术人员、医生、药剂师、画家、无线电修理工来说，需要较强的形态知觉能力；而对于历史学家、政治家、社会工作者、售货员、办公室职员来说，形态知觉能力的要求就不太高。

（六）自省能力

一个人的自省能力经常只在独处时才表现出来，所以在别人看来就不总是那么显而易见。这种能力是与生俱来的，可以帮助我们了解自己、知道自己是谁和自己所处的位置，以及判断自己与周围的整个世界是否协调等。天生具有很强自省能力的人往往喜欢思考、沉思和独处。和大多数其他人相比，他们似乎更积极、更自我肯定，因而在决定自己的人生目标和抱负时不依赖别人的观点。许多人往往会误解这种人，说他们内向、害羞，实际上他们表现出来的那些特点却标志着他们不同一般的智力。基于这种高自省能力的优势，他们在选择职业时，可以选择文学、戏剧、法学、宗教学、哲学类的职业。

（七）身体运动能力

身体运动能力反映了一个人在身体运动或体力活动中的能力高低。具有这种能力的人包括：那些动手能力很强的人，例如外科医生和机械师；那些善于把艺术带进人们生活的人，例如演员和艺术家；那些努力想把体力活动与脑力策略结合起来的人，例如运动员和教练。虽然学校对体育课和体育活动很感兴趣，身体运动能力却往往并没有被当作是聪明的一种形式而受到重视。在实际生活中，如果一个很有运动天赋的学生在语言学习上不如另一个学生成功，就往往被认为是四肢发达、头脑简单的"傻瓜"。现在是我们承认和重视运动智力的时候了，不能认为只有藏而不露的学术智力才是一个人学有所成的标志。具有较强身体运动能力的人，在选择职业时，适合于选择运动训练、社会体育、运动人体科学、医学、绘画、雕塑、舞蹈、表演、导演等相关职业。

（八）艺术创作能力

艺术创作能力高的人一般具有较高的音乐、绘画、舞蹈、艺术设计等艺术方面的能力，喜欢参加艺术活动，具有潜在的艺术发展潜力。不同职业对艺术能力的要求亦不同。例如，对于音乐家、书画家、演员、雕塑家、作家以及从事艺术设计的人员来说，必须具备较强的艺术能力；而对于研究人员、管理人员、工程技术人员来说，则不一定需要较强的艺术能力。具备较强的艺术创作能力，在选择职业时，适合于选择艺术类专业，如音乐、绘画、雕塑、美术学、艺术设计学、戏剧学、表演、导演、戏剧影视文学等相关职业。

（九）人际交往能力

人际交往能力高的人一般比较善于交际，与朋友、同学和周围人的接触面很广，对与人打交道的事情比较感兴趣，具有很强的人际沟通潜力。大部分职业都要求工作者有非常强的人际交往能力，但不同的职业对人际交往能力要求的程度不同。例如，对于营销人员、市场经理、导游、律师、记者、咨询人员、社会工作者等职业来说，工作者必须具有较强的人际交往能力。具有较强的人际交往能力，在选择职业时，适合于选择社会类、管理类等专业，当然也不排除可以先选择理工农医类，后学管理、社会类的专业，如宗教学、国际政治、外交学、应用心理学、旅游管理、信息管理与信息系统、工商管理、人力资源管理、公共事业管理等相关职业。

探索与思考

案例：林澜，金融专业，24 岁。因个人兴趣，在校期间做了某报社兼职记者，临近毕业时，由于这家报社经营不善，遂随学校推荐在某知名国有银行从事相关业务工作，但林澜并不喜欢这个工作。不甘现状的她利用业余时间一边自学新闻专业的所有课程，一边给一些报纸、杂志撰写稿件。林澜还在一家省级知名的出版社做了兼职编辑，她很喜欢这份工作，准备辞职后到该出版社上班。然而，某电视台的招聘信息打乱了林澜的计划。林澜觉得到电视台当记者既风光收入又高，经过考试她顺利进入了该电视台做了记者。但没过多久，她发现记者工作很难做——稿子频频被否定、没有底薪、选题很难被通过。

林澜开始怀疑自己的能力，不知自己究竟是否适合这项工作。她在家里漫无目的地翻报纸时，突然发现另一知名股份银行招聘有银行工作经验的人员，在向银行投递简历时，她又想起那位出版社总编说过的一句话："如果你愿意回来，我们依然欢迎你，这里有你施展的空间。"现在，林澜十分迷茫和苦恼：是留在电视台，还是再去出版社？或者去银行试试？

思考：

林澜的故事给了我们一个很沉重的警醒：去做自己喜欢的工作，还是做自己能做的工作？抑或去做职业声望高、收入高，但自己不能胜任的工作？结合职业能力的话题，谈谈你的想法。

第二节 能力测评

职业能力是一个人所具有的有利于其在某一个职业方面成功的潜力和素质的总和。职业能力倾向即为有效地进行某类特定活动所必须具备的、潜在的特殊能力素质和经过适当学习或训练后被置于一定条件下，能完成某种职业活动的可能性或潜力。

职业能力倾向可细分为与特定职业相联系的各种职业能力倾向，如音乐（职业）能力倾向、美术（职业）能力倾向、机械操作（职业）能力倾向、行政（职业）能力倾向等。

职业能力倾向测试是一种挑选人才的科学方法和手段，它综合利用心理学、行为学、管理学、测量学、计算机技术等多种学科和技术，通过严密的测评过程和客观的评分标准，对人的知识水平、能力结构、个性特点、职业倾向、发展潜能等素质进行综合测评，为企事业单位招聘、选拔、培养各类人才提供参考依据，同时也为个人的发展提供咨询。

一、一般能力倾向测验（GATB）

一般能力倾向测验，由美国劳工部自 1934 年起花了多年时间研究修订，专为美国国家就业服务机构的顾问使用，可用来测查被试多方面的能力倾向，是目前世界上使用最为广泛的能力倾向测验之一。共由 15 种分测验构成，其中 11 种是纸笔测验，其余 4 种是器具测验，需要借助器具来完成。各部分都要在规定时间内完成。

小商来考你

成功的要素之一就是按照自己的能力来选择合适的职业,请测试一下你的职业与能力是否协调。

(一)一般学习能力倾向

1.快速轻松地学习新内容

2.快速正确地解决数学题目

3.你的学习总成绩

4.对复杂问题的理解、分析和综合能力

5.对所学知识的记忆能力

　　　强　较强　一般　较弱　　弱

1.(　　)(　　)(　　)(　　)(　　)

2.(　　)(　　)(　　)(　　)(　　)

3.(　　)(　　)(　　)(　　)(　　)

4.(　　)(　　)(　　)(　　)(　　)

5.(　　)(　　)(　　)(　　)(　　)

(二)言语能力倾向

1.善于表达自己的观点

2.阅读速度和理解能力

3.掌握词汇量的程度

4.你的语文成绩

5.你的写作水平

　　　强　较强　一般　较弱　　弱

1.(　　)(　　)(　　)(　　)(　　)

2.(　　)(　　)(　　)(　　)(　　)

3.(　　)(　　)(　　)(　　)(　　)

4.(　　)(　　)(　　)(　　)(　　)

5.(　　)(　　)(　　)(　　)(　　)

(三)算术能力倾向

1.对数字的抽象概括能力

2.笔算能力

3.口算能力

4.打算盘能力

5.你的数学水平

　　　强　较强　一般　较弱　　弱

1.(　　)(　　)(　　)(　　)(　　)

2.(　　)(　　)(　　)(　　)(　　)

3.(　　)(　　)(　　)(　　)(　　)

4.(　　)(　　)(　　)(　　)(　　)

5.(　　)(　　)(　　)(　　)(　　)

(四)空间判断能力倾向

1.解决立体几何方面的问题

2.画三维立体图形

3.看几何图形的立体感

4.想象盒子展开后的平面形状

5.想象三维度的物体

　　　　强　　较强　　一般　　较弱　　弱

1.（　　）（　　）（　　）（　　）（　　）

2.（　　）（　　）（　　）（　　）（　　）

3.（　　）（　　）（　　）（　　）（　　）

4.（　　）（　　）（　　）（　　）（　　）

5.（　　）（　　）（　　）（　　）（　　）

(五)形态知觉能力倾向

1.发现相似图形中的细微差别

2.识别物体的形态差别

3.注意物体的细节部分

4.观察图案是否正确

5.对物体的准确细微描述

　　　　强　　较强　　一般　　较弱　　弱

1.（　　）（　　）（　　）（　　）（　　）

2.（　　）（　　）（　　）（　　）（　　）

3.（　　）（　　）（　　）（　　）（　　）

4.（　　）（　　）（　　）（　　）（　　）

5.（　　）（　　）（　　）（　　）（　　）

(六)文秘能力倾向

1.快速准确地抄写资料

2.发现错别字或计算错误

3.能很快地查找编码卡片

4.较长时间工作的能力

5.一般应用文的写作能力

　　　　强　　较强　　一般　　较弱　　弱

1.（　　）（　　）（　　）（　　）（　　）

2.（　　）（　　）（　　）（　　）（　　）

3.（　　）（　　）（　　）（　　）（　　）

4.（　　）（　　）（　　）（　　）（　　）

5.（　　）（　　）（　　）（　　）（　　）

(七)眼手运动协调能力倾向

1.玩游戏

2.足球运动

3.羽毛球运动

4.打算盘的能力

5.打字的能力

	强	较强	一般	较弱	弱
1.	( )	( )	( )	( )	( )
2.	( )	( )	( )	( )	( )
3.	( )	( )	( )	( )	( )
4.	( )	( )	( )	( )	( )
5.	( )	( )	( )	( )	( )

(八)手指灵巧度倾向

1.灵活地使用很小巧的工具

2.穿针眼、纺织等使用手指的活动

3.用手指做一件小手工品

4.使用电脑键盘的灵巧程度

5.弹电子琴、钢琴的能力

	强	较强	一般	较弱	弱
1.	( )	( )	( )	( )	( )
2.	( )	( )	( )	( )	( )
3.	( )	( )	( )	( )	( )
4.	( )	( )	( )	( )	( )
5.	( )	( )	( )	( )	( )

(九)手的灵巧度倾向

1.用手把东西分类

2.推拉东西时手的灵活度

3.很快地削水果

4.绘画、雕刻等手工活动的灵活性

	强	较强	一般	较弱	弱
1.	( )	( )	( )	( )	( )
2.	( )	( )	( )	( )	( )
3.	( )	( )	( )	( )	( )
4.	( )	( )	( )	( )	( )
5.	( )	( )	( )	( )	( )

计分方法

首先,计算出每一大题均分。每一大题均分＝[(第1项总和×1)＋(第2项总和×2)＋(第3项总和×3)＋(第4项总和×4)＋(第5项总和×5)]÷5(其原因是第1项为强,第2项为较强,第3项为一般,第4项为较弱,第5项为弱)

其次,将每一大题的平均分填入下表

职业能力倾向类别	平均分
(一)一般学习能力	A
(二)言语能力	B
(三)算术能力	C
(四)空间判断能力	D
(五)形态知觉能力	E
(六)文秘能力	F
(七)眼手运动协调能力	G
(八)手指灵巧度	H
(九)手的灵巧度	I

最后,根据统计结果,在下表中查找合适你的职业

职业	A	B	C	D	E	F	G	H	I
生物学家	1	1	1	2	2	3	3	2	3
建筑师	1	1	1	1	2	3	3	3	3
测量师	2	2	2	2	2	3	3	3	3
制图员	2	3	2	2	2	3	2	2	3
建筑师和工程技术专家	2	2	2	2	2	3	3	3	3
物理科技专家	2	2	2	2	3	3	3	3	3
农业生物专家	2	2	2	4	2	3	3	2	3
数学家和统计学家	1	1	1	3	3	2	4	4	4
计算机程序编制员	2	2	2	2	3	3	4	4	4
经济学家	1	1	1	1	4	4	2	4	4
社会学家	1	1	3	2	2	3	4	4	4
心理学家	1	1	2	2	2	3	4	4	4
历史学家	1	1	3	4	4	3	4	4	4
哲学家	1	1	4	3	3	3	4	4	4
政治学家	1	1	3	4	4	3	4	4	4
专业经济学家	2	2	2	3	3	3	3	3	3
社会工作者	2	2	3	4	4	3	4	4	4
法官或律师	1	1	3	4	3	3	4	4	4
公证人	2	2	3	4	4	3	4	4	4
图书管理专家	2	2	3	3	4	2	4	4	4
职业指导者	2	2	3	4	4	3	4	4	4
大学教师	1	1	3	3	2	3	4	4	4
中学教师	2	2	3	4	3	3	4	4	4
职业中学教师	2	2	3	3	3	3	3	3	3
小学和幼儿园教师	2	2	3	3	3	3	3	3	3
内、外、牙科医生	1	1	2	1	2	3	2	2	2

职业	A	B	C	D	E	F	G	H	I
兽医	1	1	2	1	2	3	2	2	2
营养学家	1	1	3	4	4	3	4	4	4
药物实验室技术专家	2	2	2	3	2	3	3	3	3
画家、雕刻家	2	3	4	2	2	5	2	1	2
产品设计师	2	2	2	2	2	4	2	2	3
舞蹈家	2	3	3	2	3	4	2	3	3
演员	2	2	3	4	4	4	4	4	4
播音员	2	2	3	4	4	3	4	4	4
作家和编辑	2	1	3	3	3	3	4	4	4
翻译	2	1	4	4	4	3	4	4	4
体育教练员	2	2	2	4	4	3	4	4	4
秘书	3	3	4	3	2	3	3	3	3
商业经营管理者	2	2	3	4	4	3	4	4	4
统计人员	3	3	2	4	3	2	3	3	4

二、瑞文推理测验(SPM)

瑞文推理测验,是由英国心理学家瑞文(J. C. Raven)于 1938 年设计的一种非文字智力测验。该测验以智力的二因素理论为基础,主要测量一般因素中的推理能力(deductive),即个体做出理性判断的能力。

瑞文推理测验主要是图形推理。

三、行政职业能力倾向测验(AAT)

行政职业能力测验是指专门用于测查与行政职业上的成功有联系的一系列心理潜能的标准化考试。它不同于一般的智力测验,也不同于公共基础知识或具体专业知识技能的测验,它主要是通过测试一系列心理潜能,预测考生在行政职业领域内多种职位上取得成功的可能性。

行政职业能力倾向测验最初出现于发达国家,在我国则始于 1988 年。当初作为机关工作人员测试内容的一部分进行试点。经过十几年的试点、实践研究、总结与开发,行政职业能力倾向已经成为我国公务员考试的必考科目之一。

公务员录用考试把对行政职业能力倾向的评价作为一个重要方面,它有利于帮助人事部门了解考生从事行政工作的潜能与差异,避免选人过程中可能出现的"高分低能"现象,提高选人、用人的准确性。行政职业能力倾向测验包括五大部分内容:1.知觉速度与准确性;

2.判断推理;3.言语理解;4.数量关系;5.资料分析能力。

🏠 生涯驿站

一般职业能力测评

世界上最早的能力测验是从中国开始的。西汉的杨雄,以语言反应速度为标准来判断人的智力高低。唐宋时人们用对偶法来评定人的能力。我国民间广为流传、迄今已为世界一些国家采用的"九连环""七巧板"也是测定智力的工具。但正式智力测验量表的编制却起源于法国,后来经美国的进一步发展而遍及世界各国。

1.比纳智力测验

1905年,法国心理学家比纳以预先编制的一套题目作为测量智力的尺度。这个名为比纳-西蒙量表的智力测验量表很快在欧美等国广泛应用。1916年,美国心理学家斯坦福大学教授推孟对比纳-西蒙量表进行修订,修订后的量表称斯坦福-比纳量表。该量表是世界上广泛采用的智力测验工具。后来,德国心理学家施太伦提出了智力商数(通称智商或IQ)的概念,即以智力年龄(M.A)与实际年龄(C.A)的比率来表示智力测验结果。计算公式为:

$$智商(IQ)=\frac{智力年龄(M.A)}{实际年龄(C.A)}\times100$$

2.韦克斯勒智力测验

美国著名医学心理学家韦克斯勒创制了《韦氏智力量表》,它是世界上最具影响力、应用范围最广的智力测验之一。该量表分为三种:韦氏学前儿童智力量表,适用于4~6岁半的儿童;韦氏儿童智力量表,适用于6~16岁儿童;韦氏成人智力量表,适用于16岁以上的成人。这是一套比较完整的、具有各年龄代表性的智力量表。

韦氏成人智力量表共设计了11个分测验,其中,第1、3、5、7、9、11分测验组成言语量表;第2、4、6、8、10分测验组成操作量表。言语、操作两大部分共11项测验题,26种能力和速度组成韦氏成人智力测验的基本内容,分项测验试题难度由小到大排列。韦氏成人智力量表的言语智商信度为0.95~0.97,操作智商信度为0.88~0.94,全部量表智商信度为0.96~0.98。

小商生涯工作坊

情景模拟

一、价值拍卖会

1.用你仅有的钱,从技术专家发挥专长、权力、自由、稳定的工作、高收入、乐于助人、竞争、工作与生活的平衡、CEO(首席执行官)、独立、安全、老板、公益事业、冒险、家庭中,拍卖你最需要的东西。

2.小组讨论为什么留下最后一条,达成共识

3.对照价值观职业类型自己判断自己的类型

二、价值观市场

1.从人际关系/归属感、团队合作、物质保障/高收入、稳定、安全、创造性、多样性和变化性、新鲜感、乐趣、自由独立(时间、工作任务)、平等、被认可、受尊重、能帮助他人、能发挥自己的才能、成就感、成功、名誉、地位、有意义、自主独立、有学习/发展/成长的机会、权力(领导/影响他人)、有益于社会、挑战性、冒险性、竞争、符合自己的道德观、工作环境、工作地点、工作与生活的平衡、健康、家庭、朋友、亲情、亲密关系、爱、健康、信仰、自由、幸福、为社会服务、和谐、平等中,挑选出其中5条对你来说最重要的价值观,分别为

2.给每一条对你来说很重要的价值观下定义,即:要达到什么样的水平你才能满意。

3.现在,如果你不得不放弃其中的一条,你会放弃哪一条? 将你准备放弃的这一条与其他人交换

4.现在,如果你不得不继续放弃剩下四条中的一条,你会放弃哪一条? 再次与其他人交换。为什么

5.继续下去,直到最后一条。这是否是你无论如何也不愿放弃的? 为什么

6.小组讨论为什么留下最后一条,达成共识

7.对照价值观职业类型自己判断自己的类型。

我的启示:

影片赏析

《当幸福来敲门》讲述了一个真实的故事,主角是美国黑人投资专家克里斯·加纳。

克里斯离婚后居无定所、流落街头,在接下来的两三年中,他带着儿子辗转于纸皮箱和公共卫生间。

出色的数学天赋,让他成为股票公司的学徒,经过不断的努力,快速掌握了股票知识,成为股票经纪人,随后成立了自己的股票经纪公司,最后成为百万富翁,成功逆袭人生。他的职场定位很准,数学是他的天赋,也是他的职业兴趣点,当一个人天生适合一份工作时,他的职业需求将从生理需求快速过渡到自我实现。

请同学们讨论分析:影片中的克里斯·加纳如何在经历生活的失败后,重新找到目标收获成功。请从职业选择、能力、兴趣三个方面对主角进行分析,谈谈你的收获。

收获与感悟:

阅读时光

一杯茶、一本书、一个下午的美好时光……

1.《遇见未知的自己》　作者:张德芬　湖南文艺出版社/2013-5-1

2.《预见才能遇见:如何规划和掌控自己的人生》　作者:洪海江　中国财政经济出版社/2015-2-1

3.《斯坦福最受欢迎的人生规划课》　作者:黄菁嫄　北京联合出版社/2015-4-1

4.《梦在青春在》　作者:俞敏洪　群言出版社/2014-9-1

5.《谁的青春不迷茫》　作者:刘同　中信出版社/2012-12-1

行动力量

《职业生涯规划书》分段撰写

```
        ┌─────────────┐
        │  客观认识自我  │
        └──────┬──────┘
    ┌──────────┼──────────┐
┌───┴───┐ ┌───┴────┐ ┌───┴────┐
│ 自我分析 │ │他人综合评价│ │工具模型测评│
└───────┘ └────────┘ └────────┘
```

● **自我分析**

"不识庐山真面目，只缘身在此山中。"有人说我们最了解的人是自己，最不了解的人也是自己，那么对于这个"最熟悉的陌生人"，我们该如何完成和她/他的亲密接触，以实现认识我们自己呢？通过本模块内容的学习，开始我们的自我探索之旅吧。

1. 个人特质

2. 优缺点

3. 兴趣爱好

小结：

● 他人综合评价(360度评估)

结合老师、同学、父母、用人单位,运用360度分析对我的优缺点进行评价。

评价对象	评价内容	
	优势能力	弱势能力
自我评价		
同学		
老师		
父母		
用人单位		

小结：

● 测评工具评估

结合一些权威机构的相关测评,以便更客观全面地了解自己。

1.基本智能测评(我的基本智能如何?)

推荐测试:国际标准智商(智力测试)

测评结果分析：

2.职业能力测评(我能做什么?)

推荐测试:职业能力分析

测评结果分析：

3.职业价值观测评（我追求什么价值观？）
推荐测试：职业价值观
测评结果分析：

4.职业兴趣测评（我喜欢做什么？）
推荐测试：霍兰德职业兴趣测试报告
测评结果分析：

5.职业性格测评（我适合做什么？）
推荐测试：MBTI测试
测评结果分析：

通过自我分析、他人评价和测评工具评估三方面的结果，我能够清楚地回答：
"我是什么样的人"——

"我能做什么"——

"我的职业价值观是什么"——

"我喜欢做什么"——

"我适合做什么"——

模块小结

　　只有通过认识自己，了解自己的优点、缺点、长处、短处，找到内心的职业价值观，追寻自己的兴趣方向，才能真正地尊重自己，让"现实的我"和"潜在的我"在大学里合二为一，用心成长。来自内心的力量才是一个人最强大的力量，"我"的精彩来自"我"的独一无二，拥抱全新的自己。

模块三

知彼篇

小商 调研

外面的世界很精彩，真的也很无奈吗？

我真想早点出去看看

世界这么大，哪个工作是好工作呢？

我离理想的工作有多远呢？

我的专业以后出路怎么样呢？

就业？升学？创业？……

未来，大城市 or 回家乡？

我还需要补充哪些知识和技能？

第五章

环境支持我做什么

第一节　职场分析

小商说故事

迷茫的职场新人

　　孟光辉学的是商务管理专业。毕业后,他在一家小型企业负责公司认证书的管理,还负责日常的会务接待。一年之后,他开始心烦意乱,对自己的工作非常不满意。再加上他并不看好公司的发展前景,就通过朋友的引荐,来到一家外资企业做行政助理。这一干就是三年,各方面几乎没有任何变化。最初,他还计划在这家企业逐步提升自己的职位,可三年下来,却发现似乎障碍重重。他对自己越来越没有信心,对工作也越来越没有热情。于是,他依然选择了辞职。孟光辉在家待了整整一个月,希望冷静地思考一下未来的发展方向。他静下心来仔细想了想,发现自己这几年来一直在做着自己并不喜欢的事情。那么,自己到底喜欢什么样的工作呢? 自己究竟适合做什么样的工作? 他始终找不到方向。他有时觉得,自己在大学时所学的商务管理知识在自己从事过的行政工作中用处不大。但基于这几年的行政工作经历,他又觉得自己可以胜任人事方面的工作。他认定,只要公司足够大,就一定有适合自己的空间。于是,他投了很多大公司的简历,结果却杳无音信,几经周折之后,孟光辉开始犯难了,内心充满极大的挫败感,对自己未来职场发展充满疑惑与迷茫。

　　像孟光辉这样的情况是普遍存在的。一般说来,工作最初的三五年,很多职场人士就会面临职业发展方向的困扰,这个阶段,职场的现实与残酷已经消磨了他们初涉职场时的耐心,而代之以难言的焦虑和沉重的无奈。更让人失望的是,他们缺乏对职业市场和自我发展的全面了解和基本定位。

小商语录

梦想还是要有的，万一实现了呢。

知识储备

生活中，我们往往用自己的主观见解来判定事物的价值，来给它们贴上"好"和"坏"的标签，但这世界上的事物，哪有绝对的"好"和"坏"呢？适合你需要的，当然是"好工作"，不适合你需要的，对你来说是"坏工作"，但也可能是别人眼中的"好工作"。哪一个工作不是最好的呢？关键是你适不适合从事它。

随着社会的发展，工作世界与以往相比已经有了巨大的变化，其中最突出的表现就是出现了许多新兴的职业和行业。以未来化的观点看，有的工作形态会逐步退出市场，而新兴的工作形态不断出现则是一个必然的趋势。我们要想在今后找到一份适合自己的工作，实现人职的最佳匹配，使自己适得其所，必须时刻关注社会的政治经济形势、人才的需求变化、关注职业（或专业）发展的趋势、晋升发展的机会等。在紧张学习之余，我们还要通过互联网、报纸、广播及父母、同学和老师等渠道，寻求对职业或专业有用的信息，增加对职业和社会的了解，正确地做好职业生涯决策。

对于大多数人来说，每个人都会有数种职业适合自己。没有哪一种工作能够完全满足你所有的需要。所有的工作都有其局限性和令人失望之处，工作市场和经济形势都时常发生变化，甚至是急剧的变化，有的行业在目前可能充满了机会，但却会在数年内饱和。明确自己的职业规划，加强实践探索，增加对工作实践的体验和认知，并及时了解社会需求的职业，及早做好面对工作世界的准备，从职业领域出发，寻找到自己就业的方向。

一、职业的概念

职业是劳动者能够稳定从事的有报酬工作，是劳动者足够稳定地从事某项有酬工作而获得的劳动角色，是一种社会劳动岗位。这个定义有三层含义：第一，它表明并不是任何工作都能成为职业的，某项工作只有变得足够重要、足够丰富以致能吸引劳动者长期稳定地投入其中才能够成为职业。并且，劳动者从事这项工作时还能够取得一定的经济收入，取得合理的劳动报酬，满足劳动者的物质需求。第二，职业是劳动者获得的劳动角色，这个角色是劳动者获得的一种社会角色，劳动者必须要按照社会结构中这一社会角色规定的规范去行事。第三，给劳动者一个体现个人价值的机会，职业使劳动者能进入一个成功的组织。职业无论对于个人还是社会的生存和发展，都具有十分重要的作用，对大学生来说，有三层启示，一是对个人自身来说是一种生存；二是发展个性，或者说是发挥个人才能；三是参与社会劳动，承担社会义务，为他人提供服务。

二、现代社会职场分析

(一)高等教育发展与大学生就业

改革开放后,我国高等教育有了很大发展,特别是 1999 年高校大幅度扩招极大地加快了我国高等教育大众化的发展进程。美国著名教育社会学家马丁·特罗教授于 20 世纪 70 年代初在《从大众向普及高等教育的转变》中提出了高等教育大众化理论,即大学适龄青年中接受高等教育者的比率在 15% 以下时,为精英高等教育阶段;在 15%~50% 时,为大众化高等教育阶段;在 50% 以上时,为普及化高等教育阶段。这一划分现在通常被作为国际通行指数,用来衡量一个国家的高等教育发展水平。我国高等教育毛入学率从 1998 年的 9% 上升到 2001 年的 13.13%,2002 年年末已达到 15%,进入国际公认的高等教育大众化阶段。

高等教育大众化的实现,使高等教育走出了"象牙塔",由"少数人的特权"变为"多数人的权利",接受高等教育的人数和大学毕业生数量的急剧增加(表 5-1),给大学生就业市场造成了极大的压力,大学生"就业难"问题日益凸显,成为高校和社会普遍关注的热点之一。

表 5-1 我国高校毕业人数

年度	毕业生总数/万人	比上年增加/万人
2014	727	28
2015	749	22
2016	765	16
2017	795	30
2018	820	25
2019	834	14
2020	874	40
2021	909	35

相应的,学生就业从卖方市场转变为买方市场。进入高等教育大众化时代,毕业生数量急剧增加,大学毕业生与社会需求之间的关系由"供不应求"转为"供需平衡",甚至"供大于求",大学生就业趋于市场化。大学生就业由过去的"卖方市场"转向"买方市场",这是一个历史性的转化。在社会需求总量增加不大的前提下,在相当长一段时间内,高等学校毕业生就业都将处于"买方市场"。高等教育由精英教育向大众化教育转变的现实,要求大学生要怀着一个普通劳动者的心态和定位去参与就业选择和就业竞争,让职业发展从基层开始。

(二)市场经济与职业发展

目前,中国正处在社会转型时期,社会结构正朝着合理的方向转型,社会结构的弹性、开放性和异质性不断增强,社会流动和社会活力极大增强,这些都对社会生活的各个方面产生了深刻影响,其中不可避免地就包括对职业发展的作用和影响。

职业发展在量上的表现:①职业变动增加。近年来,"跳槽"现象大量出现,而在多年以前,"跳槽"是我国社会难以容忍的。市场经济的激烈竞争性,也要求人们在一生中进行多次职业转换。这就使得许多人不可能像过去那样,走出校门,走向社会,找到一份工作,然后永远"焊"在一个单位、一个工作岗位上，直至退休。②工作方式多元化。如今，越来越多的新型工作方式在我国出现，传统的朝九晚五不再是社会唯一认可的工作方式。兼职、弹性工作制等正成为年轻人向往的工作方式。

职业发展在质上的表现为：①人们的职业选择自由度提高。我国社会制度环境不断宽松，社会结构弹性、开放性日益增强，个人可以不受政府制约而自由选择职业。一个很重要的表现就是，大学生毕业时不再实行国家分配，而是实行双向选择的市场化就业政策，个人的职业选择自由度空前提高。②个人能力成为获得职业的重要因素。随着市场经济和全球化的发展，尤其是民营企业和外资企业的发展，个人能力逐渐成为获得职业的真正决定性因素。职业对于人力资源的配置在很多领域中开始趋向公平与合理。对应职业的发展，我国大学生的就业机制也由"计划安置型"向"市场竞争型"转变。这一机制要求大学生不仅要有良好的职业能力，而且要有较强的市场竞争意识和心理承受能力。

高人指点

专家预测，随着我国进入数据智能时代，产业结构将发生根本性的变化。未来10年，有较大发展潜力的行业主要有：人工智能、互联网行业、互联网金融、网络安全、教育与培训、新能源行业、医疗保健行业、旅游行业、老年用品和服务行业等。

（三）知识经济与职业发展

我们所处的时代已经步入知识经济时代。知识经济是指以知识和信息的生产、分配与使用为基础，以人力资源及其创造力为依托，以高科技产业及智力为支柱的一种经济方式。当今社会，知识经济已经在国民经济中占据主导地位，它强调知识和信息在经济发展中的作用；强调人力资源的开发，特别是人力资源创造力的开发在经济发展中的价值；强调高科技产业、智力的主导和支柱地位。主要体现在以下几个方面。

1. 知识成为重要生产要素

在知识经济时代，生产工艺和管理手段日益现代化和高科技化，产品的科技含量越来越高，科学技术在整个社会、经济发展中也起着越来越重要的作用。知识经济时代的到来，使得知识型员工真正成为企业、社会最宝贵的人力资本。科学技术在知识经济中的作用使得专业技术人员、教师、科研人员等知识含量较高的工作在近几年逐渐成为人们求职的热点。

2. 新职业层出不穷

在知识经济时代，职业变化是传统社会的几倍。高新技术的迅猛发展，新材料、新工艺的出现，经济全球化带来的资源配置全球化，都为创新职业的生长提供了土壤，也为落后职业的消亡创造了条件。比如，由于全球网络的迅猛发展，在IT业涌现出许多新的工作岗位，如网络工程师、电子商务工程师、网络分析师、网络安全专家、在线经纪人、网络维护人员、网络编辑、网络新闻工作者、网络教育工作者等。2007年1月，国家劳动与社会保障部正式向社会发布了10个新职业，分别是会展设计师、珠宝首饰评估师、创业咨询师、手语翻译员、灾害信息员、孤残儿童护理员、城轨接触网检修工、数控程序员、合成材料测试员、室内装饰装修质量检验员。新职业层出不穷，为大学生就业和职业发展提供了更为广阔的天地。

新闻小事件

张静大学毕业后一直从事社区工作,有一次在社区工作时,他发现有不少业主请人来帮忙整理收纳家用物品,这对她触动很大,对整理收纳师这一行也产生了浓厚的兴趣,于是她决定学习整理师的相关知识。

在学习期间,张静通过相关培训机构系统学习了整理师的课程,对这一新兴行业有了深入的了解。她在实践中感受到了整理师的不易与乐趣。课程学习结束后张静考取了由全国职业人才认证管理中心颁发的整理师技能证书,开始了整理师的工作。刚开始时,每周只有一两个人前来咨询、预约,到现在几乎每天都有人打电话来请她去家里帮忙整理收纳物品。张静不仅获得了丰厚的经济收入,也从中收获了他人对自己的认可,在为他人提供服务的同时,也是一种自我的提升,每次处在整理一新的环境中,她发现自己也在慢慢改变,慢慢提升自己的生活质量、生活品位,对自己想要的生活有了更清晰的目标。

3.对从业人员的素质要求越来越高

世界范围内新技术革命的深入发展和信息产业的迅猛崛起,使职业在以下三个方面发生了深刻变革:①职业分工越来越精细;②职业活动的内容也不断更新变化;③现代科学技术运用到职业领域中的周期也越来越短。这三个因素的综合作用,使得职业的专业性越来越强。职业专业性的增强,必然促使职业对从业人员的素质提出越来越高的要求。因此,在这样一个知识经济大爆炸时代,我们必须要坚持终身学习的理念,及时补充、更新相关知识,提高从业素质,以适应时代和职业发展的要求。

三、职业要求

(一)职业社会对人才的整体要求

《中国青年报》社会调查中心完成了"人力资源:青年职业前景与跨国公司在华战略"的研究。该项研究采用问卷调查与"结构性访谈"的方式,围绕人才招聘的简历筛选、笔试、面试等过程,对惠普、西门子等30家世界知名的跨国公司进行了调查,调查结果见表5-2。

表5-2　企业对应聘者能力、特征的重视程度

应聘者的能力及特征	看重该项能力或者特征的企业数量	普遍程度(%)
创新能力	30	100.0
沟通表达能力	30	100.0
团队精神	30	100.0
忠诚度	30	100.0
工作兴趣	29	96.7
健康状况	29	96.7
外语	29	96.7

续表

应聘者的能力及特征	看重该项能力或者特征的企业数量	普遍程度（%）
工作经验	28	93.3
计算机操作能力	28	93.3
个人信用	27	90.0
性格特征	25	93.3
专业	21	70.0
获奖经历	17	56.7
毕业学校	16	53.3
户口所在地	10	33.3
年龄	10	33.3
留学经历	7	23.3
身材容貌	4	13.3
性别	2	6.7
政治信仰	2	6.7
婚否	1	3.3
宗教信仰	1	3.3

（数据来源：赵励宁.大学生职业生涯规划.北京：中国人民大学出版社，2014）

《中国大学生就业》杂志对企业用人标准的调查结果见表5-3。

表5-3　用人单位招聘毕业生是对素质能力的重视程度

项目	非常重视	比较重视	一般	不太重视	不重视
专业基础知识	51.3	41.8	6.3	0.6	
综合测评名次	28.8	50.0	18.6	2.6	
学习成绩	13.9	67.7	17.7		0.7
思想道德修养	59.9	36.5	3.6		
应变能力	51.9	45.6	2.5		
创新能力	59.9	35.4	4.7		
外语水平	26.4	57.2	16.4		
责任意识	77.8	21.5	0.7		
团队合作精神	69.4	30.0	0.6		
问题解决能力	60.0	36.3	3.7		
人际沟通能力	45.0	50.6	4.4		
学习能力	56.3	40.5	3.2		

（数据来源：赵励宁.大学生职业生涯规划.北京：中国人民大学出版社，2014）

职业社会对人才素质的要求会随着时代的变化而发生改变。近年来我国的科学技术突飞猛进、经济快速发展、思想观念更新加快、与国际接轨步伐加快,这些新情况使得我国社会对人才的要求出现以下五个特点。

(1)由操作型向智能型转换。指从业者的职业活动以体力劳动为主转向以脑力、智力的参与为主,以高科技、高智能化为特征。随着高科技、智能型的生产工艺流程在我国各行业的广泛运用,所需的人才也逐渐倾向于以智能型为主。

(2)由单一型向复合型转换。随着现代工业生产的大型化、智能化和系统化,对人才的要求不再局限于一人一岗、一人一技的工作形式。一人多岗、一人多技的专而全的复合型人才开始逐渐成为人才市场的"新宠"。这就要求大学毕业生具备较高的综合素质。

(3)从职业型向社会型转换。随着社会化大生产的深入发展,各个单一岗位、职员的力量显得越来越小,难以应对实际需要。因此,跨岗位、跨部门、跨行业之间的通力配合与协作在企业的运行中越来越频繁。因此从业者的团队合作精神被越来越多的企业重视。

(4)从就业型向创业型转变。创业有两层含义,一是在就业中的创新,而不是只知道年复一年地简单完成重复性的生产工作;二是创造事业为社会提供就业,这是一种更高层次、更具社会意义、更能体现个人价值的"就业"。

(5)由阶段性学习向终身性学习转变。过去的社会生产结构简单,产品升级换代周期长,生产工艺流程新陈代谢缓慢,所学知识技能不需要更新。产品和生产工艺流程更新换代加速,新兴的生产工艺、新技术要求从业者必须不断学习,才能及时跟上。

读书分享

《不要只做我告诉你的事,请做需要做的事》
作者:【美】鲍勃·尼尔森

在当今的商业社会,传统的对待职业的态度,已越来越不适应了。事事待命而行,满足于完成交付给自己的任务的员工将会越来越力不从心。那些自己管理、领导自己的员工,才是雇主、企业到处寻找的人。事实上,每一位雇主心中都对员工有一个最强烈的期望,那就是:不要只做我告诉你的事,运用你的判断和努力,为公司的利益、成功,去做需要做的事。对于这一点每个员工都应该知道,不过,很少有企业清楚明白地说明过。作者不仅精彩地揭示了这一核心工作理念,更重要的是阐明了如何付诸行动。

(二)不同职业对人才素质的要求

社会对人才既有共同的要求,也会因为行业、职业、工作内容不同而有其特殊的要求。

了解了整体要求,然后再了解一下自己心仪工作的具体要求,能够提高我们职业生涯规划的效率。各类职业虽然对人才素质有不同的要求,但是也有共同之处,即都必须具备一定的思想道德素质、职业道德素质、生理素质和心理素质等。

(1)思想道德素质。近年来,用人单位对大学生的思想道德素质越来越重视,他们认为思想道德素质高的学生不仅用起来放心,而且有利于本单位文化的发展和进步。人的思想道德素质会体现在日常的一言一行中。

(2)事业心和责任感。事业心是指干一番事业的决心。有事业心的人目光远大、心胸开阔,能克服常人难以克服的困难而成为社会上的佼佼者。有些大学生在工作中怨声载道,稍不顺心就"跳槽",是严重缺乏责任感的表现。

(3)专业基础。现代职业的专业化倾向越来越明显,对从业人员的专业基础要求越来越高,"万金油"式的人才已经不能满足市场的需要,只有"一专多能",才能在职场中取胜。

(4)学习能力。现代社会科学技术飞速发展,只有基础牢、会学习、善于汲取新知识才能不断在各方面完善自己,跟上时代的步伐。

(5)人际交往能力。即与人相处的能力。随着社会分工的日益精细以及个人能力的限制,单打独斗已经很难完成工作任务,人与人之间的合作与沟通必不可少。

(6)吃苦精神。用人单位认为近年来所招录的大学生最缺乏的素质是吃苦精神。

(7)创新精神。在市场经济条件下,各企业都要参与激烈的市场竞争。用人单位迫切需要大学生运用创新精神和专业知识来帮助他们改造技术,给企业带来新的活力。

(8)身心素质。现代生活节奏快,工作压力大,没有健康的体魄很难适应。健康的心理也是一个人事业能否取得成功的关键,它是指自我意识的健全、情绪控制的适度、人际关系的和谐和对挫折的承受能力。

机遇总是垂青有准备的人。一个人的职业素质如何,将决定其在求职、择业时的自由度和取得职业岗位的层次。求职、择业的征程从你迈入大学校门的第一天就开始了,并且贯穿于大学生活的始终。因此,大学生应自觉地把大学生活求职、择业乃至将来的职业生活紧密联系在一起,努力做好知识、能力、素质等方面的准备。

第二节　职业环境探索

小商说故事

小王的找工作经历

小王是室内设计专业的一名专科毕业生,和其他毕业生一样,是浩浩荡荡的求职大军中的普通一员。白天,他游走于大小招聘会,穿梭于摩肩接踵的人群之中;晚上,他利用招聘网站发简历应聘,有时候一晚上发出去一百多封求职信。简历投递不少,却都犹如石沉大海,杳无音讯。

小王想到现在最为火热的当属IT行业,于是便报了个"网络动画制作"速成班,希望以后在这个行业崭露头角,并开始幻想自己的美好未来,然而梦想与现实的差距让小王终于认识到自己对IT行业毫无兴趣,不但白白扔进了价格不菲的学费、一无所获,更耽误了宝贵的时间。眼望着距离毕业时间已不多,他越发着急了。

幸运的是,小王收到了一家公司的面试通知,在兴奋之余,小王也好好打扮了一番:头发整齐有型,西装笔挺,皮鞋也擦得一尘不染,材料证件也准备得有条不紊。面试时,招聘人员问他对该公司是否了解,他如实回答:"了解不多,但我自信胜任该岗位,相信很快就能融入公司。"他因此面试失败。

小王经历了焦躁的等待,眼看时光飞逝,他觉得自己该到搏一搏的时候了。一天下午四点多,小王在街头报摊买了一份报纸,习惯性地翻到招聘版面,按照上面信息,随意地拨打了一家公司的电话。由于身边的车多人多,噪声很大,小王接通后大声地喊道:"喂,我找一下你们经理。"在对方礼貌地答道:"先生抱歉,经理正在开会,请问您贵姓,方面留下联系方式吗?"小王听到这句,想也没想,就赶紧挂断了电话,又开始了对下一家公司的探询……

不了解人才市场行情,也不了解职业环境和行业需求,仅仅是靠"碰运气"来找工作,只能是事倍功半。

小商语录

我们和世界是同步的,阻碍我们探索世界的,是我们自己,不是世界。

知识储备

每个人都处在一定的社会环境中,若离开社会环境,便无法生存与成长。社会环境中流行的工作价值观、政治经济形势、产业结构的变动等因素,无疑都在个人职业选择上留下深深的烙印。"五十年代的兵,七十年代的工人,九十年代的个体户",每一个年代的职业地位排序都对高考志愿的选择和就业选择有着不可忽视的影响。不同的社会环境给予个人的职业信息也是不同的。

在进行职业规划和选择职业时,要充分认识社会环境对职业生涯的影响,注意分析社会环境的基本特点,了解社会环境的发展变化。只有充分了解社会环境因素,才能在复杂的社会环境中找到自己的职业位置;也只有这样,职业生涯规划才具有实际意义。

一、社会环境

（一）社会文化环境

文化环境是影响人们行为、欲望的重要因素,主要包括教育水平、教育条件和社会文化设施等。一般来说,在良好的社会文化环境中,个人会受到较好的教育和熏陶,从而使知识和能力水平得到更多的增长和提高,这会为今后的职业发展打下更好的基础。

社会文化还是影响人们行为、欲望的基本因素。社会文化反映着个人的基本信念、价值观和规范的变动。我国是一个地域辽阔的大国,社会文化的复杂性决定了个人职业选择与职业发展要考虑企业所在地的文化因素。

（二）家庭环境

大学生在进行职业生涯规划时,绝不能忽视家庭这一重要的影响因素,而应多结合家庭的实际情况,争取得到家庭成员更多的帮助和支持,以免对以后的职业发展造成不良影响。

家庭对大学生职业生涯规划的影响因素有:家庭成员的社会关系、家庭成员对就业的态度和发展方向、家庭经济状况、所受的家庭教育、受家庭成员职业观影响的程度、家庭成员的工作性质和地位、家庭成员从事的职业类型等。在以上诸多因素中家庭教育、家庭经济状况、家庭职业观念对大学生生涯规划影响较为明显。下面做具体分析。

家庭教育的影响主要表现为一个人所受的家庭教育方式不同,在长期的潜移默化中所形成的价值观和行为模式不同,从而就会形成职业理想和职业目标有一定的差异。

家庭经济状况的影响主要表现为有的大学生家庭经济条件不错,毕业后有可能选择继续学习深造以推迟就业而不是直接就业,因为家庭的经济后盾让他在继续求学的路上没有"后顾之忧"。而有的毕业生因为父母年事已高、体弱多病,家庭经济负担过重,不得不考虑现实需要放弃原有的职业理想,调整职业发展路线,暂且选择一份高薪稳定的工作以减轻家庭负担。所以在做职业生涯规划时,一定要处理好职业理想和家庭现实状况之间的关系。

🔎 新闻小事件

张某家在农村,有五口人,仅靠父母耕种三亩田地维持生活,弟弟和他都在读书。家庭很贫困,而且负担很重。爷爷是文盲,父亲是高中毕业生,母亲是初中生。亲戚们的经济状况也都不好。所以,现在家庭不能够提供给他更多的帮助,只有靠自己。为了减轻父母的负担,他特意向学院申请了勤工俭学工作,充分利用课余时间去做这些工作,为自己挣一部分生活费,同时也充分锻炼了能力,他袒露:辛苦是辛苦了点,但自食其力的感觉真的很好。

家庭职业观念的影响主要表现在父母对待职业的态度会在一定程度上影响子女的职业观念，父母所从事的职业或平日较多的行为也会影响子女职业理想的确立和职业选择的方向。

家庭调研

我的家族职业树

围绕自己，从家族出发，在方框内填上自己家族里主要的职业类型。你的家族中的成员都从事什么工作？你对他们的职业有什么看法？我们可以通过家族职业树的探索，更明白父母对你未来从事职业的期待，很可能是代代相传的家族企业，也可能是继承衣钵。亲人是我们了解职业世界非常好的资源，我们就从自己身边的亲人开始，进行一些职业探索。首先，将你家庭中的亲属及他的职业填写在下面的家庭树上。

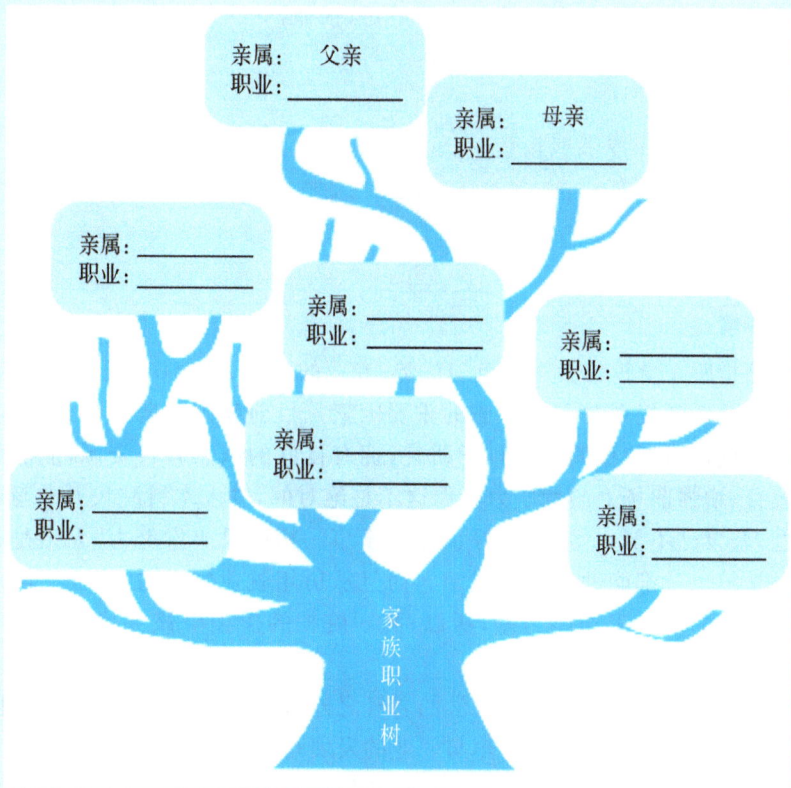

亲属：　父亲
职业：＿＿＿＿＿

亲属：　母亲
职业：＿＿＿＿＿

亲属：＿＿＿＿＿
职业：＿＿＿＿＿

亲属：＿＿＿＿＿
职业：＿＿＿＿＿

亲属：＿＿＿＿＿
职业：＿＿＿＿＿

亲属：＿＿＿＿＿
职业：＿＿＿＿＿

亲属：＿＿＿＿＿
职业：＿＿＿＿＿

亲属：＿＿＿＿＿
职业：＿＿＿＿＿

家族职业树

家人认为从事 ＿＿＿＿＿＿＿＿＿＿＿＿＿＿＿ 最好，最好不要从事 ＿＿＿＿＿＿＿＿＿＿＿＿＿。

家人希望我将来从事 ＿＿＿＿＿＿＿＿＿＿＿＿，理由是 ＿＿＿＿＿＿＿＿＿＿＿＿＿。

我家族中最多人从事的职业是：＿＿＿＿＿＿＿＿＿＿＿＿＿

我想要从事这种职业吗？为什么？＿＿＿＿＿＿＿＿＿＿＿＿

父母如何形容他们的职业？他们平时会提到哪些职业？他们是怎么说的？

＿＿＿＿＿＿＿＿＿＿＿＿＿＿＿＿＿＿＿＿＿＿＿＿＿＿＿＿＿＿＿＿＿

父母的想法对我的影响是：＿＿＿＿＿＿＿＿＿＿＿＿＿＿＿

家族中还有谁对职业的想法对我影响深刻？他们怎么说？＿＿＿＿＿＿＿＿＿＿

家族中对彼此职业感到满意或羡慕的事是什么？＿＿＿＿＿＿＿＿＿＿＿＿

家族彼此羡慕的职业是？＿＿＿＿＿＿＿＿＿＿＿＿＿＿

对他们的想法我觉得：＿＿＿＿＿＿＿＿＿＿＿＿＿

我觉得家人对我未来选择职业的影响是？＿＿＿＿＿＿＿＿＿＿＿＿＿

家人对各职业的评价往往表现了他们的好恶，例如：＿＿＿＿＿＿＿＿＿＿＿

我的家人最常提到的有关职业的事是：＿＿＿＿＿＿＿＿＿＿＿＿

对我的影响是：＿＿＿＿＿＿＿＿＿＿＿＿＿＿＿

哪些职业是我绝对不考虑的：＿＿＿＿＿＿＿＿＿＿＿＿＿

哪些职业是我有考虑的：＿＿＿＿＿＿＿＿＿＿＿＿＿

选择职业时，我重视哪些条件：＿＿＿＿＿＿＿＿＿＿＿＿＿

（三）学校环境

学校环境是指所在学校的教学特色与优势、专业的选择、社会实践经验等。学校与专业也是我们进行职业生涯规划时必须考虑的重要因素。目前我国的普通高校有本科、专科院校之分。一般来说，本科院校偏重于科学研究，拥有良好的国家教育资源，能够使学生得到更好的高等教育，增强职场上的竞争力。但这不是绝对的，进入本科院校并非意味着就业就没有任何问题，若自己不努力，学校再好也无济于事。相反只要肯努力，无论是在本科院校还是高职专科学校出身都能做出一番成绩。而且从历年就业情况看，毕业于高职专科的学生并不比本科院校的学生工作能力差，所以，高职院校的学生应该寻找到自己的核心竞争力，侧重于培养自己的职业技能和素质。

很多人在报考大学时除了热衷于大学的名气之外，还热衷于所谓"热门"专业，片面地认为专业越热越好就业。其实专业的冷热与职业的发展是不成正比的。热门专业只是在一段时间内的热门专业，报考时该专业是热门专业，几年以后可能就不是热门专业了。有些行业反倒是专业越冷越吃香，发展得越快。所以无论是什么专业，不要以为专业热门就自以为是，也不要因为专业冷门而心灰意冷。

在制定职业生涯规划时，还要考虑究竟是选择成为无所不晓的通才，还是选择成为精通某一领域的专才这一问题。正确的选择是不可一业不专，但又不可只专一业。不可一业不专是指自己必须拥有某项有效专长、胜任某种职业，必须在某个领域具有足够的竞争力。尤其是随着社会分工的精细化,只有精通某个领域才能在社会上更好地立足,谋求自身的发展。不可一业不专,但是又不能走向另一个极端——只专一业。因为任何人的"专长"都是有有效期的,当今社会职业岗位更新换代非常之快,如果除了专业之外没有别的专长,当你的专长得不到社会的认可时,也很难拥有足够的就业机会。因此只有不断关注社会的发展变化,不断补充新知识,才能拥有新的专长,具备多项竞争力,才能轻松应对将来可能出现的变化。

职业望远镜

十年后你的工作还存在吗?

高危职业

1.电话营销员	2.房地产信息搜索员	3.下水道工
4.数学技术员	5.保险承销商	6.钟表维修员
7.货运代理人	8.报税员	9.摄影加工员
10.银行开户职员	11.图书管理员	12.数据录入员

安全职业

1.脊椎指压按摩师	2.生化学家和生物物理学家	3.数据分析师
4.宗教及教育活动总监	5.狱警管理员	6.艺术总监
7.牙齿矫正医师	8.室内设计师	9.制片人和导演
10.摄影师	11.机器人维修师	12.时装设计师

(四)地理环境

一个城市的地理环境会对该城市居民的工作、学习和生活产生直接影响,如城市的气候条件、行业基础、经济情况、人文环境、国家政策、文化品位、居民素质、城市规划及市政环境、发展定位和发展战略等方面的差异会直接影响到大学生的职业选择和发展前途。比如,同样作为国际化大都市的北京与上海两大城市在地理环境方面存在明显的不同,北京浓厚的历史文化底蕴承载着现代文明,所以文化产业比较发达,而上海较为发达的产业则是金融产业。所以,我们在进行职业生涯规划时,根据自己的喜好选择地理环境好、有利于自身发展的一些特定城市,也是应该理解的。同时,也应该把个人喜好与国家号召结合起来,到祖国和人民需要的地方去,自觉到艰苦的地方锻炼自己,加入西部大开发的行业之中,不仅有利于自己更快地成长,而且还能以实际行动促进国家经济发展战略的实施。

时光倒流

职业声望调查

根据某咨询公司和某招聘网站对京沪两地大学生择业取向进行调查,北京大学生眼中的热门职业分别是:

1. 市 长
2. 党政机关领导干部
3. 国有大中型企业厂长、经理
4. 大学教授
5. 法 官
6. 社会科学家
7. 电脑网络工程师
8. 律 师
9. 医 生
10. 记 者
11. 银行职员
12. 警 察
13. 工商管理人员
14. 中小学教师

时光倒流

上海大学生眼中的热门职业分别是：

1. 电脑网络工程师
2. 政府干部
3. 高科技企业工程师
4. 大学教授
5. 自然科学家
6. 计算机软件设计师
7. 翻 译
8. 法 官
9. 医 生
10. 编 辑
11. 投资公司经理
12. 工商管理人员
13. 税务管理人员
14. 证券公司职员

二、组织（企业）环境分析

所谓职业环境分析，就是要认清所选职业在社会大环境中的发展状况、技术含量、社会地位、未来趋势等。比如：当前热点职业有哪些，发展前景怎样；社会发展趋势对所选职业有什么要求，影响如何等。

立即行动

请你来判断,以下说法是否符合当下职业环境:

1. 网络人才继续走俏……(   )
2. 土木工程专业辛苦下滑……(   )
3. 汽车制造业提供大量岗位……(   )
4. 中医药行业渐渐升温……(   )
5. 市场营销、国际贸易专业需求下降……(   )
6. 广告业朝阳无限好……(   )
7. 外语、电子类专业前景依然乐观……(   )

进行全面的组织环境分析是我们进行职业环境探索的核心,因为你所选择的组织将与你今后的职业发展息息相关。

(一)行业分析

行业分析是指根据经济学原理,综合应用统计学、计量经济学等分析工具对行业经济的运行状况、产品生产、销售、消费、技术、行业竞争力、市场竞争格局、行业政策等行业要素进行深入的分析,从而发现行业运行的内在经济规律,从而进一步预测未来行业发展的趋势。如果你喜欢所学的专业,那就从专业角度出发,看专业对应哪些行业,再结合你就业区域的产业结构政策,看哪个行业发展最快,然后从行业的上、中、下游研究企业的产品结构和业务类型,看看有哪些性质的企业、有哪些部门、有哪些岗位。如果你不喜欢所学的专业,或者这个专业完全没有什么就业机会,那你就不要受限于专业了,而要从身边的资源入手,所处区域的产业发展政策是什么,什么资源最丰富、你最有把握。此时应根据自身资源重新定位个人的专业方向,由新的专业方向去寻找相应的行业。

(二)企业分析

企业分析包括企业在本行业或新的发展领域中的地位和发展前景,以及产品在市场上的发展前景。主要包括:一是企业实力。企业在本行业中具有较强的竞争力还是处于一个很快被吞并的处境,通过分析企业产品在市场上的发展前景来关注企业生存状况。二是企业领导人。企业主要领导人的抱负及能力是企业发展的决定因素。一个真正的领导者是想干一番事业的,企业领导者是否考虑员工的职业生涯发展也是评价分析企业的重要因素。三是企业文化和企业制度。企业文化是领导者倡导并且身体力行的,得到员工认同和遵循的价值观和行为准则。你所要选择的企业它的企业文化是什么?最根本的价值观是什么?用人制度是什么?我们要看企业领导人强调什么,更看实际上他怎么做的。优秀的企业文化是企业经营管理之魂,是企业的宝贵资产。

通过对企业的分析,你要得出以下结论:自己对企业发展战略、企业文化和管理制度的认同程度;企业组织结构发展的变化趋势;与自己有关的未来职务发展设计。每个人要考虑自己在本企业内实现职业生涯目标的可能性有多大。

(三)岗位分析

岗位分析就是对岗位本身和影响岗位发展的因素的调研分析。岗位是你的阵地,你一定要对阵地全面、准确地了解。岗位探索主要内容包括:岗位描述,描述工作内容及具备的素质。这个岗位是什么、这个岗位做什么、这个岗位要具备什么等;岗位晋升通路,在同一部门、同一职能上一定会有很多个类似的岗位,而了解这个岗位能为自己岗位轮换、工作转换、升职等带来很大的方便;个人与岗位的差距,全面、准确地了解自己,是量化的条件与岗位差距的前提和基础。当你综合了解岗位要求后,就可以进行差距量化和差距补充。

(四)地域分析

对于大学生而言,就业不仅仅是一份工作和职业的选择,很多时候更是生活环境甚至生活方式的选择。就业区域正是对生活环境和生活方式影响非常巨大的选择。我们在选择就业地域时,一定要进行以下分析:

(1)人才分布状况:要了解当地人才密集的状况,主要了解是哪些种类的人才。在人才集中的地方,竞争激烈,但会带动你更快地成长。

(2)人才需求状况:要了解当地人才的需求状况,包括数量、要求和类型。

(3)人才竞争状况:供求关系直接影响了人才的竞争状况。这可以从获取职位的难易、职业的发展机会、薪酬收入的高低等方面反映出来。

(4)待遇状况:待遇水平几乎是每个大学生都关心的话题。待遇水平一定要结合当地消费水平。

(5)机会发展:大学毕业生对职业的发展怀有各种各样的憧憬,你需要了解、评估当地职业发展机会怎样,主要从当地经济发展宏观趋势以及经济发展主要类型来分析。

俗话说:"一方水土养育一方人。"每个城市都有其独特的文化与特点,因此,大学生在选择就业区域时,不应该拘泥于传统的地域限制,要选择适合自己发展的平台,寻找更广阔的发展空间。

探索与思考

1.小王,安徽某高校的经济专业15级学生,家在农村,有五口人,家庭很贫困,而且负担很重。父亲是高中毕业生,母亲是初中毕业生,亲戚们的经济条件状况也都一般。所以,现在家庭不能够提供给他更多的帮助,他只有靠自己了。为了减轻父母的负担,他向学校申请了勤工俭学工作,充分利用课余时间去做这些工作,为自己挣一部分生活费,同时也锻炼了能力。

2.小张,家庭关系和睦美满,经济条件良好。父母对她的期望比较大,对她各方面的发展都抱支持的态度,物质上能满足她在学业上的深造,精神上也能给予足够的支持,她有意往教师这个职业方向发展,父母给予100%的支持,并鼓励她在各方面发挥自己的特长。

请分析以上两种家庭环境对个人职业生涯发展带来的影响。如果你未来的职业选择与家庭意见发生了冲突,你将如何解决这个问题?

第三节　就业信息搜索

小商说故事

张云飞和王力强的故事

张云飞和王力强同在江苏某职业院校学习计算机应用专业,两人都很聪明,也很努力,在学校技能大赛和网页设计专场赛中都获得了优胜奖。进入三年级,张云飞因为要"看优秀界面"和"练反应速度"而在电脑游戏上花了不少时间,到了下学期又忙着与同学、老乡聚会,感受毕业前夕的友谊。踏实的王力强在三年级的实习期间,在公司努力做事,主动向师傅请教各种专业知识和职场知识,下班后经常看报纸、上招聘网站,周末去招聘会,还不时找班主任、已毕业的师兄、已工作的亲友聊天,了解很多职业信息,制定了求职计划。毕业前夕,王力强对收集到的招聘信息进行整理,进一步分析自己的优势与不足,把精心制作的求职简历投向几个目标单位。

随着毕业日期的临近,王力强顺利与家之友电子商务公司签订了就业合同,而张云飞此时才开始仓促地找工作。

小商语录

你现在混日子,小心将来日子混你。

知识储备

对于我们大学生来说,无论是在校期间还是将来毕业走上社会,职业生涯的规划和发展都伴随我们共同成长。个人职业生涯的发展是一个连续的积累过程,并且呈螺旋式上升的状态。这就是说,一个人的职业生涯发展能否成功,不仅取决于某一个时间或某个时段我们做了什么,而且取决于我们在整个职业生涯发展中的表现。

一些同学可能认为职业生涯的发展是从第一份工作开始的,其实不然,我们在学校中学习和生活时就已经开始了职业生涯发展的准备。这一阶段的主要任务是不断地汲取知识,培养自己各方面的能力,为将来步入职场打好基础、做好准备。就业观是人们在就业方面的根本性观念,它对人们的就业选择、从业行为具有导向和推动作用,对人们的职业生涯发展产生决定性的影响。正确的就业观是成功就业的前提。

一、就业形势、就业政策与择业观

大学生应顺应当前的就业形势和就业政策，从个人实际、社会需求和长远发展入手，树立正确的择业观。只有这样，才能顺应经济社会的发展，实现自己的职业理想。

（一）就业形势分析

第一，社会就业形势严峻。改革开放 30 多年来，我国经济快速发展，在工业化、城市化、市场化、国际化的进程中涌现出大量企业，为劳动者创造了一定的就业机会。与迅猛增长的劳动力供给量相比，就业岗位的增加依然显得"步履沉重"。据有关部门统计，在现有的经济格局下，每年新增的就业岗位有 1 000 万个，增加的劳动力加上现存的下岗失业人员，每年将达到 2 000 多万人，供求之间存在着巨大的差距。

第二，技能型人才抢手。技能型人才是我国经济快速发展的顶梁柱，为我国实现现代化做出了突出贡献。近年来，技能型人才占就业人数的比例在日益上升，经济越发达的地区，对高技能型人才的需求越大，例如，国家原有的八级工匠等高技能型人才紧缺，他们的工资甚至超过了工程师。国家更是出台了一系列政策，大力发展职业教育，大力培养技能型人才。只要我们努力学好专业、学好技术，未来的职业发展前景会更广阔！

第三，各地区就业形势差异大。一个地区的就业形势往往与当地的经济发展水平相联系，一般来说，经济发达地区开放程度比较高，市场化和国际化运作相对正规，所以能为劳动者提供的就业岗位比较多。而我国幅员辽阔，各地区的经济发展水平存在着很大的差异，因此，各地的就业形势也就有所不同。总的来说，我国东部沿海地区的就业形势好于西部内陆地区；开放程度较高地区的就业形势好于开放程度较低的地区。

（二）就业政策分析

我国当前的就业政策主要是：市场调节就业、政府促进就业和鼓励创业。我国正从一个制造业大国向制造业强国转变，各行各业对技能型人才都有着很大的需求。在我国的现代化进程中，技能型人才严重短缺，因此具有技能的毕业生比较抢手。同时，市场经济的双向选择机制也使得我们同学必须面对激烈的市场竞争，凭借自己的专业实力和综合素质得到工作岗位、获得职业生涯的发展。

（三）择业观分析

在择业的过程中，抱有正确的择业观至关重要。这不仅关系到能否顺利就业，也关系到今后的职业发展。面对严峻的就业形势，我们应当树立哪些择业观呢？

第一，立足个人实际。在选择岗位时，最基本的一点是要立足个人实际。别人眼中的好单位、好工作，不一定是对自己的发展最有利的岗位。因此，在选择岗位时，要注意结合自己的性格、兴趣、爱好和优势，选择自己最适合的。只有选择了最适合自己的岗位，才能最大限度地发挥自己的潜能，才能使自己的职业生涯之路越走越顺。

第二，立足社会需要。职业能够存在，是因为社会上存在对这种职业的需求。社会需求下降,就会出现用人单位裁员的行为。我们在选择就业岗位时,不能只根据"工作是否体面、待遇高不高"等标准,不能对个人得失考虑过多,而应当立足社会的需要,到社会最需要我们的地方去发挥聪明才智,在奉献中实现自身的价值。对于我们每个同学来说,从事社会需要的工作,坚持做下去,并用心思考,成为行家里手,就有可能在某种职业岗位以及相关职业岗位上取得成功。这样既能满足社会需要又能实现自身价值,实现双赢。

第三,立足长远发展。在选择就业岗位时,要目光长远。当前,我国正在进行产业结构调整,很多产业刚刚兴起,很多新岗位刚刚被我们所认识,随着市场的不断变化,它们会有很好的发展前景。只要能够在岗位上发挥自己的优势和潜能,有机会学到新的东西,就不愁明天没有成功的机会。

二、就业信息搜索

做事要讲究方法,只有掌握了行之有效的方法,才可以收到事半功倍的效果。求职也不例外,从开始求职到求职成功,每一步都有方法可循。

信息是决策的重要依据,全面、准确的职业信息,能够确保我们做出正确的职业决策。如果求职者耳目闭塞、信息不灵,择业就如同盲人骑瞎马,很难找到理想的工作。因此我们要重视信息的收集和整理。

收集职业信息的渠道主要包括:职业介绍机构,招聘洽谈会,报刊,网络,自己的观察,亲友、邻居、校友的介绍,以及学校就业指导部门。在收集完信息后,我们还需要对信息进行分类整理,找出有价值、可利用的信息,摈弃那些无用的、冗余的信息以及错误的、虚假的信息。

生涯驿站
职业信息有哪些内容

★招聘单位的基本情况,包括招聘单位所属行业、组织机构、业务范围和内容、所在地区、产权性质等。

★需求岗位的工作内容,包括上下级关系、工作职责、工作权限、考核方式、工作时间、工作场所、工作环境等。

★招聘单位的薪酬待遇,包括工资、奖金、津贴、福利以及医疗、养老保险等。

★招聘条件,即招聘单位对求职者的具体要求,包括学历、专业、职业资格、能力以及心理素质、身体素质要求等。

★招聘数量与报名办法,包括用人单位有哪些岗位要招人,每种岗位招聘人员的数量,报名的时间、地点、方式,应准备哪些证件和材料等。

求职途径因人而异。我们可以通过以下几种途径进行求职:

一是学校推荐。一般学校都设有专门为学生提供就业指导的部门,负责毕业生的就业工作。就业指导部门的老师有丰富的就业指导知识,也能够为我们提供针对性强、适配度高的职业信息。

二是实习就业。学校一般都会组织毕业生到一些单位去实习。在实习期，不少学生因为工作努力和认真学习而被用人单位选中。在中职生的就业中，实习是一条"顺风直航"的就业途径。

新闻小事件

李昊天是一个来自农村的学生，在校期间他严格要求自己，不放过任何一个学习的机会，学习成绩名列前茅。他充分利用时间，钻研跨境电商专业，为了增加实践经验，他利用课后时间报名参加创业培训并到学校大学生创业园的学长公司做兼职，为今后的创业奠定了基础。成立自己的公司，凭借过硬的技术和丰富的经验，大三的他已经是身价几百万的大学生创业者，并荣获"最美大学毕业生"。

三是参加招聘会。现场招聘会举办众多，这是我们求职的重要途径之一。除了参加学校组织的校园招聘会外，我们还可以根据自身情况有选择地参加一些社会招聘会。

四是网络求职。由于时间限制，快捷、高效、省时、省力、费用低，种种优势使得网络求职越来越受到求职者和招聘单位的青睐。

拓展阅读

网络求职常用网站

中国就业网，网址为：http://www.chinajob.gov.cn/
中华英才网，网址为：http://www.chinahr.com/
智联招聘网，网址为：http://www.zhaopin.com/
前程无忧求职网，网址为：http://www.51job.com/
过来人求职网，网址为：http://www.goulairen.com/
应届生求职网，网址为：http://www.yingjiesheng.com/

五是社会关系。在现代社会，沟通和交往非常重要，社会关系网络对求职者来说，可能也是就业机会。父母、亲友往往能提供有用的职业信息，而且比较准确、可靠。此外，已毕业的师兄师姐、学校的专业课程老师也能够提供不少有用的职业信息。

高人指点

企业需要什么样的人才

中国500强企业乔兴集团的人力资源部总监李国臣认为，具备扎实的专业知识是对应聘者最基本的要求，德才兼备的人才能真正得到企业的青睐。为此，李国臣提出了"四品说"——有才有德是"正品"，有才无德是"毒品"，无才有德是"次品"，无才无德是"废品"。这与蒙牛集团的用人标准——"有德有才，破格重用；有德无才，培养使用；有才无德，限制录用；无才无德，坚决不用"不谋而合。

小商生涯工作坊

情景模拟

　　每个人都有自己的职业理想,但并不是每个城市都能实现我们的职业理想。很多人在择业时,对于去哪个城市工作都是早就想好的,有时甚至把城市的选择放在职业的选择之前,只要让他在心目中的城市工作,做什么都无所谓。这种想法是很有害的,一个人的职业理想和他的核心职业竞争力紧密相关。

　　作为一个求职者,是你去适应你工作的城市,而不是城市来适应你,所以,当我们在做出选择的时候,就要考虑一下这个城市的特色、发展状况、自己能否在这里实现自己的梦想、能否适应这里的一切等问题。所以,我们毕业生在择业时,一定要同时考虑一下到底哪个城市比较适合自己。可以从以下几个方面考虑。

　　一、经济结构。每个城市都有自己的经济结构,它决定了这座城市对各类人才的吸纳能力,而且每个城市的经济结构不会等闲改变。好比杭州的旅游业在经济结构中历来处于重心地位,所以对旅游专业人才的需求量相对比较大,那么这类人才在这里的发展机会就比较多。打个比方,就像一个重产业专业毕业生去一个轻产业城市,肯定不会有什么用武之地。

　　你现在的专业是? 你的专业适合你去哪个城市工作?

　　二、城市文化。一个城市的城市文化是守旧还是开放,直接影响着它对外来者的接纳程度。一个完全开放的城市在各个行业都会对外来职员敞开大门,而相对守旧些的城市本土化思想就会多些,在某些行业的用人上就会倾向于本地人。特别是国有企业,几乎每个城市的国有企业都倾向于用本地人。假如你希望进国企类单位,最好选择去自己的家乡就业。

　　你的家乡是守旧的还是开放的? 你现在想回家乡进入国企工作吗?

　　三、城市发展状况。一般来说,一个城市经济越发达竞争就会越激烈,所以那些喜欢挑战、适应能力强的人比较适合去发达城市,反之,去一些竞争压力较小的中小城市比较好。

　　你会去竞争激烈的城市工作吗? 还是去其他中小城市?

　　其实我们说,在择业时,大城市未必一定好,小城市也不一定就不好,只有合适的才是最好的。

影片赏析

《穿普拉达的女王》是一部时尚片，但同时也是一部励志片，它深刻诠释了职场新人在面对复杂多样的职场环境时如何一步步凸显自己的价值获得成功。这是一个职场丑小鸭变天鹅的故事，这是一个讲述工作要勤奋、人生不气馁的故事，这是一个关于处理工作与朋友、生活关系的故事。

通过影片，我们从女主角身上收获很多：如果你喜欢这份工作，那么好好干，拼命展现自己，以博得上司的青睐；如果无法继续工作，那么就别再花自己的时间去抱怨公司或老板，不如去找适合自己发展的地方。拿得起、放得下才是职业发展的根本心态。

观看影片，将你的收获写下来。

感 悟	

阅读时光

一杯茶、一本书、一个下午的美好时光……

1.《阿甘后传》 作者：温斯顿·葛鲁姆，译者：赵元译，北京时代华文书局/2014-06-01

2.《大数据时代》 作者：维克托·迈尔-舍恩伯格，浙江人民出版社/2013-01-01

行动力量　　　　　《职业生涯规划书》分段撰写

1.根据本章学习，寻找你心目中理想的、适合的工作，并填写下图。

```
经验要求  →  背  景 _____
             经  验 _____
             证  书 _____

对工作者要求 → 基本技能 _____
             可迁移技能 _____
             教育背景 _____

职业特征  →  行业信息 _____
             职业前景 _____
             工资待遇 _____

工作要求  →  工作活动 _____
             组织环境 _____
             工作环境 _____

职业要求  →  职业知识 _____
             职业技能 _____
             任  务 _____
```

你的职业理想

2.请结合自己的现状,分析自己的发展条件和外部环境条件,据此找出自己的差距,制定合理的近期目标和可行的改进措施。

(1)我的理想职业。

(2)生涯人物访谈。

人物: 性别: 年龄:

工作领域: 访谈时间:

工作年限: 工作职位:

访谈问题: _____

_____

访谈心得: _____

_____

（3）内部和外部环境分析（SWOT 分析）。

（4）职业环境 SWOT 分析。

	我的长处	我的"短板"	我的主要差距	我的改进措施
自身条件评价	1. 2. 3.	1. 2. 3	1. 2. 3. 4. 5. ……	1. 2. 3. 4. 5. ……
	我的机会	我的挑战		
社会环境评价	1. 2. 3.	1. 2. 3.		

备注：职业生涯规划档案在你觉得需要的时候进行更新，比如有比较大的内心成长和外部变化；至少每年更新一次。

模块小结

当我对环境有了一份更深入的了解之后，便能对外界多了一份把握，我不再慌张，也不用忧虑，我能做的就是不断缩小我和理想的差距，坚定地走下去。

模块四

知路篇

小商 调研

我是一个什么样的人

放在心里就好了

计划不如变化快

我有三年的时间,不需要设立

老是光想不做,光说不做

不知道该如何去设立目标

计划实施不下去怎么办

不能明确地说清自己的目标

定好的计划经常被其他的事情冲掉

第六章

我想到哪里去

第一节　职业生涯目标的制订

小商说故事

《哈佛大学的调研报告》

哈佛大学研究人员曾对一群智力、学历、所处环境等客观条件相似的年轻人进行了长达25年的跟踪调查。调查开始时，在这群人中，3％的人有清晰且长期的目标，10％的人有清晰但比较短期的目标，60％的人目标模糊，27％的人没有明确的目标。

哈佛大学的调研

开始调查时	类型（人数百分比）	调查开始25年后
智力、学历和所处环境等客观条件相似的年轻人	有清晰且长期的目标（3％）	社会各界顶尖的成功人士
	有清晰但比较短期的目标（10％）	各行业不可或缺的专业人士
	目标模糊（60％）	社会的中下层
	没有明确的目标（27％）	社会最底层

3％的有清晰且长期目标的人，25年来几乎不曾改变过他们的人生目标，并为实现目标不懈努力着。25年后，他们大部分都成了社会各界顶尖的成功人士，如白手起家的创业者、行业领袖和社会精英。

10％的有清晰但比较短期目标的人，大多生活在生活的中上层，成为各行业不可或缺的专业人士，如医生、律师等。

60％的目标模糊者,几乎都生活在社会的中下层,能安稳地工作与生活,但没有特别的成绩。

余下27％的没有目标的人,几乎生活在社会的底层,生活状况不尽如人意,经常失业,靠社会救济,并且时常抱怨他人或者社会的不公。

调查机构由此得出结论:目标对人生有巨大的导向作用。

《是什么让生命走得更远》

在剑桥大学,很多教授会用这样一个故事向新生阐释目标的意义。一条腿患有慢性肌肉萎缩症的伦敦青年斯尔曼,凭着坚强的毅力和信念创造了令人瞩目的成就:19岁时登珠穆朗玛峰,20岁时登上阿尔卑斯山……28岁前他登上了父母列出的世界上所有的山峰。然而就在28岁的那年秋天,他突然自杀了。斯尔曼的父母在他11岁时攀登乞力马扎罗山遇难,临行前留下的遗嘱是希望他能登上一座座世界著名高峰。斯尔曼把实现父母的遗愿作为人生奋斗目标,这个目标使他创造了奇迹。实现后,他感到前所未有的空虚与绝望。他在遗言中说:"功成名就的我感到无事可做了,我没有了新的目标。"斯尔曼以病弱之躯征服世界之巅的奇迹和令人意外地选择放弃生命的悲剧,其间鲜明的反差让人感到目标对于生命的重要。

当一个人没有目标时会感到迷茫和空虚,有时这种迷茫和空虚甚至是致命的,斯尔曼的故事告诉我们:失去了人生目标可能会失去人生的全部。

小商语录

早晨叫醒你的不是闹钟,而是梦想(目标)。

知识储备

世界成功学大师博恩·崔西曾说过:"成功等于目标,其他都是这句话的注解。"一个人如果没有目标,不知道自己要什么,不知道去追求什么,对他来说时间是多余的,生命是漫长的,活着也不过是原地踏步,日复一日简单机械地重复昨天的生活。要避免这种情况,大学生在大一的时候就要确认自己的职业目标,然后在接下来的几年中有针对性地学习知识、培养能力、争取实践。这样,大学生活不仅过得有意义,而且能为以后的求职积累优势。

一、关于目标

(一)什么是目标

目标是个人、部门或者整个组织期望的成果。而梦想、理想通常是大目标的另一个称呼。

胸怀目标,无论达到与否,都能使生活有意义。争取做个莎士比亚,其余的事,听由命运安排。

——勃朗宁

具体来说,目标是在一定时期内要达到的一定期望标准。最简单的定义是:目标就是给梦想加上一个实现的日期和数字。

(二)目标是成功的方向

美国马里兰大学管理学兼心理学教授洛克有一个著名的"目标设定理论",认为目标本身就具有激励作用,目标能把人的需要转化成动机,使人们的行为朝着一定的方向努力,并将自己的行为结果与既定的目标相对照,及时进行调整和修正,从而实现目标。这种使需要转化为动机,再由动机支配行动以达成目标的过程就是目标激励。

目标在人的成长过程中有着极为重要的作用。目标就像眼睛,让你看得见前方的道路。大学最重要的意义在于学会钻研思考,形成正确的人生观、价值观,获得让人受益一生的思想和智慧。人生观和价值观其实就是一种选择,最大的体现在于对人生目标的选择、对生活目标的选择、对发展目标的选择。因为,目标就是成功的方向!

(三)设立目标的好处

商业巨子宾尼说:"一个心中有目标的普通职员会成为创造历史的人;而一个心中没有目标的人,只能是一名普通的员工。"同样,一个心中有目标的大学生将收获非凡的大学经历,而一个心中没有目标的大学生,他仅仅是一个大学生而已。

1.目标使你保持自我激励

在成长过程中,自我激励是非常重要的,目标是个人发自内心的渴望,赋予人实现愿望的激情和努力向前的决心。随着目标实现的一步步靠近,人将具有成就感,将形成更加阳光积极的心态。

2.目标使你进行自我挑战

目标意味着对现状的不断挑战、对缺点的不断弥补、对优势的不断发挥、对能力的不断提升、对自我的不断完善,这是一个不断挑战自我、升华的过程。

3.目标使你学会自我管理

在大学,开始拥有较多的自由时间。大部分人不习惯自由,将业余时间花在了游戏、淘宝、追剧上,产生了所谓的迷茫。而目标使你看清楚方向,实现自我管理。

4.目标使你更注重效率

为了早日实现目标,你不会满足于日常上课、下课,而会更加积极地补充知识、实践锻炼、积累经验、加快个人提升,获得更快的成长速度。

二、目标设定的原则

"目标真的这么重要吗?""为什么我制定的目标一点用都没有呢?"很多人对目标抱有这样那样的疑问。目标当然不是万能的,但它的重要性是不容忽视的,很多人的目标不能实现，不是因为目标无用，而是制定的目标是无效目标。

（一）目标设定的四大误区

1.常常将目标建立在现实的可能性上，而不是建立在自己的憧憬上

订立目标不要过多考虑成败和现实，而是要放眼未来，勇于挑战。确立目标时，如果过分地强调现实的可能性，而不是强调对未来的憧憬，建立的目标十有八九不会是什么太大的目标。没有远大目标的牵引，你的潜能不会有太大的发挥空间。正如高尔基所言："目标越高远，人的进步就越大。"

2.常常根据现有能力来设定目标，而不是先设定目标，然后努力达成

目标能激发你的潜能，解放和提升你的能力。如果我们先确定目标，然后去准备能力的话，我们会发现能力提升的速度显而易见。反之，根据自己能力来确定目标的人，所订立的目标往往不需要付出多大的努力，因此能力也似乎总不见长进。因为没有目标的牵引，你的能力也不会有太大的提升，能力没有太大的提升，当然也就不会达成太高的目标。能力是一个相对的概念，绝不是天生的，而是后天有计划地去准备出来的。确立一个有挑战性的目标，你的能力一定会在挑战中迅速提升。

3.将没有量化、没有实现的想法当成目标

设定一个无法量化的目标，其结果就是无法衡量进度，也无法衡量结果。同时也容易造成自己有意无意地压缩梦想，以适应残酷的现实。

4.根据现有信息来设定目标，而不是先设定目标，然后再去寻找能够帮助达成的

在我们的大脑结构中有一个网状系统，是专门用来过滤信息的。这个系统中，有两种信息能够自动通过，一种是你认为重要的，另一种是你认为有危害的。目标一旦确立，你就无疑给自己的大脑潜意识下了一道命令，与之相关的信息就是重要的信息，然后你的网状系统就会自动地过滤一些无用的信息。

（二）目标制定的 SMART 原则

SMART 原则是企业管理中经常用到的一种目标管理（或效率管理）模型。SMART 分别代表了 5 个单词的首字母，即具体（Specific）、量化（Measurable）、难度适中可实现（Attainable）、相关性（Relevant）、有时间限制（Time bound）。它是目标管理的五大原则，也被称为目标管理的五个维度。如图 6-1 所示。

S	Specific 明确性	目标制订一定要明确且具体，不能模棱两可。
M	Measurable 可量化	不能量化的目标没办法后期追踪、考核或评估。
A	Attainable 可量化	目标制订务必现实，好高骛远的目标没有意义，相反目标过低也不行。
R	Relevant 可量化	目标和完成目标的人必须紧密相关才有意义。
T	Time bound 有时间限制	将目标拆分成几个小的目标及对应的完成时间节点。

图 6-1 目标制定的 SMART 原则

1. 明确性（Specific）

明确性是要用具体的语言清楚地说明目标要达成的行为标准。比如老师曾问过不少同学："想做什么工作？"很多人回答："想做管理工作。"这真是一个太空泛的回答。如果这也能称为目标，那么这个目标当然是无效的，更谈不上激励作用。

职业目标，至少应包括想从事的职业、行业、单位类型和地域。对于大学生来说，首先要确认自己想从事的职业，因为工作一段时间后，再改变职业会比较困难，而有了工作经验去更好的公司做相同的职业会容易很多。微软中国前总裁"打工皇帝"唐骏就曾说过："如果你毕业时暂时进不了微软，你可以先到一家哪怕只有几个人的小的 IT 公司，以后还是有机会进微软的。如果你进了联邦快递，就再也没有机会进微软了。"

立即行动

无效目标的修订

目标的描述一定要运用诸多限制性的定语和状语，表意尽可能做到明确和具体。

示例：

无效目标：我要提升学历

有效目标：我要获取某某大学的某某学位或者学历。

请练习：

无效目标：我要在大学里锻炼自己

有效目标：

2. 可量化（Measurable）

可量化是指目标应该有一组明确的数据，作为衡量是否达成的依据。例如记英语单词，每天给自己设定一个任务值，会比缺乏计划效果好很多。同样，在择业目标中可以设定期望收入，它能极大地督促你为达到目标而努力。收入不是衡量求职成败的唯一指标，但它是最直接的指标，在一定程度上体现了个人的价值。盖茨能成为世界首富，是因为他开发的产品极大地改变了我们的工作与生活方式，他也理所当然获得了应有的回报。

制定合理的期望收入，要了解地域、行业、职业、公司的相关情况。最好的办法，就是通过公司内部员工，这个行业、职业的从业者加以了解。另外，也可以通过网络搜寻，譬如人才网站经常会公布一些薪酬调查结果，也有不少在这些公司、行业、职业工作过的人会在网上发帖子。很多地方的相关机构也会发布高校毕业生收入指导价。

> **立即行动**
>
> 无效目标的修订
>
> 示例：
>
> 无效目标：我要尽量多阅读
>
> 有效目标：一年阅读 10 本书，其中 5 本专业经典，5 本人文类书籍（最好列上书目）
>
> 请练习：
>
> 无效目标：我要减肥
>
> 有效目标：

3. 难度适中可实现（Attainable）

难度适中可实现是指在确定目标的时候，目标不能定太高，也不能太低，如果太高的话容易打击人的积极性，如果太低又没有挑战性，最好是努力一下能够达到，即跳起来可以够到的高度。择业目标要建立在现实状况的基础上，通过一定的行动可以达到。没有工作经验的应届毕业生期望带领团队，或者年薪百万都是不现实的。目标"可望不可及"，会让人望而却步；目标"唾手可得"，人的潜能就不会有太大发挥的空间，就失去了意义。因此，目标应具有一定的难度和挑战性，略高于我们现有的能力，以便提升自己的期望值，从而产生令人奋进的动力。这样我们才会付出努力，发挥自己的潜能。

> **立即行动**
>
> 无效目标的修订
>
> 无效目标：我要每天做 5 份英语四级模拟试卷——目标过高
>
> 　　　　　我要每月做 1 份英语四级模拟试卷——目标过低
>
> 有效目标：我要每天做 1 份英语四级模拟试卷——目标正常
>
> 请练习：
>
> 无效目标：我要每天看导游证书籍 10 小时
>
> 有效目标：

4. 相关联（Relevant）

相关联是指实现此目标与其他目标的关联情况。如果实现了这个目标，但对其他的目标完全不相关，或者相关度很低，那这个目标即使达到了，意义也不是很大。

此外，从长远来看，目标与兴趣、能力、知识或实践等要具有相关性，这样在应聘时才会有竞争力。比如未来你要成为一名报关员，学好英语就与未来的就业工作岗位息息相关，在大学里设定通过英语四六级的目标，就与未来的长期目标有很大的关联度，属于效度比较高的目标。若是去学习烹饪技能，则属于跑题的目标，因为这与实现报关员的目标相关度很低。

5.有时间限制(Time bound)

有时间限制是指目标的时限性,也就是截止日期。对于一个目标而言,如果没有截止期限,那么就基本等同于无效。"明日复明日,明日何其多。"人是有惰性的,没有时间限制,目标可能被无限期地推后。大学学业目标比较特殊,它的期限是固定的,就是每个同学毕业之时。而其他的目标,都可以根据项目的情况,加以具体的时间期限,以便尽快地实现目标。

> **➜ 立即行动**
>
> 无效目标的修订
>
> 无效目标:我要提高学历
>
> 有效目标:大三毕业前拿到自考本科学历
>
> 请练习:
>
> 无效目标:我要通过英语四级
>
> 有效目标:

三、职业目标的设定

你的兴趣是什么?你曾经想成为什么样的人?你对哪些知识比较有感觉,能够深入发展下去?你需要对自己的兴趣有一个大致的了解。

> **时光倒流**
>
> 请回忆一下过去5年中的生活情形,然后回答以下问题:
>
> 1.在过去5年中,你做过最得意和最失败的事情是什么?
>
> 2.最得意的事情发生的时候,主要是凭借哪方面的因素?
>
> 3.在过去5年中,你认为自己最宝贵的财富是什么?

(一)职业生涯目标的概念

职业生涯目标是指个人在选定的职业领域内对未来时点上所要达到的具体目标,包括短期目标、中期目标和长期目标。职业生涯规划的评估与反馈过程是个人对自己的不断认识过程,也是对社会的不断认识过程,是使职业生涯规划更加有效的有力手段。

参考《大学生就业岗位调查报告》所列举的职业岗位,确定自己的职业发展目标。按照目标设立的原则,职业目标的几个要素(行业、区域、单位、岗位、职务、时限等)缺一不可,必须具体明确,才能完成有效职业目标的确定。

(二)职业生涯目标的构成

职业生涯目标由长期目标、中期目标和短期目标构成。

1. 长期目标

职业生涯的长期目标是沿着职业理想指引的方向,所确立的最远期的奋斗目标。是一个人职业生涯发展的骨架,是决定职业生涯规划成功与否的关键性因素。

长期目标的设定要领:

(1)长期目标是自己认真选择的,必须和组织、社会的发展需求相结合;

(2)长期目标必须符合自己的兴趣、价值观,能为自己的选择感到骄傲;

(3)长期目标能用明确的语言定性说明;

(4)长期目标有实现的可能,并有更大的挑战性;

(5)长期目标与志向相吻合,能够立志通过努力实现理想;

(6)长期目标与人生目标相融为一,指导自己为创造美好未来坚持不懈。

2. 中期目标

中期目标也可称为阶段目标,一般是三到五年,中期目标是在长期目标的指引下,依据个人情况所做出的实现长远目标的具体计划。

中期目标设定的过程要满足四个要素:第一是"什么":即说明具体的行业、具体的职位;第二是"何时":即什么时候达到标准;第三是"内涵":即该职位对从业者的具体要求,该职位对于从业者的可能的回报;第四是"机遇":外部环境变化后的调节手段以及备选方案。

中期目标的设定要领:

(1)中期目标是结合自己的志愿、组织的环境及要求制订的,与长期目标相一致;

(2)中期目标基本符合自己的兴趣、价值观,使人充满信心,且愿意公之于众;

(3)中期目标切合实际,并且未来的发展有所创新,有一定的挑战性;

(4)中期目标能用明确的语言定量与定性说明;

(5)中期目标有比较明确的执行时间,根据外部环境变化可做适当的调整;

(6)中期目标可以发挥自己的能动性,实现的可能性非常大。

3. 短期目标

短期目标是指在一年至两年内需要实现的目标,是中期和长期目标的具体化、现实化和可操作化,是最清楚明了的目标。

短期目标的设定要领:

(1)短期目标对于本人具有意义,与自我价值观和中、长期目标一致;

(2)短期目标要表述清晰、明确;

(3)短期目标要有明确的具体完成时间;

(4)短期目标要有明确的衡量、考核标准。

高人指点

钓鱼与人生——选择适合自己的水域

钓鱼和人生之间,也许有一条线连着。

一片水域——一份适合自己的职业:一份合适的职业是个人的梦想与现实环境中的一种平衡,是由多种因素组合在一起的价值体系。

一口池塘——一家有发展前途的公司:好职业必须有好平台,好公司才能为个人提供更大的发展空间。

一位教练——一个能帮助自己的老板:选择公司从某种意义上说就是选择老板。

挑选一口池塘:公司选择——公司优劣之分。

选对池塘并不意味着一定是大池塘,而应该关注:

(1)这个池塘是否有自己想钓的鱼;

(2)这个池塘的鱼,我们是否能够钓起来。

(三)职业生涯目标确立的原则

职业生涯目标不是拍脑袋想出来的,而是在了解自己、分析环境的基础上,综合考量自身拥有的资源、行业特色等因素确定的,因而在确定职业生涯目标的时候应遵循以下原则。

1.实事求是的原则

准确的自我认识和自我评价是制定个人职业计划的前提。

2.切实可行的原则

首先,个人的职业目标一定要同自己的能力、个人特质及工作适应性相符合,一个自我管理能力比较弱的同学,却一心想当班长,显然不切实际,不如从宿舍长做起。其次,个人职业目标和职业道路确定,要考虑到客观环境条件。例如,在一个论资排辈的企业里,刚毕业的大学生就不宜把担当重要管理工作确定为自己的短期职业目标。

3.个人目标与组织目标相一致原则

个人是借助于组织而实现自己职业目标的,其职业计划必须要在为组织目标奋斗的过程中实现。离开组织的目标,便没有个人的职业发展,甚至难以在组织中立足。

国外走一趟

《选择最适合自己职业的九大前提》

"蒂姆战略"网站的创建人蒂姆·特雷尔·史密斯提出了关于如何选择适合自己职业的九大前提:

第一,你的天赋是什么?了解自己的天赋所在是选择职业的关键。你喜欢做什么?如何将你的才能运用到工作中?

第二，你的工作风格是什么？每个人都有自己的工作风格。例如，弹性工作制会让你提交工作计划日期有所不同。什么样的工作更适合你？在何种环境工作更能发挥你的潜能？

第三，你喜欢在什么地方工作？你比较喜欢的工作地点在哪里？你喜欢多长时间离开家一次在外面工作？你愿意出差吗？

第四，你喜欢社交吗？你喜欢团队工作方式吗？一定要知道自己的社会需要，选择一种与你的社会需要相吻合的职业。

第五，工作与生活的平衡是否重要？单位离家近且每天晚上能在家吃饭对你来说很重要吗？如果你需要经常享受天伦之乐，那就选择一个有时间享受的职业。

第六，你希望得到回报吗？这种回报可能是挽救一种濒危物种或者改善这个星球的空气质量。

第七，众目睽睽之下你舒服吗？有些职业鼓励甚至需要具备公众人格，你可能在当地小有名气。如果你是一个发言人，这种名气也会传遍全国，你是否享受这样一种状态？

第八，你会应对压力吗？不同的人有不同的压力阀。如果枪顶着脑门，你还能泰然自若，这说明你在压力大的职业中会有好的表现，如果小小的压力就让你抱头鼠窜，就找一个管理松散的工作。

第九，对薪水的要求多高？生活中向前看，你对金钱的期待如何？如果觉得金钱是你工作的主要回报，就要找与之相匹配的工作。

选择一个职业并不是一定意味着你这一辈子必须都干一行，随着对自己的长期目标做出新的评估，对职业的想法会随着时间的推移而有所改变，最终会选择到合适的职业。

四、确定目标训练

大学生常常面临着心里装着目标，但在实际行动时又忘了目标的状况。从这一章内容开始，学会立即行动，改变惯有思维模式与习惯。现在，请拿一张纸和一支笔，动手写下你的心愿。在你写的时候，不必管那些目标该用什么方式去达成，就是尽量写，直到你觉得没有什么可以写的时候，你可以看看下面几个问题并回答它们，这些问题会引导你去了解自己内心深处的渴求，现在花上一些时间，付出一些努力，将是为下一步丰盛的收获打下基础。

1.假如你确定自己不会失败（拥有充足的时间、资源、能力等），你会敢于梦想哪一件事情？

2.在你生活中，你认为哪五件事情最有价值？

3.在你的生活中，有哪三个最重要的目标？

4.假如你只有六个月的生命，你会如何运用这六个月？

5.假如你立刻成为百万富翁,在哪些事情上,你的做法会和今天不一样?

6.有哪些事是你一直想做,但却不敢尝试去做的?

7.想象你60岁时的人生成就是什么? 那时家人、同事、朋友会怎么评价你?

8.想象你40岁时的生活状态。请描述你一天的生活,越详细越好。

9.你能实现你的目标吗? 你的优势和劣势何在?

10.你要用什么方法才能达成你的目标?

回答完这些问题后,把你所列出的所有目标分成六类——人生六大目标领域。

1.事业目标:你有什么样的梦想,你想做什么事情达到什么结果,你做的目的是什么,什么结果会让你感到最安全,做什么事情会给你带来无比快乐。

2.财富目标:如果用金钱来衡量,从小到大我应该达到个人收入是多少? 银行存款是多少? 投资回报多少? 数字越明确越好。

3.家庭生活目标:家庭是温暖人心的港湾,是我们实现事业目标、财富目标的有力支持。我们不能一味追求事业而忽略了我们的家庭,事业、家庭和谐发展才是我们人生圆满的追求。

4.学校目标:在校求学阶段所获得的知识充其量不过是我们一生中所需的10%,而另外90%以上的知识都必须在以后的学习成长中不断获取,在一个竞争激烈的现代社会,学习成长目标是事业成功、财富积累的源泉。

5.人际关系目标:人脉中几乎蕴藏着你所需要的一切,制定和维护好你的人脉资源,某种意义上就在维护人们不断朝着目标迈进的补给线。

6.健康休闲目标:如果财富目标给我们增添了无数个"0",没有最前面的"1"我们也就一无所有。健康休闲目标就是这个最前面的"1"。

表6-1 现在,规划你的人生蓝图表

类别	时限
	人生终极目标(60岁以后)
事业	
财富	
家庭生活	
学习成长	
人际关系	
健康休闲	

表 6-2　写下你的人生目标

类别	时限		
	50岁目标	40岁目标	30岁目标
事业			
财富			
家庭生活			
学习成长			
人际关系			
健康休闲			

表 6-3　根据自我认识和人生目标，写下你的大学目标

大学目标	继续深造	目标学校	
		目标专业	
	踏入职场	目标行业	
		目标企业	
		目标岗位	

表 6-4　对你的大学目标进行分解

大学目标分解	学业目标	班级排名	
		成绩分数	
		获得奖励	
		职业资格证	
		阅读量	
	能力目标	英语能力	
		计算机能力	
		专业能力	
		表达与沟通	
		社会实践	

第二节　职业生涯路线选择

小商说故事

第二次世界大战期间,英国知名作家兼战地记者西华·莱德所乘的运输机在印缅交界的丛林里发生事故,他通过跳伞得以逃生。要往印度走,全程还有140英里(225千米)。走了一个小时后,他被一只长筒靴的鞋钉扎伤了脚,他心想:"我能走完140英里吗?"但是,为了晚上能有个地方休息,他只能硬着头皮继续走,此外别无选择。奇迹终于发生,他就这样一英里、一英里地走到了印度。

这次经历使西华·莱德受益匪浅。战争结束以后,西华·莱德开始写一本长达25万字的书,写作初期,他的心一直静不下来,几乎差一点就放弃了。最后,他将整本书分为一个个小段落。他说:"整整六个月的时间,我除了一段一段不停地写下去之外,什么事也没做,结果居然写成了。"

小商语录

不是杰出的人有目标,而是有目标的人杰出。

知识储备

如果要登山,要达到山顶的目标,就要选择最佳的登山路线与方式。人们常说条条大路通罗马,讲的是道路多、选择多、办法多的道理。可是那么多道路到底哪条是到罗马最近、最好走的路呢? 这就是实现目标中的路线选择问题,选择了捷径,就进入职业发展的快车道,否则,就会耽搁在路上。没有一个职业发展的路线蓝图,就会走错路、走弯路、走回头路,这将直接影响我们的心情和成就,导致我们的努力、动力、能力不能直接作用于目标,就会产生资源、时间、精力的浪费,在无形中延长了我们成功的期限。因此,在职业确定之后,必须对职业生涯路线进行选择,以使今后的学习和工作沿着职业生涯路线和预定的方向发展。

一、职业生涯路线的概念

职业生涯路线是指一个人在选定职业目标后选择从什么途径去实现自己的职业目标,是向专业技术方向发展,还是向行政管理方向发展。发展方向不同,要求也不同。

新闻小事件

　　无锡某职业院校毕业生小薛兴奋地告知他的生涯指导老师,他获得了南京某五星级酒店人力资源助理的入职通知,成功实现了自己的职业目标。该生为酒店管理专业学生,在经过短暂的酒店社会实践后,清晰认识到传统地从餐厅服务员做起升领班的专业技术发展的职业路径并不适合自己。经过自我分析、科学规划后,认定人力资源才是他喜欢的方向,但是与此同时,他又非常热爱酒店的工作环境,于是他把酒店人力资源管理作为他的职业目标。在接下来的大学生活中,他一方面积极在学好酒店管理专业课程,另一方面,积极自学人力资源课程,在专科毕业的时候同时也获得人力资源管理的学士学位。此外,他还积极参加学生会的活动,主动担任辅导员助理工作,抓住一切机会提升自己组织沟通和协调能力。经过长期的精心准备,小薛终于在毕业的时候获得了心仪的酒店人力资源岗位,最终实现了职业目标。

二、职业生涯目标的分解与组合

　　在经过自我识别和职业环境分析后,你就会有一个总体目标,这个总体目标就是你的最终目标。在职业生涯路线选择之前,我们首先需要做的就是把职业生涯目标分解和目标的组合。

(一)职业生涯目标的分解

　　职业生涯的实现可以用一系列的阶段来表示。目标分解是将目标清晰化、具体化的过程,是将目标量化成可操作的实施方案的有效手段。目标分解是根据观念、知识、能力差距,将职业生涯的远大目标分解为有时间规定的长、中、短期分目标,直至将目标分解为某确定日期可以采取的具体步骤。

生涯驿站

用智慧战争对手

　　1984年,在东京国际马拉松邀请赛中,名不见经传的日本选手山田本一出人意外地夺得了世界冠军。当记者问他凭什么取得如此惊人的成绩时,他说了这么一句话:凭智慧战胜对手。

　　人们都认为这个偶然跑到前面的矮个子选手是在故弄玄虚。马拉松赛是体力和耐力的运动,只要身体素质好又有耐性就有望夺冠,爆发力和速度都还在其次,说用智慧取胜确实有点勉强。

　　两年后,意大利国际马拉松邀请赛在意大利北部城市米兰举行,这一次,他又获得了世界冠军。记者又请他谈经验。山田本一性情木讷,不善言谈,回答的仍是上次那句话:用智慧战胜对手。这回记者在报纸上没再挖苦他,但对他所谓的“智慧”迷惑不解。

　　10年后,这个谜终于被解开了,他在他的自传中是这么说的:每次比赛之前,我都要乘车把比赛的线路仔细地看一遍,并把沿途比较醒目的标志画下来,比如第一个标志是银行;第二个标志是一棵大树;第三个标志是一座红房子……这样一直画到赛程的终点。比赛开始后,我就以百米的速度奋力地向第一个目标冲去,等到达第一个目标后,我又以同样的速度向第二个目标冲去。四十多公里的赛程,就被我分解成这么几个小目标轻松地跑完了。起初,我并不懂这样的道理,我把我的目标定在四十多公里外终点线的那面旗帜上,结果我跑到十几公里时就疲惫不堪了,我被前面那段遥远的路程给吓倒了。

　　小道理:

　　这是职业生涯规划中的一个经典案例,职业生涯的成果并不是只要确定一个目标,而是要在宏伟的目标的基础上选择把它分割成一个一个小目标,然后有步骤地去达成,这就需要在目标管理的过程中学会过程管理,有步骤地去达成。用智慧把原本遥不可及的成功变成一个个近在眼前的小成功,那么这一路上,你会不断地有惊喜、有信心,更重要的是你会一直有动力去保持充沛的精力和良好的状态。

1.目标分解的方法

　　(1)目标"金字塔"法。人生目标是统帅、是灵魂、是抽象的理念,它贯穿于你生活的每一个目标,每一个目标也都体现了人生的终极目标。比如,你希望自己能为社会做出贡献,那么无论你的学习、工作、生活都会以它为标准,学习是为做贡献做准备,工作则直接创造财富,生活上做到关心社会、服务社会。每一个目标实现的同时也实现了人生的终极目标。

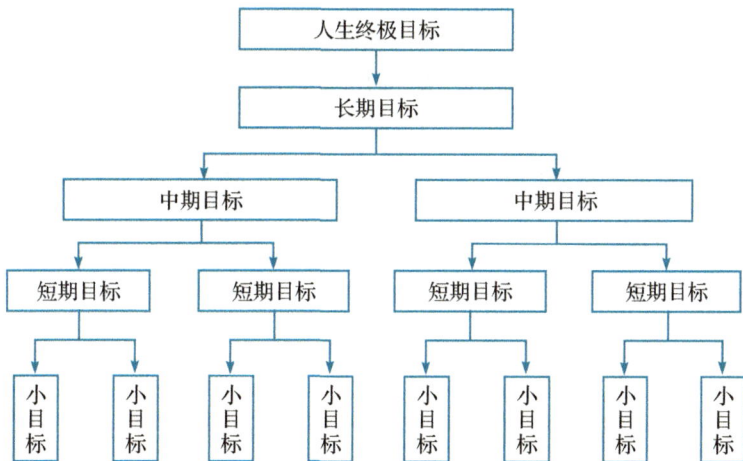

图 6-2　目标"金字塔"法

　　人生长期目标有一定期限,它是由数个中期目标组成的,而中期目标则由数个短期目标组成,短期目标则是由日常生活小目标组成(图6-2)。这几类目标的关系就像一棵树,长期目标是干,中短期目标是枝,而日常小目标是叶。只有实现每一个小目标,才能实现短期目标;只有实现第一个短期目标,才能实现中期目标;只有中期目标实现了,长期目标才能实现。想想你成功的历程,是不是也符合这个规律呢?

　　这好像连环套,大目标统率小目标,小目标牵制大目标,大目标是实现小目标的动力和催化剂,而小目标是实现大目标的阶梯。在目标管理体系中,就是这样彼此制约,相互影响。要制定每一步的战略目标,必须先弄清楚它们的关系和地位才行。

（2）剥洋葱法。如同剥洋葱一样,将大目标分解成小目标,再将小目标分解成更小的目标,一直分解下去,直到知道现在该做些什么。

实现目标的过程是由现在到将来、由低级到高级、由小目标到大目标,一步步地前进的。但是制定目标最高效的办法则是与实现目标的过程相反,运用剥洋葱的方法,由将来到现在,由大目标到小目标,由高级到低级层层分解。

大目标—小目标—更小的目标—即时目标,把总目标分解成几个 5～10 年的长期目标,在继续分解把每个长期目标分解成若干个 2～3 年的中期目标然后把每个中期目标分解成若干 6 个月到 1 年的短期目标。进而,再将一个短期目标分解成月目标,月目标分解成周目标,周目标分解成若干个日目标,最后依次分解到现在该去干什么。因为你现在做的每一件事都应该跟你的梦想相关联。（图 6-3）

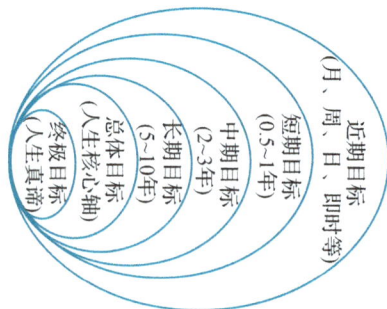

图 6-3　剥洋葱法

（3）多叉树目标分解法。我们可以想象一下,有一棵大树,从树干开始,就会有若干个分枝,每个分枝会有更小的树枝,每个更小的树枝有再小的树枝,直到叶子。我们将树干表示大目标,每个树枝代表小目标,叶子就是我们现在的目标,或是我们现在要去做的每件事情、所应该达到的结果。（图 6-4）

将一个目标,做多叉树的分解的技巧:

首先,弄清楚大目标和小目标之间的逻辑关系。

①小目标是大目标的条件;

②大目标是小目标的结果;

③小目标如果全部实现,那么大目标一定就会跟着实现。

写下一个大目标,然后问:要实现该目标的条件是什么?

列出实现目标的必要条件和充分条件。完成这些条件,就是达成该大目标之前必须首先达成的小目标。每一个小目标,就是大目标的第一层树杈。

接下来,再问:要实现这些小目标的条件是什么?

列出达成每一个小目标,所有的必要条件与充分条件。这样就会变成各处的小目标的第二层树杈。

如此类推,直到画出所有的树叶,才算完成该目标的多叉树分解。每个目标最后都可以被描绘成一棵枝繁叶茂的大树。

从叶子到树枝,再到树干,不断地问:如果这些小目标均达成,那么大目标一定会达成,回答如果是"是",表示这个分解已经完成。如果回答"不一定",表明所有列出的条件还不够充分。继续补充被忽略掉的树枝。一棵完整的目标多叉树,就是一套完整的达成该目标的行动计划。目标多叉树,又叫"计划多叉树"。

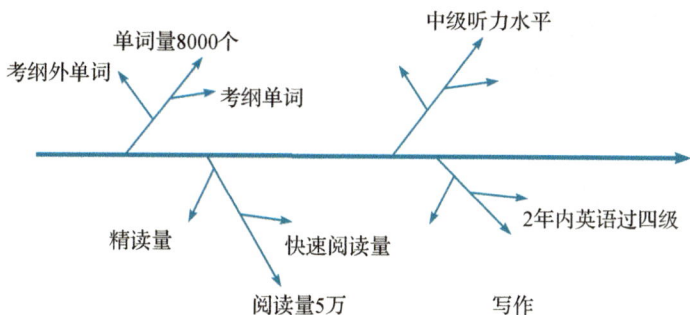

图 6-4　多叉树目标分解法

(二)职业生涯目标的组合

目标的组合是处理不同目标组合相互之间关系的有效措施。目标的结合有三种方法:时间组合、功能组合和全方位组合。见图 6-5。

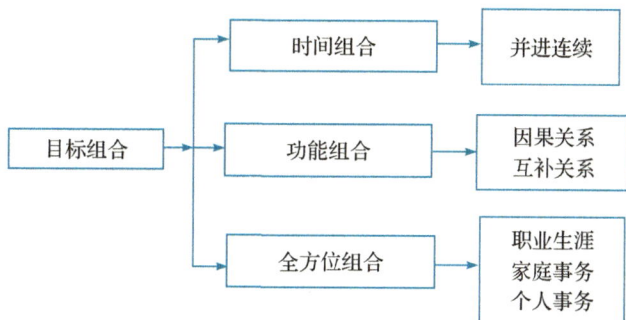

图 6-5　职业生涯目标的组合

有足够的精力和能力来应对,在一定的范围内,是可以做到鱼与熊掌兼得的。这里所说的"同时着手实现两个平行的工作目标"指的是在同一期间内进行的不同性质的工作。如上大学时参加社会实践,考计算机和考英语等级考试等就是目标的并进,它是指同时实现两个以上的目标。

(1)时间上的组合。时间上的并进是指同时着手实现两个分目标,这是具有长远眼光的表现,需要具备较强的时间管理能力和学习上的毅力。而时间上的连续是指分目标之间的前后联系,即实现一个分目标再进行下一个分目标。

(2)功能上的组合。即指职业生涯目标在功能上可以产生因果关系、互补关系。

因果关系:有些分目标之间有非常明显的因果关系。例:学好口语(因)英语 CET－4 能考出好成绩(果)。

互补关系:有些分目标之间有非常明显的互补关系。例:管理人员希望在成为优秀部门经理的同时,得到 MBA 证书;心理素质提高的同时,人际交往能力提高。

（3）全方位组合。全方位组合是指个人事务、职业生涯和家庭生活的均衡发展、相互促进,制定规划要综合考虑。学业有成、职业生涯成功不等于家庭生活一定幸福,但可相互促进。常见的三方面愿望主要包括:

A.职业生涯方面:

——有自豪感和成就感的职业;

——有趣、喜爱的工作内容,满意的工作环境;

——具有很强的责任心;

——个人发展;

——良好的同事关系。

B.感情生活和家庭生活方面:

——有好朋友;

——爱,恋爱,遇到生命中的伴侣;

——生活在稳定的亲情关系中;

——有可爱的孩子;

——协调职业生活与家庭生活的要求;

——家庭幸福。

C.个人事务方面:

——继续接受教育,不断学习;

——具有个人生活计划;

——保留思考时间;

——掌握生活常识和技能;

——旅游;

——继续锻炼;

——保证有空闲时间休息和娱乐;

——欣赏音乐、美术作品和文化作品;

——发展个人爱好,如集邮、收藏等。

因此,完美的职业生涯规划并不把生活中的其他内容排除在外,而应在生活中建立不同目标间的协调关系。

三、确定职业生涯目标的准则

在确定职业生涯目标后,就要选择和设计合理的职业生涯路线,执行生涯战略。美好人生始于规划;完美规划,则靠卓越执行。生涯规划的执行主要是通过一套周密的行动计划,确保目标实现。

著名职业生涯规划专家程社明提出了"职业生涯的黄金准则",即选择生涯路线应把握四条原则:择己所爱,择己所能,择世所需,并在保证了前三个的基础上,追求就业效益最大化,即择己所利。

(一)择己所爱(兴趣——知己)

在制定职业生涯规划时,一定要珍惜自己的兴趣,择己之所爱。兴趣与成功概率有着明显的正相关关系。

(二)择己所能(能力——知己)

职业不同,对技能的要求也不一样;任何一种职业技能都是要经过一定时间的训练后才能掌握;一生很短暂,任何人都不可能在一生中掌握所有的职业技能。因此在制定职业生涯规划时,一定要选择最有利于发挥自己优势的职业,择己之所长。

(三)择世所需(知彼)

制定职业生涯规划时一定要分析社会需要,即选择社会需要的职业,择世之所需。

(四)择己所利(价值观——知己)

职业是谋生的手段,人们都期望职业生涯能带给自己幸福,利益倾向支配着个人的职业选择,这关系到社会地位、职业生涯稳定感、收入业绩等因素。以利益最大化原则权衡利弊,在以上诸多因素中找到一个最佳结合点。

四、职业生涯路径选择

我们身边有很多的"路盲"和"路痴",只分前后左右,不认识东西南北,但是他们并没有走丢,没有导航的年代,路在自己的"嘴"里,只要愿意开口问,就能到达自己的目的地,就能找到回家的路;如今是移动互联的时代,是一个手机可以导航的年代,有了万能的导航软件,我们只要学会设置导航,就能到达目标地。给你人生设个导航,就能穿越时空,就能在未来遇见理想的自己。

人生就像一个多维坐标系,目标就停留在某一点上,若想要达到那个点,就必须合理地安排自己的路程,朝着它所在的方向前进,才能在时光的安排下与理想的自己不期而遇。职业生涯规划亦是如此。

📡**新闻小事件** 2014年10月,无锡某职业院校毕业生陈某的"首尔焖锅"在盐城滨海假日商业广场开业了,一个月的销售业绩位居美团网盐城地区第二名。陈浩作为一名旅游管理专业的学生,毕业没有选择星级酒店就业,而是选择创办一家餐饮企业,看似疯狂的决定,实则经过科学的职业生涯规划,最终也按照预期获得了成功。该生自大一上了《职业生涯规划与发展》的课程后,开始认真思考自己的职业生涯道路,经过系统的自我测评、环境评估和生涯路径设计,他清醒地认识到,创业就是他的职业目标。于是,从大一下学期开始,一方面,他拼命学习企业管理方面的知识,另一方面,抓住一切机会进行创业模拟实践,取得了"领航者创业培训"和"SYB创业培训"等培训证书,一切努力没有白费,他的创业设计项目获得"2014年度江苏省大学生创新实践项目"的立项资助。此外,他还代表学校参加了"江苏省大学生职业生涯规划大赛",并获得第二名的好成绩。2014年6月毕业后,陈某坚定地按照自己规划好的道路，在盐城地区开设了一家"首尔焖锅"的餐饮企业，生意红火。而陈某也作为江苏省就业指导中心的职业规划典型，被广泛报道。

（一）关于职业生涯路线

在一个导航系统中，设定了目的地，会有很多的路径通往目的地，是选择最短路程？还是要走高速？还是选择红灯最少的方案？这就是实现目标中的路线选择问题，选择了适合自己的道路，就易于进入职业发展的快车道，否则，就会耽搁在路上。而且没有一个职业发展的路线蓝图，就会走错路、走弯路、走回头路，导致我们的努力、动力、能力不能直接作用于目标，就会产生资源、时间、精力的浪费。因此，在确认职业目标确定之后，必须对职业生涯路线进行选择，以使今后的学习和工作沿着职业生涯路线和预定的方向发展。

典型的职业生涯路线图是一个 V 形图。假如一个人23岁大学毕业参加工作，即 V 形图的起点是23岁。以起点向上发展，V 形图的左侧是行政管理路线，右侧是专业技术路线。将路线分成若干等分，每等分表示一个年龄段，并将专业技术的等级、行政职务的等级分别标在路线图上，作为自己的职业生涯目标。如图 6-6 所示。

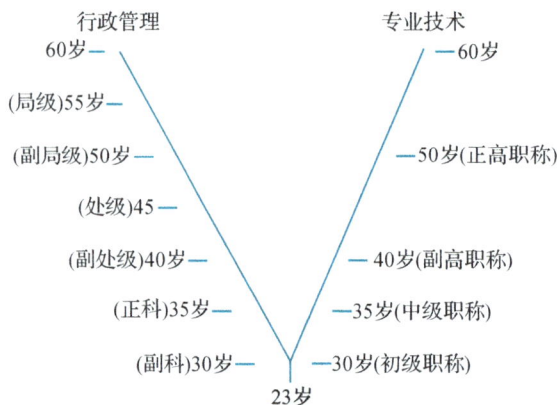

图 6-6　职业生涯 V 形图

（二）职业生涯路径的选择需考虑的问题

职业生涯的路径选择需考虑以下四个问题。

1. 我想成为谁

每个人都梦想成为万众瞩目的对象，都梦想登上人生的巅峰。可是，梦想总是很丰满，现实总是很骨感。只有通过对自己的价值、理想、成就动机和兴趣分析，确定自己的目标取向，才能明白内心深处真正的职业价值取向。

2. 我能成为谁

通过对自己的性格、特长、经历、学历以及专业的分析，确定自己的能力取向，明确自己性格中的成功优势有哪些，有哪些兴趣可以激发哪些成功的潜能，找到自己，认识自己最真实的一面。

3. 环境允许我做什么

职业生涯目标不是空中楼阁，而是在踏实的"知己""知彼"等情况下进行综合分析基础上做出的科学设定。因而,必须充分考虑环境因素,才能真正确定自己的最佳职业生涯路线。

4.备选路线是什么

生活注定不会一帆风顺,每个目标都带有"病毒",一旦阶段目标没有实现,及时改变、平衡、调整,启用备选路线,将会使你成功地到达最终目标。

总之,职业生涯路径的选择是建立在了解自己、评估环境、对职业生涯目标进行科学分解的基础上。以市场营销专业的毕业生小李为例,他为自己制定了将来成为知名企业的销售主管的长期目标,为了实现这一目标,他制定了以下实施步骤:①做一名基层的销售人员;②晋升为销售团队的小组长;③成为一名带领 10 名成员的销售经理;④晋升为知名企业的销售主管。

为了实施他的职业发展计划,在他的计划中必须明确:①确定实现每一个步骤的时限;②目前个人存在的所有弱点;③在职业发展道路中实施每个步骤所需的知识、技能或经验,以及自己的差距;④如何消除或减小这些差距,即在争取其职业计划中的下一职位前,必须预测到新职位对自己所提出的要求,并通过不断学习取得必要的证书或掌握相关的技能。

(三)职业生涯路径选择的四大技巧

1.技巧一:前辈就是你的前途

大家都知道生活中有个前辈,就犹如有一本厚厚的人生字典,很多的事情都能从他们那里得到满意的答案。前辈是你职业生涯路径选择的法宝之一,前辈就是你的前途。

当你选择一个行业的时候,首先考察你即将要从事的行业,然后考察一些比你早一年、五年、十年进入这个行业的人,他们关于这个行业的经验都是从实践中得来的,所以对这个行业而言,他们比你更具有发言权,他们的现在就是若干年后你的未来,所以,他们走了的弯路,你就可以在他们的指导下避免。

2.技巧二:跟随成功者的脚步

俗话说"跟着乞丐要饭,跟着富人赚钱,跟着大官威风八面",跟着什么样的人走,就会走出有什么样的人生,所以,在人生规划中,要跟随成功者的脚步。成功者往往掌握了成功的技巧和方法,跟着他们,你会更容易找到成功的方法和技巧,从而让自己逐渐向成功者的称谓迈进。

你想要成为一个什么样的人,这样的人对你来说,就是一个成功的人,你需要收集他对你来说有用的资料,生活中多关注一点他的事情,跟着他的脚步,总有一天,成功的终点会有一个属于你的位置。

3.技巧三:找到生活中的榜样

我们之所以会夸赞别人,是因为他们身上具有我们想拥有却不具备的东西,这些人都是我们值得学习的榜样,是我们充实自己的人生导师。所以,我们需要找到生活中的榜样,让自己未来的路更踏实、更美好。

当你遇到挫折时,你会考虑:榜样在碰到这些事情的时候会怎么办?他们会采用什么样的办法解决,然后你从中选择最佳的方案。榜样的作用就是让你以他们作为参考去实现自己的人生。

4.技巧四：整合一切资源

人生其实就是一个不断集资的过程，上帝很公平，分给每一个人的资源都是一样的。只是有的人善于整合这些资源，所以才会变得越来越强大，而有的人却喜欢把这些资源分类储存，所以让自己忽略了某些资源，也让自己觉得自己拥有的资源十分有限，根本不可能取得成功。

你拥有什么？会得到什么？怎样才能让自己变得更有能力？这些问题的答案就是你目前拥有的或者应该拥有的资源。这个社会是一个以竞争力为主的社会，所以，想要在人才济济的环境中脱颖而出，必须拥有成功的技巧。没事的时候多读一点书籍，或者多关注一些好的事情，这样才能积累更多，在以后的生活中也会取得更大的成功。

资源是全方位的，认识一个人就是认识了一个新世界。亲戚、朋友、老师、同学、已经认识和还不认识的，只要有一颗开放的心就有机会认识更多人，进入不同的圈子，整合更多的资源。

设定了目标，规划了人生，就像给人生一个导航，不至于让自己迷路；接着你就按照规划的路程去行走，这个过程可能会很漫长，但是只要坚持不动摇，终点就会在你眼前。

有什么样的规划，就会有什么样的人生。不想让自己像个放羊娃一样稀里糊涂地过一生，你就要想着去改变。写下你的目标，然后一步步地规划自己的不同的阶段，就像列车的行驶路线图一样，结合你各个方面的资源具体地规划每一步。

从今天起，改掉"随便"这个口头语，因为这样会让你的生活逐渐地对什么都不在乎。对于每一项工作都有计划地完成，养成这样的习惯，这样会引导你的人生。

职业望远镜

做大你的圆

如果把自身所具备的一些条件比作一个圆，把外界环境（包括家人）的要求也比作一个圆，两圆相交的部分，才是现实的生涯。如果自己的这个圆非常小，那与环境相交的部分就会很小，甚至根本就没有交集。这就意味着，当自己不具备相应条件而去求职或希望得到提拔时，可选择的余地或成功的可能性就很小。让自己在面临选择时有更多的可能性，让成功的概率更高，唯一的办法就是不断做大自己这个圆。外界的东西我们改变不了，能改变的只有自己。不和自己无法掌控的人或事较劲，本身就是一种大智慧。属于自己的这个圆里面都有哪些东西呢？内容很多，如兴趣、价值观、性格、知识、能力、素质、个人品行、修养、心态、思维模式、资源等。

怎样做大自己的圆？

为自己的未来确定一个方向。有了目标，心就定了，就知道该往哪儿使劲了。心定了，就有智慧了。然后围绕着这个目标读书、参加培训、做研究、写文章、增加工作阅历和实践经验、加入专业的圈子、有针对性地结交相关朋友，向他人学习，从实践中学习，勤于思考，日积月累，就会不断做大自己的圆。圆做大了，机会就多了。

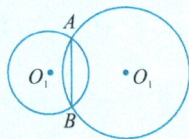

第七章

我怎么去那里

第一节　行动计划与实施

杜拉拉是小说《杜拉拉升职记》中的主人公，她依靠个人奋斗获取职业成功，同时也积累了许多职场心得。她十分推崇 SMART 原则，下面我们一起聆听杜拉拉对 SMART 原则的解读。

"我刚来这家公司的时候，发现配给我的行政主管很年轻，在设定本年度目标时，她的计划几乎找不到可以量化的东西，这样势必导致到年终时无法衡量工作做得好坏，而且她在日常工作中对下属的要求也会不明确。于是我给她做了一次 SMART 原则的辅导。"

一是关于"量化"。有些工作岗位，其任务很好量化，典型的就是销售人员的销售指标。而有些岗位，工作任务不太好量化，但要尽量量化。比如对前台的要求是要接听好电话——这怎么量化、怎么具体呢？我告诉她什么叫接好电话？比如接听速度是有要求的，通常理解为"三声起接"，即一个电话打进来，电话铃响到第三下的时候，你就要接起电话。

二是关于"具体"。比如她的电话系统维护商告诉她，保证优质服务。什么是优质服务？很模糊。具体地讲，比如保证对紧急情况正常工作时间内 4 小时响应。对紧急情况的具体定义是，比如 1/4 的内线分机瘫痪等。

三是关于"可达成"。你让一个没有什么英文程度的初中毕业生，在一年内达到英语四级水平，这不太现实，这种目标是没有意义的，但你让他在一年内熟悉新概念第一册，就有达成的可能性，他努力地跳起来后，能够到的果子，才是意义所在。

四是关于"相关性"。工作目标的设定，要和岗位职责相关联。比如前台，你让她学点英语以便接电话的时候用上，就很好；你让她学习六西格玛，就比较跑题。

五是关于"时间限制"。比如你和下属都认为他应该让自己的英语达到四级。你平时问他有没有在学呀？他说一直在学。然后到年底，发现他还在二级三级上徘徊，就没有意义。一定要规定好时间，比如他必须在今年的第三季度通过四级考试。要给目标设定一个合理的完成期限。

小商语录

没有行动的目标只能是"梦"想。

知识储备

在确定了职业生涯目标后，行动便成了关键的环节。没有达成目标的行动，目标就难以实现，也就谈不上事业的成功。例如，为达成目标，在工作方面，你计划采取什么措施来提高你的工作效率；在业务素质方面，你计划学习哪些知识、掌握哪些技能来提高你的业务能力；在潜能开发方面，采取什么措施开发你的潜能等，都要有具体的计划与明确的措施，并且这些计划应该特别具体，以便于定期检查。

生命清单

有个名叫约翰·戈达德的美国人，在他 15 岁的时候，就把自己一生要做的事情列了一份清单，被称作"生命清单"。在这份排列有序的清单中，他给自己定制了需要攻克的 127 个具体目标，比如探索尼罗河、攀登喜马拉雅山、读完莎士比亚的著作、写一本书等。在 44 年后，他以超人的毅力和非凡的勇气，在与命运的艰苦抗争中，终于按计划一步一步地实现了 106 个目标，成为一名卓有成就的电影制片人、作家和演说家。

一、行动计划

(一)基本概念

行动计划就是要制订实现职业生涯规划目标的具体行动方案，用具体的行为措施保证目标的实现。制订行动计划的前提是查找自我现状与职业生涯目标间的差距，然后寻找缩小差距的办法，并拟订具体的行动计划方案。行动计划要根据职业生涯目标设定与分解体系来制定,一般由长期计划和短期计划两部分组成。长期计划的实现有众多不确定因素,因此大学生要根据自身实际情况和社会发展趋势,不断设定新的、可操作的短期目标,根据短期目标找差距定行动计划。

职业望远镜

行动计划制订五部曲:
分析自我现状—寻找目标差距—拟订实施计划—持续有效执行—客观评估效果

大学生制订的行动计划要和职业目标一致,职业目标可以分解为短期目标、中期目标和长期目标,与职业目标相对应,大学生制订的行动计划也可以分为短期计划、中期计划和长期计划。行动是落实目标的具体措施。这样生涯规划的行动,应从一生的发展写起,然后分别定出十年、五年、三年、一年计划,以及一月、一周、一日的计划。越是近期的计划越应该明确、清晰、具体。

处在大学教育不同时期的学生,职业生涯规划的目标和内容也不尽相同,以三年制专科生为例,职业生涯规划的实施也可以分为三个阶段,即大一试探期、大二定向期、大三拼搏期。由于时期不同、阶段不同,所以职业生涯规划确定的目标和主要内容也不同,如表7-1所示。

表 7-1　大学生职业生涯规划任务表

时期	侧重方向	侧重目标	行动措施
一年级 (试探期)	正确认识大学 分析现实自我 进行生涯剖析 制订职业目标	初步了解体验职业 提高人际沟通能力	询问就业情况 参加学校活动 增加交流技巧
二年级 (定向期)	测试夯实基础 科学拾遗补阙 进行生涯设计	明确就业或是创业 提高自身综合素质	目标细化调整 知识储备充足 热心社会实践
三年级 (拼搏期)	拓展专业素质 体验职场岗位 制订生涯规划	加强自身综合素质 培养职场多元技能 做出职业路径抉择	完成毕业论文 具备求职技能 发展学习能力

(二)行动计划制订的原则

1.结合社会需求

大学生学习的现实目标就是就业,即自主创业与择业。就业作为一种社会活动,必定受到一定的社会需求制约,如果自身的知识与个人的观念、能力脱离社会需要,则很难被社会接纳。高职学生在进行职业生涯规划时，要看清现实社会与未来的发展趋势，根据社会需要锻炼自己的能力，培养自己的综合素质，完善自己的人格，做到社会需求与个人能力的统一，以及社会需要与个人愿望的有机结合。

2.结合所学专业

专业匹配是我们进行职业生涯规划的目标之一。每个专业都有一定的培养目标、就业方向与就业领域，这是职业生涯规划的基本依据。求职过程中如果不能实现专业与职业的匹配，势必会付出转换成本，这无论是对于个人还是对于社会都是巨大的浪费。因此，高职学生在进行职业生涯规划时一定要了解专业、分析专业，强化专业知识与技能的掌握，以专业特色和能力要求为导向，规划自己的学习与生活，力争实现专业与职业的匹配。

3.结合个人特点

职业生涯设计不能千篇一律，一定要结合个人的特点。不同的职业对人的要求不一样，别人适合的职业不一定适合自己，不能盲从。高职学生的职业生涯规划也要与自己的个性倾向、个性心理特征及个人的能力特长等方面相结合。个性倾向包括需求、兴趣、动机、理想、信念和世界观，个性心理特征包括气质与性格。通过职业生涯规划相关的测评认清自己，明确自身特点，准确定位，充分发挥自己的优势，结合自身特点，才能体现人尽其才、才尽其用的要求。

4.时间梯度原则

时间梯度原则，主要指在进行职业生涯设计时，要充分考虑组织和个体所处的不同发展阶段，有目的、有步骤、有计划地调整和安排各个不同阶段的职业生涯规划。职业生涯设计的阶段性主要划分为短期、中期和长期三个阶段。

（1）短期计划。一般为3年，这一阶段的职业生涯计划主要是确定近期目标和明确期间需要完成的任务。

（2）中期计划。一般为5年，这一阶段职业生涯计划的重点是规划出3～5年内的职业生涯目标与任务以及具体实施途径。

（3）长期计划。一般为5～10年，这一阶段的职业生涯计划重点是要设定较长时期的职业生涯目标。

5.重在大学原则

大学阶段是人生发展的定向期，是最后一次系统性接受学校教育、锻炼职业能力的机会，是为大学生职业生涯发展奠基的关键时期。大学生处于职业生涯的准备期，对职业生涯的认知多为感性认识，因此，大学生职业生涯规划重点应该放在大学期间的职业准备上，并与所学专业相关知识结合。既要明确长远目标，又要对短期目标即大学阶段的目标进行精心规划。

6.可调性原则

可调整性原则主要是指在制订职业生涯目标和采取具体实施措施时，要充分考虑各种因素的变化与发展。职业生涯规划是一个不断面对困难、解决问题、做出决策的过程。目标与实施措施并非一成不变，反馈与修正必不可少。越是长远的目标，规划就越要具有可调整性。

📖 新闻小事件

采取积极的措施

有了一个好的计划,还要利用该计划督促自己严格实行之。由于种种原因,在许多情况下,可能出现许多紧急的工作,让人无法一一应对,这时就应该分轻重缓急予以解决,不只能埋头干活,而忘记了努力的方向。

下面提出几项帮助实施职业生涯规划的措施:

(1)保证经常回顾你的构想和行动规划,必要时做出变动。

(2)如果你的理想蓝图已经发生变化,你的构想和行动规划也要做出相应的变动,从而目标和策略也应随之改变。

(3)把你的构想和任务方案存入计算机,或放在床头等可经常看见的地方。

(4)当你做出一个对生活和工作极其重要的决定时,请考虑一下你的构想和行动规划,并确保正在仔细考虑的决策与你的本意相符。

(5)与好朋友讨论你的构想和行动方案,并询问实现构想的途径。

(6)注意抓住机遇以实现你的目标,特别应注意抓住组织所提供的机会,为实现自己的职业目标打基础。

➤ 立即行动

望远镜计划

请罗列大学三年你的目标(两项即可):

___

请设计你的行动计划(根据目标,按学期设计):

___

二、计划实施

(一)大学生职业生涯规划的实施

在确定职业生涯目标后,就要制订相应的行动方案来实现它们,把目标转化成具体的方案和措施。这一过程中,对于大学生来说,最重要的是选择制订与职业相应的教育和培训计划。

1. 构建合理的知识结构

知识的积累是成才的基础和必要条件，大学生根据职业生涯目标和市场需求，构建以专业知识为中心，以相关度大的知识或技能为网络结点，按与专业知识关联程度的远近相互联合形成的适应性强、能够在较大空间发挥作用的知识结构体系。并依据自己的学习能力，分时间、分阶段地学习，最大限度地发挥知识的整体效能。

2. 培养职业需要的实践能力

用人单位在挑选人才时，不仅考核其专业知识和技能，还考核其综合运用知识的能力、对环境的适应能力、对文化的融合能力和实际操作能力等。因此，大学生进行职业生涯规划，除了构建自己合理的知识结构外，还必须具备从事本行业岗位的能力。大学生应该积极参加有益的社会实践活动，在实战中提升自身能力和素质，只有将合理的知识结构和适应社会需要的各种能力统一起来，才能立于不败之地。

3. 参加有益的职业训练，做好职业准备

大学生针对自己的职业取向，在大学期间寻找更多的锻炼机会，多从事一些社会实践、暑期调研、兼职工作，最好是从事与自己未来职业或本专业有关的工作，更早、更多地了解职业、掌握职业、体验职场，积累经验。同时，还可以参加校园各种文化活动，锻炼自己各方面的能力，培养未来职业所需的素质。通过职业训练，多与社会接触，提高自己的责任感、主动性和受挫能力。

4. 理性评估与反馈，适时调整和完善职业生涯方案

俗话说"计划赶不上变化"，随着个人阅历的增多，社会环境、自身条件的变化以及其他因素的存在，将会使职业生涯的发展实际情况与原先制订的职业生涯规划发生偏差，因此大学生要重新对自我进行剖析和评估，并对自己的职业生涯目标和行动方案进行再评估并做出调整，以保证行动方案与职业目标相吻合，从而一步一步地实现自己的职业理想。

5. 设定职业生涯规划各个时期的目标与效果，积极行动

在实施方案的过程中，设定目标和效果，结合自我评估不断完善方案，积极行动。通过行动，一是检验自我定位和职业生涯机会评估是否恰当，人生长期的目标设定是否合适；二是检验自己的计划和行动方案是否得体。（表7-2）

表7-2　职业生涯规划各个时期的目标与效果

生涯规划时期	时间（个人年龄）	目标	效果	备选方案
职业生涯准备期	20～23 岁	知识储备	优秀毕业	升本、留学等
职业生涯初期	23～29 岁	提升素能	适应职场	跳槽、创业等
职业生涯中期	29～53 岁	创造业绩	业内资深	拓展业务、创新等
职业生涯后期	53～60 岁	名利双收	热心公益	培训新人等
职业生涯结束期	60 岁以上	平稳过渡	开发兴趣	旅行、讲座等

（二）如何成为计划的高效行动者

达·芬奇曾说："我深知实际行动的重要性。知道是不够的，我们必须实践。有做的想法是不够的，我们必须去做。"如果一个完美的规划不付诸行动，一切就等于空想。成功在于

目标与计划,更在于行动,实际行动是实现目标、改变一切的必要前提。因此,只有有效地执行规划,才能最终享受成功的喜悦。其实这个道理每一个人都懂,但是有些人做了,有些人没有做,这就是成功的人与平庸的人之间最大的差别。要想成为计划的高效行动者,应该做到以下几点。

1.积极主动

积极主动的人不会被动地等待别人来告诉他应该做什么,而是主动地为自己设定工作目标,并不断改进方式、方法,争取高效、高质地完成工作任务。这就是工作中的主动意识。树立"为自己工作"的观念,也是积极主动的另一体现。

听大师的话

英特尔总裁安迪·葛洛夫应邀到加州大学伯克利分校做演讲,他对毕业生们说:"不管你在哪里工作,都别把自己当作员工——应该把公司看作是自己开的一样。"

安迪这番话的目的是希望每一位将要工作的人抱着一种积极的心态去工作,充分调动自己的主观能动性,发挥自己的潜能,不仅把工作当作获得薪酬的手段,更让工作成为自我实现的平台。

2.勇于负责

做一个有责任心的人是做人的根本。勇于承担责任的人在遇到困难时不会随意逃避,凡事都有三种以上的解决办法。因此,负责的人总是会尽其所能地找到解决问题的方法,做好自己该做的事。

3.拒绝拖延

培养自己"立即就做"的习惯,不要给自己任何借口,用行动来拒绝拖延。给自己设定最后期限是强迫自己行动起来的有效方法。如果能在自己规定的时间内完成,就奖励自己一下;如果没有完成,就找出原因,重新规定时限。经常这样训练自己,培养自己的主动意识和时间概念,非常有助于"不拖延"好习惯的养成。还有的人借助同学和朋友的帮助,公开目标,请他们代为监督,依靠外部力量强迫自己行动起来,杜绝拖延。

4.坚持不懈

一个人一旦有了一个明确的目标,并制订了科学合理的计划,最后将规划落到实处,距离成功也就不远了。每个人都可以成功,但是,为什么成功人士在社会中往往只是极少的一部分人呢?答案很简单,因为在执行的过程中,必然会遭遇到无数的磨难和痛苦,有些人忍耐并坚持下来了,而有些人选择了放弃。坚持下来的总是少数,所以成功的人也总是少数。

在工作和生活中,人们经常会犯这样的错误:还没有真正地与问题接触,就将问题无端地夸大,以至于产生恐惧的心理,接着逃避,最终放弃。因此,人往往不是被环境或他人击败,而是被自己打败,因为他们的放弃使所付诸的努力前功尽弃。

高人指点

高效工作一句话

每个人的可用时间是固定的，一天如此，一生也是如此，如果同学们能合理统筹，找到一些可遵循的规律，那么，就可以在固定的工作时间内做出更好、更多的工作成果。真正要让自己高效工作，必须记住四句话。

一是化繁为简，执行更加高效。

二是提前量化，未雨绸缪。

三是工作标准化和流程化。

四是必须始终关注自己手头的工作，不要受外界无关的事情干扰和影响。

范例：某生为无锡某高职院校工商管理专业20级学生。

（1）职业生涯准备期。

时间：大学期间（20～23岁）

特点：适应大学生活、做好知识储备、充分锻炼自己的管理能力和社会交际能力。（表7-3）

表7-3　职业生涯准备期

职业生涯准备期	
时　间	具体目标实施
一年级	A.心理准备：自信、开朗 B.知识储备：学习基础知识，多读书籍 C.工作储备：竞选干部，提高自己的组织、协调及管理能力
二年级	A.专业知识：上课积极，获得相关职业资格证书 B.职业规划：初步了解自我及职业兴趣 C.社会实践：在校内外的良好表现，积累相关的工作经验
三年级	A.优秀毕业：获得优秀毕业生荣誉 B.校外企业实习：将自己的理论学习付诸实践，找出差距 C.职业选择：掌握求职技巧，了解创业信息

（2）职业生涯初期。

时间：23～29岁

特点：这个时期，进取心强，具有积极向上、争强好胜的心态，职业竞争能力不断加强，希望做出一番轰轰烈烈的事业，同时，这一时期也是组建家庭的时期，会开始逐步学习调适家庭关系的能力。这一时期会面临理想与现实的冲突，初入公司，可能会难以得到信任和重用，也可能会与组织产生隔阂。（表7-4）

表 7-4　职业生涯初期

职业生涯初期	
时　间	具体目标实施
2023～2030 年	A.融入企业:熟悉公司运作流程,掌握和了解公司文化,融入公司文化中,明确企业目标,了解企业任务,熟悉公司领导层结构和部门结构。 B.业务提升:掌握外贸工作流程,积极参加工作,学习基本业务操作,虚心请教有经验的同事,不断取得进步。 C.参与培训:争取表现机会,争取参加公司的培训计划,参加培训班,提高自身的各方面素质。争取出国学习、考察机会。 D.和谐人际:处理好与上司和同事的关系,多联络,多沟通,拓展交际圈,与客户保持联系,将客户的心拉到所在企业这边。 E.拓展知识:继续语言的学习,力求能够与国外企业、人士无障碍沟通。积累了一定的经验之后,考取国际商务师证,提高自身的竞争力,为晋升做准备

(3)职业生涯中期。

时间:29～53 岁

特点:这一时期是个人生命中最重要的时期,在个人的职业生涯中也扮演着重要角色。这一时期,生物社会周期运行任务繁重,婚姻家庭状态,以及自己所负担的财务、教育子女等方面的重任,要处理家庭与工作上的冲突。这一时期,职业认同感会受到冲击,青春期的心理冲突复活,家庭结构和内部关系改变,要负担起家庭及父母的赡养,就业压力大,年轻人开始冲击自己所在岗位。同时也应该看到,这一时期职业能力逐步上升,并日趋成熟,创造力旺盛,业绩突出(表 7-5)。

表 7-5　职业生涯中期

职业生涯中期	
时　间	具体目标实施
第一阶段 2030～2036 年	A.团队管理:通过之前的锻炼,完全熟悉业务操作,带领自己的团队进行工作,通过人性化的管理,把团队打造成一个团结、高绩效的团队。 B.人脉积累:了解团队成员的情况,做到人性化关怀。处理好与上级的关系,积极参与上级的决策。与客户保持联系,建立和谐关系。 C.企业文化:进一步了解公司文化,融入公司文化中,培养和营造团队内对公司文化的理解。 D.学习培训:争取出国学习考察机会
第二阶段 2036～2045 年	A.计划制订:根据公司计划制订外贸工作的详尽计划,熟悉自己的工作范围。 B.奖惩机制:协调下边各个团队的工作和关系,对高绩效团队在公司规定的范围内给予一定的奖励,激励绩效偏低的团队。 C.沟通技巧:与其他主管密切联系,积极配合,做好部门事务;积极与上级沟通,参与上级决策,并寻找机会接触公司高层管理人员
第三阶段 2045～2054 年	A.战略制订:根据公司计划制订部门内计划,运用自身外贸出身的经验,规划部门发展方向,制订部门战略目标。 B.团队打造:运用自己的管理理念和管理方式,打造高绩效部门,增强部门内部凝聚力和对公司的归属感。 C.资产增值:参与各种投资,增加自身资产。 D.养老计划:制订自己的退休养老计划,并开始为退休储蓄投资

（4）职业生涯后期。

时间：53岁以后

特点：这个时期，会出现家庭空巢现象，夫妻相依为命，会对家庭产生巨大的依赖感，进取心会下降，开始安于现状，淡泊名利，竞争力、职业能力也处于下降趋势，但是，经验丰富、处事圆通、做事尽职、眼光独到，对企业的强烈归属感仍会使人为它而奋斗。这个时期应学会如何接受和发展新角色。（表7-6）

表7-6　职业生涯后期

职业生涯后期	
时　间	具体目标实施
2054年以后	A. 目标战略：为公司做长期战略规划，制订公司目标。 B. 品牌战略：打造公司品牌，将公司做大做强。 C. 人才战略：争取机会到高等院校讲授管理经验，为企业挖掘人才。 D. 影响战略：拓展人脉，在业界有一定的知名度。 E. 热心公益：建立爱心基金会，捐助社会公益事业

（5）职业生涯结束期。

时间：退休以后

特点：感恩社会。（表7-7）

表7-7　职业生涯结束期

职业生涯结束期	
时　间	具体目标实施
退休以后	A. 分享交流：到高校为学生举办讲座、论坛，传授自己的管理经验。 B. 感恩社会：利用手头资金及投资盈利，捐助社会公益事业。 C. 教育情节：回顾人生经历，撰写传记，激励后代

第二节　职业生涯规划的调整

小商说故事

在一次大型招聘会上，毕业于某名牌高校的小何向一家知名汽车公司申请了一个机械工程师的岗位。他学的是机械专业，在上学期间，各门功课都很优秀，从这个角度来讲，小何成功应聘这家公司的机会很大。但是，在毕业后五六年的时间里，他从事过医药、空调、摩托车等产品的销售和主管工作，虽然缺少机械方面的工作经验，但是工作经验丰富。招聘者看了他的情况后表示，如果他能够尽快调整、适应新工作，那么，他会是公司最需要的人才。

小商语录

职场与人生都没有恒定的不变。

知识储备

俗话说："计划赶不上变化。"影响职业生涯规划的因素很多,有的变化因素是可以预测的,而有的变化因素难以预测。在此状况下,要使职业生涯规划行之有效,就需要不断地对职业生涯规划进行评估与调整。调整的内容包括职业的重新选择、职业生涯路线的选择、人生目标的调整、实施措施与计划的变更等。

一、职业生涯规划调整

所谓调整是指重新调配和安排,使适合新的情况和要求。职业生涯规划需要不断调整,一个好的职业生涯规划,需要具备可行性,需要有实施计划的具体措施和时间。但是,职业生涯规划做得过细、过于严格,会束缚自己的手脚,可能丧失随时到来的机会,还会因为不切合实际而丧失可操作性。在影响职业生涯的很多因素难以预料的这种情况下,要使职业生涯行之有效,就必须使职业生涯规划具有足够的弹性,在实践中不断进行评估和调整。这就需要我们在实践中定时定期地检验目标完成的情况和评估环境的变化,从而做出正确的调整。

二、职业生涯的调整定位

职业生涯定位不仅是职场人的事情,大学生的职业生涯定位与职场人的职业生涯定位一样重要。在职业生涯发展的初期,就应该给自己制定出合理的职业生涯规划及相应的职业定位,并不断地加以调整。成功的职业生涯需要不断地调整定位,而一个合理的职业生涯定位则基于对自己有一个清晰的认识、准确的判断、合理的把握。只有讲究实际,合理准确地评估自己,并不断地加以调整才能合理定位职业生涯方向,才能每天朝着这个方向努力前进。

三、职业生涯调整的方法和途径

随着社会生产力的进步和社会分工的高速发展,市场需要也在发展,发生着迅速的变化。大学生要学以致用,必须随时关注职场发展,调整职业方向,弄清职场供求变化规律,补充达到目标所需措施,修正职业生涯发展规划,紧随时代,紧随市场。这样才能以自己的聪明才智和良好的职业素质，为自己今后的职业生涯开拓出宽广而又通畅的发展道路，将职业生涯发展机遇牢牢掌握在自己手中。

人们对自我性格和自我能力的定位，往往会决定自己的行为，人总是随着知识、阅历和年龄的增长而成长，在职业生涯发展的不同阶段自我的状态也会有不同，因此，职业生涯规划实施中的评估与修正必须建立在自我再认识、再评估的基础上。在职业生涯规划实施过程中，"重新认识自我"是人生发展的重要一步。重新认识自我，就是重新认识自己的理想、价值观、兴趣爱好、能力、性格等心理特点；重新认识自我，就要在现有的基础上客观地评价自己，不高估自己，也不贬低自己；重新认识自我，就是要再一次认识自己的优势、劣势，自己的与众不同和发展潜力。重新认识自我是自我再评价的前提，是职业生涯与规划实施的重要基础。

（一）自我现实再分析

首先，有效地把握自我，对自己的人生态度、兴趣和成功的理想有充分的认识。应对诸如"我的人生需求到底是什么？什么对我是最重要的，是赚钱多少，还是什么样的职业？"等问题进行深入思考，充分认识自己的人生态度。兴趣可以弥补能力和知识的欠缺，因而把兴趣和职业方向联系起来至关重要，不可以因经济实惠的利益驱动而抹杀自己的兴趣。对成功的理解，是确定职业的重要砝码，"高薪水、高品位、高自由度、高个性化的工作"，这是传统的成功思想。自我对社会的贡献和社会对自我的满足和承认，才是成功的本质。

其次，要对知识、能力、特长、个性等方面进行正确的分析，确定自己最适合的职业。知识影响专业背景，能力影响专业素质，人际关系影响发展前景，特长影响成功，尽管你对某一职业感兴趣，也拥有相应的知识，但如果你的个性和能力表明你不适合从事这项职业，固执的选择，只会造成人才资源的浪费。

再次，要考虑社会的需要。择业时考虑个人因素是合理的，但前提是这种选择是否符合社会的需要。必须意识到主客观约束条件，也就是自我职业适应性与社会的综合限制因素。人是现实性与社会性相结合的人，个人期望与社会需求有效结合的选择，才是最合理的选择。具体而言，把国家经济发展、政治形势、就业政策导向、行业发展前景、职业性质岗位要求等客观要求与个人主观愿望有机地统一起来，摆正二者的关系，才会使自己成为社会所需要的人才。

（二）运用测评手段

工具测评是一种力求客观的测手段量，它的特点是能够在较短的时间内测出一个人的某方面特点，并且这一特点是在与群体的比较中得出的。通过测量，个人能够在短期内获得对自己较为客观的描述和评价。通过评估，分析自我的特点，再结合职业的要求，帮助自我进行职业选择，最终实现"人职匹配"，了解自我可以帮助个人做出更好的职业选择，但在具体操作中，要准确理解测验报告，通过测验所得出的结果，是一种参照性的结果，这只是帮助做好职业生涯规划调整的方法之一。

> **立即行动**
>
> 用 360°评估对生涯规划方案进行调整
>
> 第一步：对职业生涯发展反馈采用 360°评估法。
>
> 班主任评价：_____
>
> 辅导员评价：_____
>
> 父母评价：_____
>
> 同学评价：_____
>
> 自我评价：_____
>
> 第二步：根据以上分析对生涯规划方案进行调整。
>
> 自我认知：_____
>
> 职业目标：_____
>
> 职业路径：_____
>
> 实施策略：_____

（三）总结过去的经验

回顾过去的经历,对自己的想法、期望、品德、行为进行理性思考,然后认真地描述和判断自己的特点。这个过程需要个人搜索信息,耐心地分析。比如,问问自己:过去我做过哪些自己确实喜爱的工作,喜欢这些工作的哪些方面? 现在我仍喜欢它们什么? 我喜欢处理人际关系,还是喜欢处理具体问题或处理信息情报的技术? 什么能激发我的活力? 什么令我感到倦怠乏味? 另外,要对过去的成功经验和教训进行回顾,分析自己过去有哪些成功,哪些不成功,原因是什么? 除了客观因素外,自己在哪些方面需要改进? 需要注意的是,要尽量以客观评价为依据,避免因为个人认识或个人动机而出现较大误差。比如,有的人成绩一般却自我欣赏;有的人成绩显著却自感不如他人,自信心不足。

（四）他人的评价或者他人比较

首先,依据他人对自己的态度评价自己。个人自己的评价往往是以其他人的评价为参照的,人们在相互交往中,可以不断深化对自己的认识。如可以问问家长、老师、同学、朋友对自己的评价和态度是怎样的。其次,通过与自己条件相似的人比较概括出自己的特点,需要注意的是,要能够准确理解和分析他人对自己的态度和说法。

（五）通过专家咨询认识自我

到就业指导中心、专业咨询机构进行咨询,是一种认识自我的有效而快捷的方式。咨询人员会用他的学识、经验及科学的咨询技术给个人提供帮助,在咨询过程中个人会获得大量的知识和信息资料,获得对问题的重要认识。更重要的是,通过向专家咨询,可以提高自己的决策能力。

高人指点

制定第一个五年职业规划的重要性

通过职业生涯规划的调整，可以达到下列目的：

(1)对自己的强项充满自信(知道自己的强项是什么)。

(2)对自己的发展机会有一个清楚的了解。

(3)找出关键的有待改进之处。

(4)为这些有待改进之处制订详细的行为改变计划。

(5)实施你的行动计划,确保你能取得显著的进步和成就。

小商生涯工作坊

情景模拟

探险家的故事

有一位探险家在撒哈拉大沙漠中发现了一个小村庄,令他奇怪的是在此之前从没有任何人说起过这个地方,而这里的村民居然对沙漠之外的世界也一无所知。他就问村民为什么不走出沙漠看一看,村民的回答是:走不出去! 原来自从他们的祖先定居此地之后,每隔几年就会有人试图走出沙漠去,但不管朝哪一个方向行进,结果都一样:绕一个大圈子之后又回到了村子里,没有一次例外!

探险家感觉非常有趣,他走过无数的地方,这样的情况还是头一次遇到。于是他决定做一个试验,邀请一位村里的青年做向导,收起自己的先进仪器,跟在青年身后走进了沙漠。11 天之后,他们两人果然在绕了个大圈子回到了村里! 尽管如此,探险家却已经明白是怎么回事了。

几天之后,当探险家准备离开时,他找到了上次和他合作的那位青年,对他说:你按照我的办法,一定能走出沙漠! 这个办法很简单——白天睡觉晚上走。但千万记住,一定要对着北方天空最亮的那颗星星走,绝对不能改变方向!

探险家离开了村子,半信半疑的青年最后决定照着探险家的方法试一试,果然,只用了三个夜晚,他就走出了大沙漠!

原来,村民们之所以走不出大漠,是因为他们根本就不认识北斗星! 他们没有朝着一个目标努力!

我的启示:

沙砾与黄金

曾经听过这样一个故事,一队商人骑着骆驼在沙漠里行走,突然空中传来一个神秘的声音:"抓一把沙砾放在口袋里吧,它会成为金子。"有人听了不屑一顾,根本不信;有人将信将疑,抓了一把放在袋里;有人全信,尽可能地抓了一把又一把沙砾放在大袋里。他们继续上路,没带沙砾的走得很轻松,而带了的走得很沉重。

很多天过去了,他们走出了沙漠,抓了沙砾的人打开口袋,欣喜地发现那些粗糙沉重的沙砾都变成了黄灿灿的金子。

我曾想了很多次,一直未想出这故事寓意所在。慢慢才明白,在漫长的人生中,时间、责任就像是地上的沙砾,唯有紧紧抓住机遇、勇于承担责任的人,才能将这些普通粗糙的沙砾变成可贵的金子。不紧紧抓住机遇的人、不愿承担责任的人固然轻松潇洒,但他们生命长河会黯淡粗糙,他们始终发不出金子般灿烂的光辉。

我的启示:

....

....

问问自己,今天我们抓了多少沙砾? 其实人生最怕一个"混"字! 抱着混的心态,看似偷巧、轻松、没压力,然而就是在不知不觉的混中,混没了青春,到头来混得黄粱梦美一场空! 在任何一个企业工作,你不是在为老板打工,你是在为自己的将来打工,给自己累积经验和财富,老板只提供平台让你去展现你的人生价值,展现你的事业机会。

《风雨哈佛路》(Homeless to Harvard:The Liz Murray Story)是美国一部催人警醒的励志电影。影片由 Peter Levi 执导,索拉·伯奇(Thora Birch)、迈克·里雷(Michael Riley)等主演。影片介绍了一位生长在纽约的女孩莉斯(Liz)经历人生的艰辛和辛酸,凭借自己的努力,最终走进了最高学府的经历。

观察影片中女主角的求学目标定位,以及她求学过程中走过哪些弯路,又有哪些成功之处。记录目标对于个人成长成才的作用。

成功之处	失败之处

阅读时光

一杯茶、一本书、一个下午的美好时光……

1.《不要让未来的你,讨厌现在的自己》 作者:特立独行的猫 武汉出版社/2014-8

2.《你的降落伞是什么颜色?》 作者:理查德·尼尔森·鲍利斯 中国华侨出版社/2014-11

3.《自控力》 作者:凯利麦格尼格尔文化发展出版社/2012-08-01

4.《高效能人士的七个习惯》 作者:史蒂芬·柯维 中国报业出版社/2015-2-1

5.《掌控:如何规划自己的时间和生活》 作者:贝南塔·布里兹 现代出版社/2014-3-30

行动力量　　　　　　　　"职业生涯规划书"分段撰写
职业发展目标
第一节　职业生涯的总目标

● **职业生涯的总目标**

我职业生涯规划起点定位于:＿＿＿＿＿＿＿＿＿＿＿＿＿＿＿＿＿＿＿＿＿,

最终目标是:＿＿＿＿＿＿＿＿＿＿＿＿＿＿＿＿＿＿＿＿＿＿＿＿＿＿。

目标阶梯:

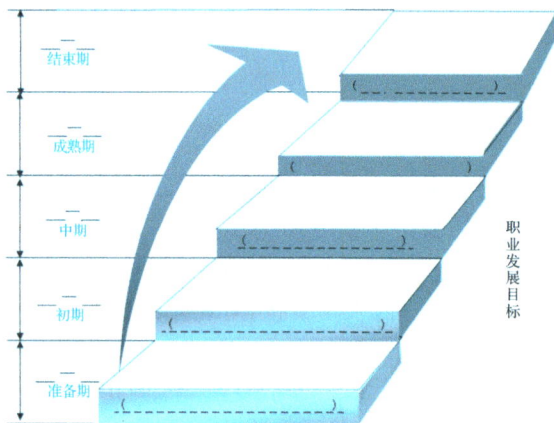

第二节　职业生涯明确行动及备选方案

一、职业生涯准备期

预期目标:＿＿＿＿＿＿＿＿＿＿＿＿＿＿＿＿＿＿＿＿＿＿＿＿＿＿＿＿＿

实施策略:

1.大学三年的规划:

时间	预期目标	策略与措施
大一阶段	1. 2. 3. ……	1. 2. 3. ……
大二阶段	1. 2. 3. ……	1. 2. 3. ……
大三阶段	1. 2. 3. ……	1. 2. 3. ……

2.具体计划实施进度(如制订月、周计划表)

每月计划进度表	
1 月	
2 月	
3 月	
4 月	
5 月	
6 月	
7 月	
8 月	
9 月	
10 月	
11 月	
12 月	

每周时间安排表							
时间	星期一	星期二	星期三	星期四	星期五	星期六	星期日
上午							
下午							
晚上							

(说明:除学校课程安排外,还可以在空白格填上第二、三课堂和自己的相关计划安排。)

二、职业生涯初期(　　 — 　　 年)

预期目标: ....

....

实施策略: ....

....

备选方案: ....

三、职业生涯中期（　　　—　　　年）

预期目标：

实施策略：

备选方案：

四、职业生涯成熟期（　　　—　　　年）

预期目标：

实施策略：

备选方案：

五、职业生涯结束期（　　岁之后）

预期目标：

实施策略：

备选方案：

模块小结

　　只有目标，没有执行方案，就意味着空谈。空谈误事，大学也没有多余的机会用来浪费。告别"一听就激动，就是没有行动"的状况。结合自己的特点决定将职业生涯分为准备期、初期、中期、成熟期、结束期这五个阶段，并制订每个阶段具体实施方案以及行动计划。从大学三年的准备期开始，现在、马上、立即就做，写下来并且做了的才叫事实。

模块五

拓展篇

 小商 调研

怎样让自己成为一名准职业人

不知道如何控制自己的情绪

与人相处没有信心,到底该怎么沟通

每天都很忙,可怎么忙得没有成效

我的时间都去哪儿了

现在谈求职、做简历是不是太早

是一个人干还是大伙一起干

怎样让自己在毕业后更值钱

第八章

我需要准备什么

第一节　职业形象与礼仪

小商说故事

最好的介绍信

某公司经理对他为什么要录用一个没有任何人推荐的小伙子时如是说:"他带来了许多介绍信。他神态清爽,服饰整洁;在门口蹭掉了脚下带的土,进门后随手轻轻地关上了门;当他看见残疾人时主动让座;进了办公室,其他人都从我故意放在地板上的那本书上迈过去,而他却很自然地俯身捡起并放在桌上;他回答问题简洁明了、干脆果断,这些难道不是最好的介绍信吗?"

不成功的着装所传达给老板的唯一信息是:重要的任务不能放心交给你去做。

小商语录

只有留给人们好的第一印象,你才可能开始第二步。

知识储备

找工作也如同商业行为,雇主是买方,你是卖方,要吸引买方,除了"慧中"外,还要"秀外"。况且，当你踏进面试会议室后给人的第一印象就是你的仪表。

研究表明，求职者的仪表、风度对于求职的成功与否有直接的影响。许多单位的负责人也认为，应聘时起决定作用的因素百分七十源于"第一印象"，即应聘者的精神面貌和衣着打扮。这种"以貌取人"的做法似乎很肤浅，但毕竟是现实。

心理学上的"晕轮效应"认为：一个人给别人的第一印象，往往成为别人对其做出判断的依据。比如，你见到一个衣着整洁、彬彬有礼，就会认为这个人做事细心、有条不紊。进而会想，这人一定有责任心，就会产生中意的感觉。倘若最初印象是衣冠不整、邋里邋遢、吊儿郎当，定会得出此人缺乏责任心的结论。因此，正确着装在求职面试中起着非常重要的作用。

一、职业形象的塑造

（一）着装的原则

常言道：佛要金装，人要衣装；三分长相，七分打扮。着装在反应一个人的仪表、风度方面的作用是显而易见的。求职者讲究合适的着装，表明其对工作的重视和诚意，也是对他人的尊重和礼貌。着装的总体要求是整洁雅致、朴素大方。具体讲，应遵循下列原则。

（1）体现个性原则。服饰美，不是抽象的，而是具体的；不是绝对的，而是相对的。同一件衣服穿在不同人身上会产生不同的感觉，而同一个穿不同的衣服，也会产生不同的效果。服装只有通过具体的人才能体现出美感。"东施效颦"的故事告诉我们，要展现出自己的能力，必须了解自己的身材、肤色、气质、修养等实际情况，切不可盲目赶时髦、追新潮、胡乱学样，要在自己的主观爱好、审美情趣的支配下选择着装，才能选出自己的风格，展现自己的个性。所谓个性化，不是怪异，而是建立在一定的服饰基本原则基础上的个别。一般来讲，个性化必须以追求高雅、庄重、大方为本，必须与自己实际条件、气质、爱好等相匹配。

时光倒流

东施效颦（《庄子》）

西施病心而颦其里，其里之丑人见而美之，归亦捧心而颦其里。其里之富人见之，坚闭门而不出；贫人见之，挈妻子而去之走。彼知颦美，而不知颦之所以美。

译文：西施心口痛，皱着眉头从街上走过。同村一个丑妇人看见西施这个样子，觉得很美，回去时也捂着胸口，皱着眉头，从街上走过。村里富人看见她这副模样，都紧闭大门不愿出来；穷人见了，带着妻子儿女，远远避开。这个丑妇看到西施皱眉的样子很美，却不明白她皱眉的样子为什么美。

（2）适合目的原则。着装不仅要适合自己的个性特征，还要以目的为基础，有时甚至违背个性原则。比如，商场服务员工作，服饰必须体现自己个性中或温柔，或认真，或开朗，或热情的一面，即表现个性，又能衬托出非常适合商场工作。

（3）适合环境原则。四季不同，气候条件的变化对着装心理和生理的影响也不同。如夏天的服饰应以简洁、凉爽、大方为原则,拖沓、累赘的装饰(如领花、胸花、袖花等),会使周围的人产生闷热烦躁的感觉。而冬天则应以保暖轻快为原则。着装还应顺应时代的潮流和节奏,过分落伍或新奇都会令人侧目生厌。

生涯驿站

如何才能做好从"学校人"向"职业人"的角色转变

"学校人"与"职业人"的比较

项目	学校人	职业人	如何实现转变
社会责任	学习专业知识、技能; 完成知识储备和能力锻炼	以特定的身份去履行自己的岗位职责; 用自己的知识技能为社会服务; 完成工作任务,承担风险和责任	
社会规范	德、智、体、美全面发展; 符合合格公民以及职业岗位的要求	遵守各类职业工作者的共同规范; 遵守所从事职业的特殊规范; 若违背了规范,就要承担相应的责任	
社会权利	享受家庭和社会给予的条件; 享受依法接受教育的权利	依法行使职权,从事工作; 向外界提供自己的职业劳动; 在履行义务的同时获得经济报酬	

二、职场礼仪

荀子说:"故人无礼则不生,事无礼则不成,国家无礼则不宁。"礼仪,是长期历史形成的为人们共同遵守的行为规范。在人际交往中,遵循一定的礼貌和礼节,可以获得良好的人际沟通,留下良好的第一印象。心理学的研究成果表明,人们初次对他人知觉所形成的印象,往往起着先入为主的重要作用,这就是"首因效应"。一旦给对方留下良好的第一印象,就可获得事半功倍的效果。在求职择业过程中,要少走弯路,多取捷径,走进成功,就必须学习和掌握必要的礼仪规定。如图8-1所示。

刘海不能过长　　指甲不要超出指尖2毫米　　入座后,女士要双腿并拢　　微笑露出6~8颗牙

图8-1　职场礼仪

（一）仪容仪表

1.站姿

姿势的好坏与否，对于给人的印象有很大影响。挺直背脊的站姿，会令人觉得你的心情愉悦、个性开朗而且精力充沛。反之，弯腰驼背，看起来寒酸没有自信，倘若反而摆出高傲的姿态，一副瞧不起人的样子，最后只会留给他人傲慢不逊的坏印象。

正确的站姿：

收腹、挺直背脊，脸自然地面向正前方。（然后再陪衬以柔和的表情）

站姿的五大要点：

（1）脚：脚后跟靠拢。

（2）膝：膝盖一定要并拢。

（3）腰：收腹，缩紧下腹部肌肉，避免小腹凸出。

同时收紧臀部，切忌故意往外翘（用力吸气，使小腹和臀部往内缩）。

（4）肩、臂：放松肩膀，让手臂自然下垂。

（5）头：脸部自然地面向正前方（背脊挺直）。

立即行动

今天观察一下你的站姿，是否符合要求？并练习背靠墙立，要求肩、臀、脚跟三点一线。

2.手姿

手的动作非常丰富，就如同第二张脸一样。你的手无意间流露出来的动作，可能已经决定了你在他人心中的印象了。

拿东西给别人时：

（1）切记不可用一只手，一定记住两手齐用。

（2）要替别人着想，例如拿书的时候要把书名向着对方以便对方能够看清楚。若是刀剪之类的尖锐物，要把尖锐的头向着自己。

请和同学们一起练习如何递送名片。

注意递送和接受时,除了拇指外其他四根手指必须并拢。

3.走姿

它是人体的动态造型。走路,每个人都会,但要走出风度、走出优雅、走出美感,必须注意走姿。"行如风",要求走路像风一样轻盈。走路时身体微向前倾,身体重心落于前脚掌,收腹、挺胸、抬头,双目平视,肩部放松,双臂自然地前后摆动。跨步均匀,步幅适中,两脚相距20~25cm。步伐稳健,步履自然,步态轻盈,有节奏感。走路时腰部至肩部应尽量保持平稳。切忌摇头晃肩、扭跨、上体摇摆、双手背后、歪头、低头的不雅的动作。如图8-2所示。

图8-2　走姿示例

今天观察一下你的走姿,还有那些需要调整?

TIPS:穿着高跟鞋必须脚跟先着地,步幅应较小,并配以"小步幅"的服装。

第二节　情绪与压力管理

小商说故事

名医的故事

名医张子和曾采用使人发笑疏导法治愈了一个人的怪病。当时有个官吏的妻子,精神失常,不吃不喝,只是胡叫乱骂,不少医生使用各种药物治疗了半年也无效。张子和则叫来两个老妇人,在病人面前涂脂抹粉,故意做出各种滑稽的样子,这个病人看了不禁大笑起来。第二天,张子和又让那两个老妇人做摔跤表演,病人看了又大笑不止。后来张子和又让两个食欲旺盛的妇人在身边进餐,一边吃一边对食物的鲜美味道赞不绝口,这个病人看见她俩吃得津津有味便要求尝一尝。从此她开始正常进食,怒气平息,病全好了。

每一朵乌云，都镶着金边。

在日常生活中，你是否有过情绪难以控制、压力无法承受的情况？如果有，那你是放任放纵，还是控制和疏导？"人生不如意十之八九"，生活在竞争激烈的现代社会，每个人都要面对来自工作、生活、学习和情感等多方面的压力。沉重的压力导致情绪不良、学习效率下降、生活质量降低，甚至引发疾病等不良后果。那么，该如何面对压力、管理情绪呢？

其实，人人都能管理好情绪，人人都能从容面对压力，只要调整一下看问题的角度，学会一些放松自己的方法。掌握了正确的方法，我们就能平稳渡过压力和情绪纷扰的难关，让疲惫的心灵从此充满激情与活力！

一、情绪管理

（一）情绪管理的定义

每一个人都以为自己知道情绪是什么，直到他想开口解释这两个字的意思，才发觉有困难。在人类历史中，很少人研究情绪，说到情绪的时候，我们常常会把它看作是问题，认为它是超越人、控制人的东西，这对人如何管理情绪没有多大帮助。

那么，关于情绪我们要有一个正确的认识：情绪不是天生定型的；决定情绪的不是外物，而是本人内心的心理状况；情绪没有真正的正面负面之分，而只有"有效果"或"没有效果"；情绪只是讯号，当学习了事情中该学的，情绪就会消失；情绪是感觉的一种，一个人跟情绪在一起才能身心合一，活在当下。

很多人以为情绪来自其他人、事、物，但事实上决定情绪的是自己的内心。首先是信念，认为世上的事情应该是这样的；其次是价值观，自己在事件中在乎的是什么，即什么是最重要的、想得到什么等；最后是规条，事情该怎样做。每个人的信念、价值观和规条都有不同，所以面对同一件事会有不同的情绪反应。当一个人的信念、价值观和规条改变了，事情带给这个人的情绪就不同了。所以，若想事情带给自己的情绪改善，必须先改变自己对事情的一套信念、价值观和规条，而不是企图改变世界，因为那会费很大的劲而且往往是徒劳无功的。

归纳起来，情绪管理是指一个人对情绪的理解和敏感程度，以及情绪管理是指一个人对情绪的理解和敏感程度，对情绪的控制能力。

（二）情绪管理的方法

1.情绪低落的管理

情绪低落、郁闷是一种最常见的消极情绪，大多源于工作、学习压力，或生活中遭遇了挫折。人们在情绪低落时,常常会感到无精打采、压抑苦闷等,对周围事物兴趣减低,工作、学习效率明显下降,严重者还会影响日常的生活和人际关系。

我们常常可以通过以下方法来进行调节:接受现实,对于某种不能改变的事实,试着慢慢地去接受它,改变一下自己看待问题的角度和心态。多接触乐观向上的人和事,尝试和乐观积极的人去交往,学习他们看待事物的态度和方式。看两本内容乐观积极的书籍,或者去看部喜剧片,感受一下快乐的气氛。通过和亲友、家人倾诉谈心,将自己的郁闷、压抑的情绪释放出来。推心置腹的交流或倾诉不但可增强人们的友谊和信任,更能使我们精神舒畅。

2. 忧虑、紧张情绪的管理

忧虑、紧张都是一种对即将发生的事件的焦虑,害怕会有不好结果出现的一种心理状态。经常感到忧虑、担心的人,大多比较追求完美,不能忍受失败以及未来不确定的事件。

高人指点

情绪管理小技巧:说出或写出来你的担忧

记日记或与朋友一起谈一谈,至少你不会感觉孤独而且无助。美国的医学专家曾经对一些患有风湿性关节炎或气喘的人进行分组,一组人用敷衍塞责的方式记录他们每天做了的事情。另外一组人被要求每天认真地写日记,包括他们的恐惧和疼痛。结果研究人员发现:后一组的人很少因为自己的病而感到担忧和焦虑。

我们首先要知道忧虑的是什么,我们的担心是否可以使结果有所不同,还有,这个忧虑值不值得我们去担心。每天用 30 分钟时间,写下我们所担心的事由,一项项地写下来,然后放在一边,去做其他的事情。

3. 发怒的情绪管理

经常地发脾气会影响人际关系,影响别人对自己的看法,也可能会伤害身边的人。比如,在家发脾气,有时可以伤害到家人,引起家庭矛盾。当然,如果家人能理解你的"脾气",则没有什么问题。而如果是在外面发脾气,很可能造成一些不必要的矛盾。

我们常常可以通过以下方法来进行调节:用冷静的思考平息怒气。当我们感到怒气很大时,不妨退一步,冷静地想想一句话:"这样发火对我来说不会在任何方面有所帮助,只能让整个问题变得更复杂。"即使我们内心还存在一部分怒气,但这样的思考可帮助我们控制一下愤怒的情绪。然后离开让我们发怒的情境。可以暂时离开那个让我们发怒的环境和人,或者独处,或者去做另外一件不相干的事。

4. 失望情绪的管理

失望源自对人和事期望的落空。生活中每个时期都有特定的内容,也会有不同程度的失望。我们常常可以通过以下方法来调节失望的情绪。

调整自己的期望。期望越高,失望越是沉重。我们应该追求同自己的能力相当的目标。有时候,目标虽然同自己的能力大小相符合,但由于客观条件的限制,也会失败,导致失望情绪,这时更应注意调整内心的期待值,使之与现实相符,这样有助于减少失望情绪。

从失望的事中取得收获也可以成为一次有积极作用的经历,因为它用事实给我们上了一课,使我们清醒过来,正视生活的现实。它提醒我们重新考察自己的愿望,以便使之更加切合实际。事实上,如果回忆过去曾令自己失望的事情,并用现在的观点来重新估量当时的损失,大多数人都会感到自己已经摆脱了过去的失意,而且又有了值得欣慰的收获。

5.悲伤的情绪管理

由于遭受到不如意或不幸的事而内心感觉痛苦,并产生不如意的消极情绪。如与亲友离别,或自己生活中遭遇挫折和变故等,均可导致这一情绪的发生。

我们可以通过找一位信得过的亲友,尤其是能够倾听我们说话,但又不会审视或改变我们的人,然后告诉他自己的感受。不要过多联想伤心的时候,要想想到底什么事情令自己伤心,不要总是因为此时的不快就联想到过去的种种不易,这样的话,情绪就很难控制了。要知道问题总会有解决的方法,相信自己有解决问题的能力。而且任何事物都有两面性,让我们伤心、悲痛的事同时也会促进我们心灵的成长。

最后,就是要善待自己,保持自己身体的健康,合理的锻炼、饮食和休息,一样都不能少。还可做一些让自己开心的事,比如买件新衣服给自己,找时间去旅游一下,去吃些平时不舍得吃的东西,改变一下自己的发型,让自己焕然一新等。

6.懊悔、自责的情绪管理

懊悔、自责就是指事情过后遗憾自己做错了事或说错了话,心里自恨不该这样的一种消极情绪。经常自责、懊悔的人是相当痛苦的,它意味着时常要和自己做斗争,不断地自我批驳。当他处于这种内心冲突中时,除了要耗费很多精力去想,更会因为害怕再犯错而缩手缩脚不敢去行动。严重的还会引起自卑、自贬的情绪。

在面对懊悔、自责的情绪的时候,首先要做的事是对事件做一个总结,自己分析总结一下自己的言行是否的确有不当之处,并直接引起不良的后果。如果有的话,可以把它作为教训,避免以后类似事情发生。然后把目光转向未来,要为将来打算打算。写下自己一天、一周和一年内想做的事情,包括日常的家务,如清理房间、给宠物洗澡等,还有游玩、看电影等活动,当然,还有自己的工作和生活目标等。然后,把自己的心思转移到需要去完成的这些事上来。

二、压力管理

(一)压力与压力管理的定义

压力是一种非特定的反映,不同的人表现出来的是不同的身体状况。从心理学角度来看压力是对于困难的条件或环境在思想或情感上做出的忧虑不安的反应。大多数的压力来源于思想或情感的不平衡,是由于感知个人的能力与个人期望之间的差异引起的。因此过度的压力除了对身体造成伤害以外,对于组织的消极影响也是巨大的。因为如果员工的压力过大,会引起其自身不满、消极的情绪,对工作不负责任,甚至会出现高离职率等问题。

如何来解决我们的压力,达到一种身心平衡的理想状态? 我们需要了解自己的压力源,需要学会解压的方法,需要努力提升自我,以生活得更好。因此从根本上说,压力管理是指为自己寻找一种策略,从而让自己在这个充满选择的现代社会中游刃有余,既充分利用高加速度的优势,又能从中享受它为生活带来的便利。

时光倒流

请回想一下自己在过去一个月内有否出现以下情况:

(1)觉得手上课业、工作太多,无法应对。

(2)觉得时间不够,所以要分秒必争。例如过马路时闯红灯,走路和说话的节奏很快速。

(3)觉得没有时间消遣,终日记挂着学业、工作。

(4)遇到挫败时很易发脾气。

(5)担心别人对自己表现的评价不佳。

(6)觉得老师和家人都不欣赏自己。

(7)有头痛、胃痛、背痛的毛病,难于治愈。

(8)需要借药物、零食等抑制不安的情绪。

(9)需要借助安眠药去协助入睡。

(10)与家人、朋友、同学的相处令你发脾气。

(11)与人倾谈时,打断对方的话题。

(12)上床后觉得思潮起伏,很多事情牵挂,难以入睡。

(二)压力管理的方法

传统压力管理的核心问题是:我要怎样处理自身和外界的关系以维持生活平衡? 因此,如何对自我进行有效的压力管理至关重要。

1.对压力有所察觉

我们每个人对压力往往有一种天生的吸收-缓冲机制。一般的生活压力会被身体转化为活力和激情。如果一个人生活在流动的、不断变化的压力丛中,他的机体不仅是健康的,也是充满饱满能量的。压力过小的生活会让人消沉、昏昏欲睡、机体倦怠、思维变慢。还有两种压力可能使机体调节失常。一是突如其来的过大压力,如突发事件、天灾人祸;二是持续不变的较小压力。一般来讲,人们对第二种压力缺乏足够的警惕性,因为这种压力没有明确的压力源,不易察觉压力的存在,进而缺少足够的压力应对的意识。

觉察压力有三个层次:稍大的压力会引发纷乱的情绪,较大的压力会带来身体的各种不适反应,过大的压力可出现意识缩窄,对环境反应迟钝,身心处于崩溃边缘。因此,当出现这样的情况的时候,我们就需要引起重视了。

2.保持平衡

压力能够对个人的效率起到帮助或阻碍的作用。当压力程度上升时,个人效率随之增加,但当压力程度超过了最佳压力点时,个人效率随之减低。这就意味着,当压力使人更警觉或更精力充沛时,它对我们有益,并能使我们全神贯注和高水平地运作。压力程度与效率两者之间的基本关系表明,我们的目标之一可能是更好地认识我们的最佳压力程度,增加我们对自己最佳压力程度的认识,同时有意识地调整我们的压力程度,从而会使该程度始终如一地处于最佳状态,这是控制自己的另一关键。做到这一点,就实现了"平衡"。当然,平衡是我们每个人的目标,那么在生活中如何做到平衡,比如可以采用运动减压,通过放松来释放躯体的压力,精神压力也在释放。当我们集中心智工作太久或长期处于竞争状态里,可通过机体的运动来保持精神的活力。

3.释放压力

当身处压力之下时,保持井然有序使我们感到条理清晰,处于有序的环境中,能使我们感到更能控制局面。例如,看一下你家里哪个地方最需要整理,清理所有混乱的地方,并鼓励别人也保持整洁。通过采用"新旧交替"的原则,每次我们买来一样新的东西,就把旧的东西扔掉。在清理我们的橱柜之前,先做一个系统的安排,如安排不同的袋子装捐赠品、垃圾和要修理的东西,把要保留的东西放在一边。

同时还可以通过写日记、冥想、播放音乐、寻求来自亲友的社会支持,合理发泄愤怒、恐惧、挫折等消极情绪,合理认知评价压力源。例如可以采用充分的呼吸的小技巧:将力量集中在你的腹部深呼吸,让新鲜空气从鼻腔开始逐渐进入并充满你的整个肺部,这样你能吸收更多的氧气,帮全身细胞,尤其是脑部细胞,注入更多的能量。用鼻子深吸一口气,默数1、2、3,然后再用鼻子呼出,默数1、2、3、4、5、6后结束,反复练习10次。这些方法都可以消除压力导致的生理、情感及认知症状,同时通过改变某些容易产生压力源的个性因素,减缓压力。

4.保持积极的心态

良好的心态可增强人们面对压力的能力,不良的心态就像一团乱麻,扰乱人们的内心,因此面对压力要有正确的观念进行自我激励。如果我们发现自己过度担心,我们可以用下面的话来帮助自己建立一个更加乐观的景象。例如,"担心一件事情并不能改变这件事情,这只会浪费我宝贵的时间和精力""担心自己无法控制的事件是毫无意义的""我越担心,我感觉就越差,因此,我会马上停止担心",等等。事实上,研究表明只有9%的烦恼是真正值得担心的烦恼,因此我们要关注积极的方面,如我们所取得的成就以及我们生活中积极的和美好的东西。面对压力时,符合逻辑地思考一下在某种情况下发生的事情,思考一下是否有证据支持我们所做出的担忧的反应。要记住在看似负面的状态和事件里,其实蕴藏着许多机会和希望,而发生在我们生命中的许多磨难、挫折、冲突、人与人之间的误会,都可以帮助我们成长。

案例分享

丢掉包袱,轻松上路

一位青年,背着一个大包裹千里迢迢找到无际大师。

一见面,他就哭诉道:"大师,我是那样的孤独、痛苦和寂寞。长期的跋涉使我疲倦到了极点;我的鞋子破了,荆棘割破了双脚;手也受了伤,流血不止;嗓子因为长久的呼喊而嘶哑了……为什么我还不能找到心中的阳光?"

大师见青年背的包裹几乎和人一样大,便问:"你的大包裹里装的是什么?"

青年说:"它对我可重要了。里面是我每一次摔倒时的痛苦,每一次受伤后的哭泣,每一次孤独时的烦恼……靠着它,我才能走到您这儿来。"

无际大师没有作声,他带着青年来到河边,他们坐船过了河。上岸后,大师说:"你扛着船赶路吧!"

"什么,扛着船赶路?"青年人惊讶地问:"它那么沉,我扛得动吗?"

"是的,孩子,你扛不动它。"大师微微一笑,说:"过河时,船是有用的。但过了河,我们就要放下船赶路。否则,它会变成我们的包袱。痛苦、孤独、寂寞,这些对人生都是有用的,但片刻都不能忘记,就成了人生的包袱。放下它吧!孩子,生命不能负重太多!"

青年放下包袱,继续赶路。他发现自己的步子轻松而愉悦,比以前快得多了。原来,生命是不必如此负重的。

高人指点

直面压力——凯利魔术方程式

当压力事件来临的时候,理性分析往往会帮助我们保持平常心态。因此,要克服压力事件的负面影响,还可以借助由凯利空调的创始人——凯利先生发明的"凯利魔术方程式"。

第一,问你自己可能发生的最坏状况是什么。

第二,准备接受最坏的状况。

第三,设法改善最坏的状况。

三、情绪与压力管理训练

(一)实训项目一:认识我的情绪经验

在日常生活中难免有引发自己的喜、怒、哀、乐等情绪的事件,有些情绪因单一事件所引起,有些则是长期郁积的情绪而借导火线宣泄之。个体若未觉察、加以处理,久而久之将导致不良的心理适应。

项目步骤：

★发给每位同学一张白纸条，每个人写下一个情绪形容词，将纸条折叠后，放入事先准备好的盒子中。

★将盒中纸条摇混，依序请每位同学抽出一张纸，并注意不让其他同学知道纸条内容。

★请同学就所抽到的情绪形容词以自己在实际生活中所遭遇到的事件为例，来表达、说明该情绪内容，但不可透露该情绪字眼。

★其他同学就其所描述的事件内容，轮流猜测该同学表达的情绪，直到猜中为止。

★当有同学猜中情绪后，请每位同学就"被猜测者与猜测者，在猜测情绪状态的过程中，各有什么想法与感受？""被猜测者在该事件中除了该情绪外，还有哪些情绪感受？"（或可能因该事件而引发何种情绪感受？）进行讨论。

（二）实训项目二：情绪日记

请你记录一天的情绪，并觉察自己这一天的情绪状态以及情绪的作用。

1.今天起床到现在，你都产生过哪些情绪？

2.今天的情绪是正性情绪多还是负性情绪多？

3.选择其中最强烈的一个，想一想它是怎样产生的？

4.再想一想，产生这个情绪后，你做了什么？说了什么？你的行为产生了什么后果？

5.再想一想，这个后果是建设性的（有益健康、工作、人际关系），还是破坏性的（有害健康、工作、人际关系）？

每日情绪记录表

星期	天气	清晨		睡前		重要事件	
		情绪	原因	情绪	原因	事件纪要	情绪
一	晴	痛苦（负）	必须从温暖的被窝里爬出来	愉悦（正）	看了一本好书	老师说要交一篇论文	压力很大
二	阴	忧郁（负）	又变天了，又阴又冷	紧张（负）	明天要考试	参加合唱比赛得奖	乐不可支
三	雨	担心（负）	上学不便，怕考不好	生气（负）	跟妈妈发生冲突	考试考得不理想	懊恼、挫折
四							
五							
六							
日							

(三)实训项目三:压力过河

1.活动规则

播放轻音乐,老师念指导语,尽量让学生进入意境画面

第一步:在漆黑的夜里,两山之间有一条河,河上有一道桥,除桥面清晰可见外,其他的什么都看不见,完全漆黑一团。请学生过河。

第二步:有没有不愿过去的? 如果有请举手,可以放弃。

第三步:在对岸办完事情后,我们需要从原桥过河回家。天刚蒙蒙亮。依稀可见窄窄的桥面仅比一个人宽一点,且没有栏杆,也没有其他安全设施,桥下是万丈深渊,翻腾的河水拍打着山体,发出令人恐惧的"轰隆隆"的声音。请学生过河。

第四步:有没有不愿意过去的? 如果有请举手,可以放弃。

第五步:因为有新的任务,我们需要再通过原桥到对岸去,此时,天已经完全亮了,河依旧,桥的两侧有非常安全的保护网。请学生过河。

第六步:有没有不愿过去的? 如果有请举手,可以放弃。

第七步:请学生闭目静思,三次过河的感受。

3.讨论与分享

你三次过河时感受到的压力有哪些差异? 同样是一条河,为什么存在这些差异?

第三节　沟通与时间管理

小商说故事

钥匙和铁杆的故事

一把坚实的大锁挂在大门上,一根铁棍费了九牛二虎之力,还是无法将它撬开。

钥匙来了,他瘦小的身子钻进锁孔,只轻轻一转,大锁就"啪"的一声打开了。铁杆奇怪地问:"为什么我费了那么大的力气也打不开,而你却轻而易举地就把它打开了呢?"

钥匙说:"因为我最了解他的心。"

每个人的心,都像上了锁的大门,任你再粗的铁棍也撬不开。唯有关怀,才能把你变成一把细腻的钥匙,进入别人的心中,了解别人。以心换心,以情动人。

小商语录

并不一定要像角斗士般生死决斗,
有时候能打倒困难的,是微笑,而不是石头。

——《花儿与少年 2》

知识储备

一、沟通的意义

(一)沟通的定义及沟通三要素

沟通是为了一个设定的目标,把信息、思想和情感在个人或群体间传递,并且达成共同协议的过程。

在沟通的定义里,需要学习和明确沟通的重要内容即沟通的三大要素。

1.要有一个明确的目标

只有大家有了明确的目标才叫沟通。如果大家来了但没有目标,那就不是沟通,是什么呢?是闲聊天。而我们以前常常没有区分出闲聊天和沟通的差异,所以,我们理解了这个内容之后,我们在和别人沟通的时候,见面的第一句话应该说:"这次我找你的目的是……"沟通时说的第一句话要说出你要达到的目的,这是非常重要的,也是你的沟通技巧在行为上的一个表现。

2.达成共同的协议

沟通结束以后一定要形成一个双方或者多方都共同承认的一个协议,只有形成了这个协议才叫作完成了一次沟通。如果没有达成协议,那么这次不能称为沟通。沟通是否结束的标志就是:是否达成了一个协议。在实际的工作过程中,我们常见到大家一起沟通过了,但是最后没有形成一个明确的协议,大家就各自去工作了。由于对沟通的内容理解不同,又没有达成协议,最终造成了工作效率的低下,双方又增添了很多矛盾。在我们明确了沟通的第二个要素的时候,我们应该知道,在我们和别人沟通结束的时候,我们一定要用这样的话来总结:非常感谢你,通过刚才交流我们现在达成了这样的协议,你看是这样的一个协议吗?这是沟通技巧的一个非常重要的体现,就是在沟通结束的时候一定要有人来做总结,这是一个非常良好的沟通行为。

3.沟通信息、思想和情感

沟通的内容不仅仅是信息还包括着更加重要的思想和情感。那么信息、思想和情感哪一个更容易沟通呢?是信息。例如:今天几点钟起床?现在是几点了?几点钟开会?往前走多少米?这样的信息是非常容易沟通的。而思想和情感是不太容易沟通的。在我们工作的过程中,很多障碍使思想和情感无法得到一个很好的沟通。事实上我们在沟通过程中,传递更多的是彼此之间的思想,而信息的内容并不是主要的内容。

(二)沟通的误区

在实际工作中,很多人不能很好地解决沟通问题,主要有以下几个原因。

1.价值观与立场的误区

在日常生活工作当中,经常遇到这样的问题,即对于同样的事情每个人的看法和处理方式都会有所不同。

生涯驿站

有一百颗刚从树上摘下来的葡萄,有大有小,有饱满的,有不饱满的。假如只有你一个人来吃这一百颗葡萄,可以在一小时之内吃完。一个有趣的现象是,对于不同的人而言,吃葡萄的方式会有不同。有的会从最好的葡萄吃起,有的是从最差的葡萄吃起,也有好坏搭配的吃法,也有的随手摘着吃。这四种吃葡萄的人,分别体现了不同的生活态度。从最好的葡萄吃起的人是乐观主义者;从最差的葡萄吃起的人,是悲观主义者;好坏搭配吃的人就是现实主义者;而任意摘吃的人是浪漫主义者。

这里主要分析两种人。一种是乐观主义者,他会从一百个葡萄里面挑选最好的一颗葡萄来吃,然后再在剩下的九十九颗葡萄里面挑选最好的,依次类推,一直吃到最后一颗时,他会觉得很开心,因为他吃的每一颗葡萄都是最好的。另一种是悲观主义者,他会从一百个葡萄里面挑一个既小又瘪又难看的葡萄吃掉,他所考虑的是,反正葡萄是自己的,可以慢慢省着吃,同理,直到吃完最后一颗,他都是挑选其中最差的一颗吃掉。吃完后,可想而知,他的心情不会好到哪里去,他会觉得自己很倒霉,每次吃到的都是最差的葡萄。

启示:其实葡萄没有变,只是吃葡萄的方式和思路的改变就导致了如此大的心理差异。同理,在工作中,我们也会面对如此的境况,对于同一个想法,由于沟通的方式和思路不同,可能得到的结果也会大相径庭。这就是沟通过程中需要警惕的价值观与立场的误区。

2.沟通理念模糊

沟通理念模糊是思想上的问题。在沟通过程中,每个人都有自己的思维模式,并且总是自觉或不自觉地以自己的思路去代替别人的思路。此时,就会不可避免地产生沟通的问题。

3.沟通信息不对称

沟通信息不对称是另一个影响沟通的因素。沟通信息的不对称将会导致信息传递和反馈的不及时,这样就可能导致信息的失真,就会出现信息传递量过大或过小。同样,信息传递的途径、媒介不一样,也会出现沟通的问题。

4.沟通技能缺乏

要想沟通中取得较好效果,还需要掌握一定的沟通技能,技能的缺乏也会成为沟通的障碍。

高人指点

下属常常会听到上司对自己的指责。例如,上司会挑剔你的工作态度,但是作为管理者其实并不真正清楚下属的情况,犯了以下错误:

第一个错误就是在批评下属的时候轻易下结论;

第二个错误是在教育和批评下属时,应当是针对事情,而不是针对人。

其实管理者在犯这些错误的时候,大多数也是不自觉地,根源还是在于沟通技能的缺乏。

启示:沟通技能的缺乏会导致不好的沟通效果,没有良好的沟通效果就没有良好的人际关系,管理的绩效也就无从谈起了。

二、有效沟通的方法

在沟通过程中,应当掌握良好的沟通技能。这首先要做到转变观念,接下来就是要培养沟通技能。

(一)诚信宽容的沟通心态

沟通过程中最大的问题首先就是观念问题,表现在沟通者的心态上,就是应当有一种诚信宽容的沟通心态。

(二)培养有效倾听的技能

沟通的目的就是要达成一致性与降低差异性。因此,在沟通的过程中,管理者就一定要弄清楚对方的真实意思,将对方的想法和自己的想法比较,看看差异在哪里,然后再进行沟通的决策。这就需要管理者有好的倾听技能。

倾听技能包括三个层次,分别是:

第一层次是指单纯地听,做一个听众。

第二层次是包括倾听在内的一个综合感觉,就是调动全身的器官去感受,不能单靠耳朵去听,这又包含两层意思:一是听明白大概的意思,二是获得综合的感官性的感受。

第三个层次就是一定要用体验的方式去听,用心去体验对方的真实想法和做法,从而才能真正弄明白对方的意思,这是最关键的倾听技能。所谓体验就是用自己的内心感受到对方的意思。言为心声,一般人说出来的话能够代表他的心理反应,但是在很多情况下,由于人是处在一定的社会规范里,所以往往说出来的话,就会是内在心声再加上社会规范的制约后综合产生的,并不真实代表他的心理活动和想法,这就必须要靠倾听者用心去体验。

有效倾听的技能包含很多方面,不同的技能应用在不同的环境和不同的沟通对象,具体包含以下几个方面:

(1)理解对方想说什么;

(2)站在对方的立场去倾听;

(3)听完后再发表意见;

(4)使用目光接触;

(5)赞许性点头;

(6)恰当的面部表情;

(7)避免分心举动;

(8)提问、复述或笔记、兑现承诺。

听大师的话

如果你是对的,就要试着温和地、巧妙地让对方同意你;如果你错了,就要迅速而热诚地承认。这要为比自己争辩有效和有趣得多。

——卡耐基

（1）理解对方想说什么,要想清楚对方真实的想法,就应当透过语言深究其内在的深意。

①弄清楚对方说话的本意。

②要思考对方讲述内容的内在意义,因为中国人的思维习惯不像西方人那样直来直去,应当深入了解对方所述内容的深意。

（2）站在对方的立场去倾听。这就要求管理者站在对方的立场考虑问题,进入谈话的情境中去进行,就是当对方在说这个话的时候,要考虑他所处的情境和立场。所谓情境,不完全是所在的地点,还有沟通的氛围,以及谈话者的职务背景等。当管理者站在这个角度去倾听时,你就会发现,在不同的地方对方说出来的话的含义是不太一样的。只有站在对方的立场去倾听,才能弄清楚对方的深意。

（3）最好是听完后再发表意见。中国人都喜欢由表及里、由浅入深地表述自己的想法,此时就要求管理者在倾听的时候,不能在对方刚开始说话时就发表自己的意见,其实,这时对方的表述重点还没有谈到,对方的意思你可能只是一知半解,你所发表的意见也就可能以偏概全,容易左右下属后面的谈话思路,本来一个很好的建议可能就被扼杀了。所以说,作为管理者,切忌犯这样的错误,更多的时候应当是多听少说,当对方表达完自己的见解后,再表明你的意见。

（4）使用目光接触。心理学认为,当人们表达自己的意见时,是综合各种体态语言来表达的,而人们在接收信息时,语言信息可能只占到 $12\%\sim20\%$,大量的信息都包含在讲话者的体态、动作和表情里,而体态里面最重要的就是眼睛,管理者应当娴熟使用目光接触来体会对方讲话的意思。沟通是一个双向互动的过程,不完全是单向的语言表达,要想充分理解对方语言的深意还应当学会同对方的眼神交流。

（5）在倾听的过程中,除了眼神的交流外,还应当在适当的时候点头默许,这表示你能读懂对方的真实意思,在同他消除差异、形成一致性,这会给对方很大的鼓励。

（6）恰当的面部表情也能给对方传递积极的信号,利于顺畅沟通。

（7）不要在对方谈话的过程中不断做动作,你的任何举手投足的动作都会使对方分心。并且给对方的情绪以相应的配合,如果对方很悲痛,你就应当是庄重的表情;如果对方很热烈、高兴的时候,你也应当表现出喜悦的表情,这样才能有利于降低双方的差异性。

（8）最后,在沟通的过程中,还应当通过提问、复述或者做笔记等方式来增加记忆量。

①对于不清楚的地方应当提问,提问有两种方式,一个是开放式提问,便于更多地了解信息;另一种是封闭式提问,让对方选择性地回答问题,便于明确内容。具体方式的选择取决于你想获得怎样的信息。

②复述是一个好习惯,特别是当你向上级汇报工作的时候,对于一些核心内容应当简要归纳,向对方复述,这样可以最大限度地避免信息的遗漏和失真。

③做笔记的习惯有助于管理者延长记忆时间和扩大记忆量,特别是对于重要会议的内容,做好笔记可以在任何时候帮助你回忆当时的会议内容。

其实,这几种方式归纳起来就是眼到、嘴到、耳到、手到、心到,通过这种综合性的方式可以获得更多的信息,也才能更好地从中甄别出真实和有用的信息,更好地把握对方的真实意思和需求。

职业望远镜

职场新人先要学会沟通

初入职场，很多新人会觉得工作不快乐，而这种情绪的产生并不是因为工作难以招架，更多困难是出在与周围同事的沟通上。出现这样的情况就是职场新人不能正确处理人际关系的体现。对于沟通上的困惑，职场新人一定要及时解决，否则不仅难以将工作做得持久，还会导致自己变得孤僻和不自信。那么，职场新人要如何学会沟通呢？掌握"四不"原则：

一、无尊重不沟通。

尊重是任何交流中的首要原则，如果你不够尊重对方，那么相信对方是肯定不愿意与你沟通的。当然，这是一个相互的问题，如果你有足够的尊重而对方没有，那么你也有理由可以适当地要求他的尊重。

二、有情绪不沟通。

有情绪时尽量避免沟通的动作，因为不好的情绪易导致人失去理性，很难确保不说出冲动的话做出冲动的决定，引起不必要的争吵。这样的沟通不仅是无济于事的，还会造成不可挽回的结果。

三、无考虑不沟通。

传说中的嘴比脑袋快的沟通方式是不适合在职场中的，脱口而出的表达可能让有些不该说的话没经思考就蹦出来，不仅让气氛尴尬，还会造成不可弥补的后果。所以，要养成先思考再说话的习惯。

四、无倾听不沟通。

沟通是双方面的问题，要互相明白彼此的意思，才能沟通畅快，达到想要的结果。如果你连对方想要什么、说的是什么意思都不清楚，怎么会给对方一个满意的回复呢？

沟通常用的句式

一、"不好意思，是我的错！"

遇到问题，先承认个错误，一句"我错了"没什么大不了，反而会很快地打开心结，然后投入到解决问题当中去；即便不是你的错，在解决问题中对方也会发现这个问题，最终还你清白，你还得一个包容的形象，何乐而不为？

二、"你的看法是什么？"

不要一味地表达自己的想法，沟通是双向的，你不能完全确认你是对的并且另一人也认为你是对的。有时候，即使对方不想表达什么观点，你这样问也会起到恰如其分的讨好作用。

三、"你的主意太好了。"

对方提出一个人人都称赞的想法，尽管你内心有些许的嫉妒，但仍要赞赏，这不仅能让对方感受到你的赞美，还能体现你的团队精神。

四、"让我再想想，××点前给你答案好吗？"

这是暂时缓解危机的句型，当你不确定一件事的时候，说不知道是不合适的，当然也一定不要随意就确认了。这个回答,可以给自己考虑的时间,又会让人觉得你做事很用心,但之后,你就得赶紧准备并在预定时间给出答案。

五、"好,我马上处理。"

工作来的时候,先别推脱,爽快地接下工作,犹豫不决的态度会让人觉得你做事不负责任,拖拖拉拉。接下工作之后如果遇到问题你再与对方进行沟通和解决。

沟通的技巧当然不止这些,学会良好的沟通也是一个积累的过程,多思考,多总结。还要记住的是,职场上的沟通必然是人与人之间的行为,带着欣赏的眼光和宽容的心,一定会给沟通带来便捷。

(资料来源:《克拉玛依日报》,2014年9月1日C04版)

(三)语言体态有效配合

1.合理运用体态

在沟通的互动过程中,要想更好地传递你想要表达的信息,管理者就应当将口头语言和体态相互配合,因为口头语言仅仅能够传递信息量的20%左右,其他信息的传递是通过你的体态语言来实现的,这主要表现在你的表情、姿态、服饰和沟通的距离等方面。

职业望远镜

握手是常用礼节。标准的握手方式是伸手与地面成45°角,手臂处于自然状态,既不是特意绷直也不是稍微弯曲,手掌和手指也是自然放松。不同的人握手方式会有不同,握手就是你潜在心理的真实体现。一般情况下,主动伸手,绷直了手掌和手指与人握手的人,社交面不会太广,因为他跟别人握手很少,还不太习惯握手;那种抬高了手臂与人握手的人,一般控制欲较强;而握手时不太用力的人,说明他比较怯,社交经验欠缺;另一种握手的方式是摸手,从表现方式上看,比力道小的人更怯,但他的手掌摸上去很踏实,其实是一种谦虚的表现,这往往是德高望重的人,很精于握手之道。

2.恰当的沟通距离

与人沟通时,恰当的沟通距离有助于你建立和谐的沟通氛围。在人与人的交往中,一般有四种距离。

第一种距离是亲密距离,这种距离一般是恋人、亲人、父母、儿女等之间的距离,空间距离一般是0~0.3米之间。第二种距离是朋友距离,一般是指比较好的朋友之间形成的距离,一般是0.3~0.8米之间。第三种距离是社交距离,也叫三尺圈距离,一般在0.8~1.2米之间。1.2米以外是第四种距离,叫作公众距离。

其实,在一般的正常社会交往里,你在与人交谈时,一般的距离就是1米左右,这也是一般人的安全心理范围。在社交过程中,如果你不注意空间上的距离,往往会给对方带来不愉快,而你可能还不自知,这就会给沟通带来麻烦。当然,距离的范围是有弹性的,会随着周围情景的变化而改变。例如在公交车上,当车上人很少的时候,你就不能站在一位女士的身边，否则她就可能认为你是小偷或者是行为不轨。

新闻小事件

　　抽象思维和具体思维的人的语言表达方式有很大的区别。某一办公室的两位同事，一直工作到中午十二点左右，不知道外面的天气怎样。这时另一位同事从外面回来，其中一位就问他外面的天气怎样，这是因为早上外面在下雨，这会儿到午饭时间了，要出去的话不知道是否需要带伞，就问这位同事一下。可以看出来这是个具体思维的人，他就只想知道是否下雨这个简单的答案。而刚进来的这位同事是一位抽象思维的人，本来很简单的问题，他却答道："天晴了，真是奇怪，今天早上来上班还下好大的雨，衣服都被淋湿了，怎么就突然天晴了，太阳还出来了，一片晴空万里，这么蓝的天，在北京好久没见了，去年我到夏威夷时的天气就是这样的。"接下来就把去夏威夷的事情说了一通，最后又问道："你去过夏威夷吗？"还想和那位同事再聊聊。而那位同事其实已经知道了答案，所以就简单的一句话应付了："没有。"就准备往外走，刚进来的这位同事又说道："夏威夷挺好的，你应该去一下。"他就这样喋喋不休，那位要出门的同事只是"Yes""No"的简单应付，这个人一看没趣就懒得问了，而那位急着出门的同事也会觉得这人太啰嗦。其实这只是二人的思维方式不同而已。

（四）因人而异进行沟通

　　由于在沟通过程中，每一个人的个性特点不一样，所以一定要做到因人而异地进行沟通，这是很关键的。对于不同类型的人应当采用不同的沟通方式，具体如图8-3所示。

　　图8-3中通过二维坐标将人的沟通风格和思维方式分别进行划分，沟通风格可划分为四种类型：

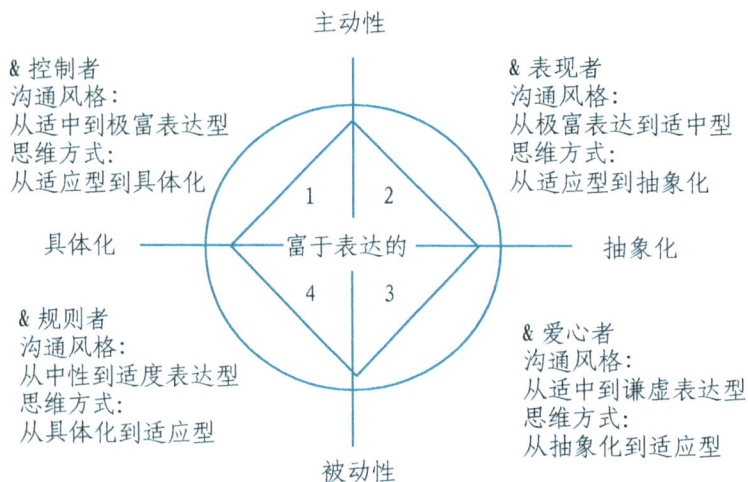

图8-3　四种类型的沟通风格与思维方式

第一种类型的风格是主动式风格,我们称之为攻击型的沟通风格,这种风格的沟通者在处理人际关系的时候喜欢采取主动和外显型方式,来表明自己的控制地位。

第二种类型叫作被动型风格,这种类型的沟通风格更多是属于依从状态,在任何时候都不喜欢做领导者,表现出一种依赖性,性格比较慎重,自己的想法不太愿意公开出来。

第三种类型的人是主动和被动连续代理的一种性质,但是他是以被动为主。在平常大部分情况下,他是一种依从的性格,而在有时又会表现出主动攻击的状态。例如,平常情况下,对待下属很温和,但有时也会有横眉怒目的表情。

第四种类型叫作富于表达式,这种风格相对而言更懂得怎么去沟通,懂得因地制宜地表达自己的想法,明白何时主动、何时依从,这种风格的沟通者很容易相处和共事。

思维方式可以分为两维,一种是具体化的思维,另一种是抽象化的思维。具体化的思维是指人在思考问题的时候,会具体到目标;而抽象化思维是跳跃式的,不一定落实到某个具体目标上去。

在沟通的过程中,人们的思维方式会有不同,有的人思维比较抽象,而有的人思维可能比较具体。在图8-3中,根据不同的思维方式和沟通风格,可以把人划分为四种类型:

控制者,这种沟通者在工作中非常强调目标的实现,工作上积极进取,自我中心意识强,思维方式也比较具体。

表现者,这种人同控制型很接近,都比较外向,自我中心意识很强,通过目标实现来达到自我心理满足。这种人一生都为掌声而活,非常希望别人给他掌声。而且这种人一般也很聪明,懂得如何让自己出彩,也懂得自我激励,通过不断努力去赢得持久的掌声。同控制型的人一样,表现型的人亲近能力比较弱。

爱心者,这种人在单位中更注重关系的和谐,是和事佬型的人物。

规则者,这种人的思维方式比较具体化,行为方式和沟通风格都比较被动,在单位里做事踏踏实实,会按照步骤将工作做得很漂亮,但是不适合做那种有创意性的工作。

三、时间管理的含义

时间具有"供给毫无弹性""无法蓄积""无法取代""无法失而复得"等特性,所以时间是最不为人们理解和重视的,也正因为如此,时间的浪费比其他资源的浪费更为普遍,也更为严重。

因此,当人们无所事事,或者忙得晕头转向却不见成效时,应该暂时停下来审视一下自己的时间利用效率,审视一下自己在时间中所处的角色,寻找一条更为合适的途径,实现自己的目标,追求自己的人生价值。

对于每一个现代人来说,工作时间越来越忙碌,工作任务越来越多,时间效率的管理也就显得更加重要。时间管理(Time Management),是指如何有效地运用时间,降低变动性。时间管理的目的就是决定该做些什么,决定什么事情不应该做。而时间管理最重要的功能是透过事先的规划，作为一种提醒与指引。

时间在不同职位的人身上有着不同的价值，有才能和有一技之长的人的时间价值非常大，而在碌碌无为的人身上，价值则不大。巴西足球名将罗纳尔多在国际米兰效力时，每年的收入高达 1 000 万美元，平均每天价值 27 397 美元，连他吃饭、休息、娱乐的时间都包括在内平均每小时价值 1 141 美元。

高人指点

有关时间的数字

人们一般每 9 分钟会受到 1 次打扰，每小时约 7 次，或者说每天 50～60 次，平均每次打扰大约 5 分钟，总共每天大约 4 小时，80％的打扰是没有意义或者极少有价值的。

每天自学 1 小时，一周就是 7 小时，一年就是 365 小时，一个人可以像全日制学生一样学习，3～5 年就可以成为专家。

平均阅读速度大约是每分钟 200 个词，如果每个工作的人每天阅读 2 小时，将其阅读速度提高到每分钟 400 个词，这每天可以节约 1 小时用于工作。

如果你让自己一天做一件事，你会花一整天去做；如果你让自己一天做两件事，你也会完成它；如果你让自己一天做 12 件事，则会完成 7～8 件事。

四、时间管理的方法

(一)确定各项工作的优先顺序

1. 明确行动目标

每天要做的事很多，有些重要，有些次要，有些紧急，有些可以缓一缓。因此大家应该有自己的目标。明确了行动目标，就可以判断这些事情的重要性和紧急性，然后按照顺序进行处理。

2. 先做重要且紧急的事

这是我们每一个人首先要做的事，因为它的重要性和紧急性，所以它比任何事都要优先得到处理，除非几件重要且紧急的事同时出现（那您的时间管理问题就太大了），否则就应该先做这样的事情。

3. 接着做重要但不紧迫的事

学习、工作中大多数人都是先"救急"而忽视了重要的事，对这类事情的处理，最能判断一个人办事有没有效率。例如参加专业技能培训、增强自己身体素质等都是重要的，但却不是紧迫的事。它们往往因不具紧迫性而被无限期地延迟办理。因此，在处理完重要且紧急的事情后，应该拿出精力来做这些重要但不紧急的事情。

4.然后做紧迫但不重要的事

这一类事情表面看来是需要立即采取行动的事情,但如果客观地分析一下,我们就应该把它放在第三类优先级里去。例如不速之客的拜访、外来的电话等。如果按事情的"缓急程度"来办事,疲于应付这类事,只能眼睁睁地看着重要任务完不成,使自己常处于危机或紧急状态之下。

5.最后处理不紧迫也不重要的事

不紧迫也不重要的事,在安排学习、工作顺序的时候,就可以将它们排在最后处理或交给其他人处理,或者干脆不做。有的人之所以在做重要的事之前先做这类事,是为了找到一种感觉自己学习、工作效率很高的自我满足感。

综上所述,新一代时间管理理论把事情分为轻重缓急,优先顺序,只有始终抓住最重要的事,才是最佳的时间管理,才是最好的节约时间的方法。

(二)对不同时段进行设计管理

1.整体时间的设计管理

整体时间的设计管理,即把某一事物全过程的时间作为对象进行全面规划、统筹安排,使时间的设计与运用趋于合理化、科学化。对于整个计划,应该当作一个整体来设计管理,合理安排学习、工作期限,运用科学的管理方法,如使用网络计划法,实现整体效果最优。例如,北京成功申办奥运会之后,就开始对 2008 年奥运会的全过程进行时间动态管理。

拥有成功的人生应该把人的一生当作一个整体来运作,从童年、少年、青年、壮年到老年进行全面规划。在整个生命周期中,合理地开发自己的智力和创造力,不失时机地实现自己的人生远景目标。

2.阶段时间的设计管理

阶段时间的设计管理,就是针对整个时间区域的某一阶段进行的设计和管理,一般以月、年或几年为时间单位。与整体时间的设计管理相比,阶段时间受整体时间设计的指导,但比整体时间的设计更具体。

3.短时间的设计管理

短时间的设计管理,一般以小时、天、星期为单位,是最具体、见效最快的,是整体时间设计和阶段时间设计的基础。短时间的设计管理要考虑自身的精力状况如何,力求准确把握时间,合理运用不同的时间类型。

无论整体时间的设计管理、阶段时间的设计管理,还是短时间的设计管理,都应该以效果为导向。大家要合理安排时间,创造高效的人生,应该对自己的时间进行系统的设计管理。

立即行动

看看你的时间是如何用掉的？

凡事想要进步，必须先理解现状。每天结束后，把整天做的事记下来，每15分钟为一个单位。在一周结束后，分析下，这周如何让你的时间可以更有效率地安排？有没有办法可以增加效率？

项目活动			
一、事务类活动	二、个人活动类	三、家庭类活动	四、休闲活动
1. 上课	1. 整理仪容	1. 做饭	1. 听广播与音乐
2. 学习	2. 饮食	2. 洗衣服	2. 看电视
3. 开会	3. 睡觉	3. 打扫房间	3. 休闲阅读
4. 接打电话		4. 杂物与家事	4. 爱好
5. 阅读文件.整理材料		5. 家庭外出	5. 观看比赛
6. 处理班级事务		6. 家庭沟通	6. 运动
7. 其他事务类活动		7. 其他家庭活动	7. 旅游
			8. 聚会社交
			9. 其他休闲活动
			10. 其他活动
小计	小计	小计	小计

（三）认清自己的时间划分

1. 工作或学习时间

时间用在工作上，或为了提高自己的能力用在学习上，称为工作或者学习时间。其目的是为谋生以及提高自身的能力，这部分时间是价值和财富的主要来源。

随着全球经济一体化，现代企业之间的竞争越来越激烈，为了保持自身的竞争优势，我们需要不断学习，提高自己的能力。活到老、学到老的终身学习观念已经为大家所接受，每个人都必须抽出一部分时间来学习新知识或者熟悉新事物。

2. 家庭时间

家庭时间是我们与家人共同度过的时间，家庭是我们最佳的避风港，家人与我们没有所谓的利害关系，只有在家人身边，才能彻底放松身心。我们要跟家人真心地相处，与家人共度美好时光，不要到了需要时才回家。

3. 休闲时间

休闲时间指休息、睡眠及参加体育活动等占用的时间。休息能够恢复体力，会休息的人才会工作。要懂得放松,要养成良好的睡眠、休息以及运动的习惯,该工作、学习的时候工作、学习,该休息的时候休息,把自己的身体状况调整到最佳状态。

4.思考时间

思考时间就是思考所消耗的时间。思考时间可着重用在计划自己未来的发展;也可以反省以前自己所做的事情是否正确,是不是值得等;还可以思考如何改进,如何调整,如何让自己变得更好。不必专门为了什么目的思考,可以天马行空地去想象,打开思路,如果发现了一些好的想法,或者是一些好的理念就应该立刻把它记下来。

5.其他时间

上述时间占了我们的大部分时间,除了以上时间,我们还有一些时间用于交通、空闲等。

明确了个人时间划分情况,我们就可以在适当的时间做适当的事,这是提高时间效率的有效途径。

听大师的话

世界上最快而又最慢,最长而又最短,最平凡而又最珍贵,最容易被人忽视,而又最令人后悔的就是时间。

——高尔基

(四)有效利用零碎时间

1.学习专业知识或技能

如果我们希望进一步提高自己的能力,可以参加一些培训班、进修班。在保证正常学习、工作的情况下,不失时机地为自己"充充电",为日后的发展做好准备。能力提高了,学习、工作的效率也会相应提高。

2.了解有关经济信息

利用零碎时间,阅读一些与所学专业有关的报纸、杂志,或者听听相关广播、经济新闻等。这是一种休息,同时对于保持自己与外界的信息沟通是相当重要的。我们常常看到,信息灵通的人通常是精力充沛的。

3.整理书房、卧室

检视一下我们的书房、卧室,把那些没用的文件、旧书或过期不看的杂志以及其他占用空间的垃圾都扔掉,清理一下书房和卧室的抽屉,如果需要的话,把书房的摆设换一下,使书房焕然一新,这样更有利于提高效率。

高人指点

重要工作一定要在早上做

美国爱荷华大学的心理专家在一项实验中发现,让人做同一件工作,下午2点到5点检所需的时间最多,工作效率最低;其次是晚上和深夜。由于人脑神经元细胞的集中度在早上10点前最高,如果你把重要的工作提前到早上做,工作效率将可提高20%～40%。

五、沟通与时间管理训练

实训项目一：苹果与凤梨

项目目标：本训练要求学生通过完成这个沟通任务，让他们充分体验沟通的过程，促进他们对沟通各要素的理解。

时间要求：50分钟左右。

场地要求：空间较大的室内场地，或室外较大的空地。

道具要求：无。

说明：

1.全体学员围成一圈。

2.训练师先和相邻的人进行演示。

训练师：这是苹果。

相邻的人回答：什么？

训练师：苹果。

相邻的人回答：谢谢！

3.回答完这一对话程序，由相邻的人（甲）开始问他的下一个同伴（乙）相同的问题：

甲：这是苹果。

乙：什么？

甲（对训练师说）：什么？

训练师：苹果。

甲：苹果。

乙：谢谢！

4.将此对话一直持续下去，最终传到训练师；同时训练师向另一个方向相邻的人传递凤梨，这样两句话就朝相反的方向进行传递。

观察要素：

1.信息交叉时有人总是出错。

2.有人认为自己的信息传达给身边的人，就完成任务了。

3.有人经常忘记跟上个人进行信息确认就往下传。

4.分不清自己在信息传递中的角色。

交流回顾：

1.信息传递中为什么会出错？有无预防的办法？

2.当别人出错时，我们的感受是什么？自己出错时呢？

3.沟通的最终目的是什么？

4.如何保证信息的正确传递？

5.现实沟通中我们如何减少失误？

实训项目二:我的时间管理

假设现在是星期一的晚上,你要计划未来五天的日程,下面是这五天要做的事情,请你根据所学的知识,做好未来五天的时间管理。

1. 你从昨天早晨开始牙疼,想去看医生。

2. 星期六是一个好朋友的生日——你还没有买礼物和生日卡。

3. 你有好几个月没有回家,也没有写信或打电话。

4. 有一份夜间兼职不错,但你必须在星期二或星期三晚上去面试(19点以前),估计要花1小时。

5. 明晚8点有个1小时长的电视节目,与你的工作有密切关系。

6. 明晚有一场演唱会。

7. 你在图书馆借的书明天到期。

8. 外地一个朋友邀请你周末去玩,你需要整理行李。

9. 你要在星期五交计划书之前把它复印一份。

10. 明天下午2点到4点有一个会议。

11. 你欠某人200元钱——他明天也将参加那个会议。

12. 你明天早上从9点到11点要听一场讲座。

13. 你的上级留下一张便条,要你尽快与他见面。

14. 你没有干净的内衣,一大堆脏衣服没有洗。

15. 你想好好洗个澡。

16. 你负责的项目小组将在明天下午6点钟开会,预计1小时。

17. 你身上只有5块钱,需要取钱。

18. 大家明天晚上聚餐。

19. 你错过了星期一的例会,要在下星期一之前复印一份会议记录。

20. 这个星期有些材料没有整理完,要在下星期一之前整理好,约需2小时。

21. 你收到一个朋友的信1个月了,没有回信,也没有打电话给他。

22. 星期天早上要做一次简报,预计准备简报要花费15个小时,而且只能利用业余时间。

23. 你邀请恋人后天晚上来你家烛光晚餐,但家里什么吃的也没有。

24. 下个星期二,你要参加一次业务考试。

制订一个周末的时间安排表。

在这些项目中,有些是互相冲突的,有些则富有弹性。如何制订一份合理实用的计划表呢?在制订时间表以前,请:

(1)把要做的事情全部看一遍;

(2)确定每件事情的重要等级;

(3)根据重要程度把事情重新排序

时间表可以参照以下的格式:

每天上班时间为 8 点到 18 点（含往来交通时间，中午有 1 小时休息）

时间	星期一	星期二	星期三	星期四	星期五
08：00					
08：30					
09：00					
09：30					
10：00					
……	……	……	……	……	……
22：30					
23：00					

编好时间表以后，请考虑：

(1)哪些事情被放弃不做？为什么？哪件事情有最高的优先级？为什么？

(2)你会高兴地执行这个计划吗？

实践项目三：生活馅饼

(一)活动目的

通过在图中描绘一天时间安排，可以了解自己的时间陷阱以及掌握如何跳出陷阱的方法。

(二)活动规则

(1)画一个大圆。以大圆代表 1 天 24 小时，请根据目前你一天生活的平均活动状况，将各类活动所花的时间按比例在圈内画出来。将圈分为 24 段，每段表示 1 小时。

(2)再画一个大圆。以大圆代表 1 天 24 小时，请描绘理想一天你生活的平均活动状况，将各类活动所花的时间按比例在圈内画出来。将圈分为 24 段，每段表示 1 小时。

(3)两个大圆进行比较，和组内成员进行分享。

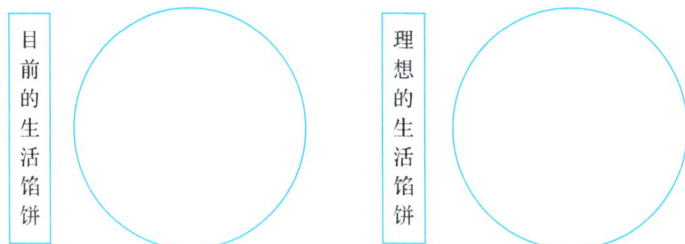

目前的生活馅饼　　　○　　　理想的生活馅饼　　　○

(三)讨论与分享

你的"生活馅饼"是怎么样的？你的"生活馅饼"需要怎样改进？想想你个人期望的时间安排图是什么样的？

第四节　团队合作精神

小商说故事

小提琴拍卖

在美国的一次艺术品拍卖现场,拍卖师拿出一把小提琴当众宣布:"这把小提琴的拍卖起价是1美元。"还没等他正式起拍,一位老人就走上台来,只见他二话没说,抄起小提琴就竟自演奏起来。小提琴那优美的音色和他高超的演奏技巧令全场的人听得入了迷。

演奏完,这位老人把小提琴放回琴盒中,还是一言不发地走下台。这时拍卖师马上宣布这把小提琴的起拍价改为1 000美元。等正式拍卖开始后,这把小提琴的价格不断上扬,从2 000美元、3 000美元,到8 000美元、9 000美元,最后这把小提琴竟以10 000美元的价格拍卖出去。

同样的一把小提琴何以会有如此的价格差异?很明显,是协作的力量发掘了小提琴的价值潜能。

一个人、一个公司、一个团队莫不是如此。如果只强调个人的力量,你表现得再完美,也很难创造很高的价值。

小商语录

没有完美的个人,只有完美的团队。

知识储备

一、团队与合作

(一)团队

团队一词,其含义是通过其成员的共同努力能够产生积极协同作用的最低层次的组织。实质上,团队就是由两个或两个以上的人组成,通过人们彼此之间的相互影响、相互作用,在行为上有共同规范的一种介于组织与个人之间的一种组织形态。其核心构成要素有:目标、人、合作。

（二）合作

马克思说："人的本质是一切社会关系的总和。"时代发展到经济全球化的今天,可以说人的社会属性比以往任何时候都显得重要。合作精神是人的社会属性在当今的企业和其他各种社会团体内的重要体现。但由于研究方法和角度的不同,现在人们还没有对合作精神形成一个统一的定义。在此我们将合作精神定义为:所谓合作精神,指团队成员为了团队的利益与目标而相互协作、尽心尽力的意愿与作风。

（三）合作精神的基本内涵

（1）合作精神的基础是张扬个性。真正的合作精神应该挥洒个性、表现特长。合作精神其本质就是在团队中树立一种个性意识,尊重独立性、主动性、创造性,给予个人以合理的授权,从而为每个人的发展提供一个良好的空间。合作精神通过个性表现融会于统一的思想和目标中。

（2）合作精神的核心是协同合作、优势互补。要发挥团队的优势,其核心在于大家加强沟通,发挥个性优势,在团结协作中实现优势互补,产生积极协同效应,带来"1+1>2"的绩效。

（3）合作精神的动力是共同目标。高效的团队必须具有一个大家共同追求的、有意义的目标。团队有目标,大家才会一起投入,为共同的目标的实现而奉献自己的才华。共同的目标是组织存在的先决条件,也是合作精神得以形成的动力。

（4）合作精神的主要内容。合作精神主要包括三方面的内容:在团队与其成员之间的关系方面,合作精神表现为团队成员对团队的强烈归属感与一体化感,每个成员都强烈地感受到自己是团队的一员,并且由衷地把自己的前途、命运与团队系在一起;在团队成员之间的关系上,合作精神表现为成员之间协同合作及共为一体;在团队成员对团队事务的态度上,合作精神表现为团队成员对团队事务的尽心尽力以及全方位的投入。

二、团队合作训练

实训项目一:电网

活动特性:团队合作

活动简介:在全体队员面前悬挂一张"电网",网上的洞口大小不一,要求队员在规定时间内,从网的一边依次通过到达另一边。在此过程中,队员的任何部位都不允许碰网,否则洞口将被封闭,每一洞口只能用一人次。

活动目标

——确立方案,明确分工,有效的组织协调是团队成功的关键。

——有效的利用搭配资源,是团队成功的质量。

——相互协调和精心操作,才能保障计划的顺利实施。

——感受面对困难时,应有的态度和做事方式。

——摆正个人在团队中的位置（角色定位）,是团队成功的基础。

检查装备:器材、人数网孔数目是否合适

1.项目介绍

我们今天要进行的项目具有非常久远的历史,是所有的拓展项目中相当经典的一个,说起它的起源还有一个故事。当时二战硝烟仍存,在德国西南部的一个纳粹集中营中,十几位盟军战士决定当晚趁着夜色逃生,他们万分小心地逃过了第一道封锁线,第二道封锁线,当他们即将到达最后一道封锁线时,突然后面响起了激烈的枪声……追兵到了。此时横在他们面前是一张漫天大网,上面的万伏高压电闪着呲呲的火花,他们已经没有了退路,唯一的办法就是从电网中穿过。这就是项目名字的由来——穿越电网。

2.项目任务

全体队员安全地从网洞中穿过。

3.规则

(1)电网是无限延伸的任何人只能从网洞中穿过;

(2)每个网孔只能用一次,不论是否通过用完即被封住;

(3)电网具有万伏高压可击穿任何物体,身体任何部位触网即宣布牺牲;

(4)在抬女士通过时面部朝上,以防止落地擦伤;

(5)将身上硬物取出放到一边妥善保管好;

(6)项目时间20分钟。

4.注意事项

(1)保护好第一个和最后一个通过的队员。

(2)保护垫子跟随被运送队员移动。

培训目标:

改变沟通方式,如何理解、倾听他人,如何让他人更能接受,如何分配合理的资源,资源的浪费与团队目标的关系;个人的利益与整个团队的利益关系将直接决定目标的达成。此培训项目强调整体协作与配合、资源的重要性,好胜与莽撞都将遭遇淘汰,只有依靠团队的力量才能顺利完成任务。

实训项目二:众志成城

(一)活动目的

体会团队中合作与思考的重要性;当个人处在困境和发展历程中,要如何寻求帮助。

(二)活动规则

1.将学生分成6~8人一组,教师在地上铺开一张完整报纸,请组内所有成员均进入报纸,无论何种方式都可以,但是脚不能踏出报纸外。

2.各组完成后,将报纸对折,再请各组成员进入,站在报纸上。若成功,则再将报纸对折,让全组再尝试站立。某组若不能完成,则被淘汰,不能参加下个回合。

3.上述程序进行至淘汰最后一组结束。

(三)讨论与分享

为什么我们成功或失败? 在活动中,我们吸取了什么经验?结合我们的生活和工作实际,会有什么思考?

第五节　职场求职面试攻略

小商说故事

小张的求职故事

小张是英语专业的毕业生,有较高的英语专业水平,曾在一些全国性的竞赛中取得优异成绩。而成绩优异的小张面试失败了。

小张去应聘一个初中英语教员的职位,自负的他认为这很简单。所以,没有对应聘单位做认真的调查。面试官简单地问了小张一些英语方面的问题,小张自信地对答如流。心里暗想:这么简单的东西还来考我。看起来面试官对自己还是比较满意。面试官把小张带到一个坐满了学生的教室,让小张围绕"生命"给同学们上一堂课。当小张正自我陶醉在"传道授业解惑"的满足感中时,面试官示意小张可以结束讲课了。

校方问:"你对我们学校了解吗?""知道一点,你们是外语培训学校。"小张回答。校方又问:"你知道来我们这里培训的都是什么人吗？我们学校的特色和授课风格你了解吗?"小张语塞。他说:"你恐怕对我们不大了解,从最初的谈话中我感觉你对英语教员这个职位好像也没做好准备。"他接着说,"我们的学生很多都是需要加强的,而他们本身对英语又没什么兴趣。刚才听了你的讲课,你的专业水平可能达到了我们的要求,但在教学上,你根本没有与学生互动,不能吸引他们学英语。我感觉你不大适应……"小张听出了他话中的意思,起身告辞了。

在求职时,我们应该收集一些应聘单位的资料,这是很重要的。小张由于自负没有进行相应的搜集,所以应聘失败了。

小商语录

寻找就业机会是最具挑战性的工作之一。重要的是找到"你的"工作,而不是"一个"工作。

知识储备

求职就业是对毕业生综合素质尤其是心理素质的一次检验,求职是关系到毕业生个人前途和全社会稳定发展的大事,是他们人生的一次重大抉择,也是对其综合素质尤其是心理素质的一次检验。求职心理是指毕业生在就业过程中的心理状态,是影响其正确择业和顺利就业的重要因素,也是毕业生价值观的具体体现。因此,认真研究大学毕业生求职心理问题与心理调适将对我们的工作有很大的帮助。

职业望远镜

三类性格与求职无缘

◆"惊弓之鸟"型

夏远是名应届毕业生,从毕业前就开始担心找工作的问题。总感觉自己的专业不够热门,学校也不是名牌,没有竞争优势。而且现在的就业形势不乐观,毕业的学长们也鲜有工作如意者,有的甚至现在还没有稳定的工作。这样的状况让他忐忑不安,对于找工作的事一直没有信心,简历的制作成了他的心病,不知道哪来的优点可以介绍,而越是这样就越没有了自信。到最后,简历倒真成了他的简单经历,求职也自然无门。

点评:求职是个推销自己的过程,在这个过程当中每一个求职者要做的无非就是如何让招聘方认可自己。要得到别人的认可首先得有自信,如果连自己都不认为自己可以的话,那又如何说服别人接受你呢?

夏远就是典型的没有自信,觉得自己不会比别人好。其实,每个人都有不同于他人的优势,看你会不会挖掘,别人不行不等于自己也一定不行,不要让一些消极的情绪左右了对自己的正确认识。

◆"自视高傲"型

李小姐在大学学的是新闻专业,毕业后顺利地进入一家杂志社当编辑,这让她高兴了一阵子。可是工作了一段时间后,李小姐的心理出现了变化,她不再像当初那样喜欢在这个小杂志社工作了。在她看来,刚毕业都能顺利地找到合适的工作,现在的自己不仅有学历、有专业,还有一年多的工作经验,以这样的资格应该去正规的大报社,这样才有大发展。

然而辞职后的李小姐却没有像想象中那么如意,屡次的失败让她越来越迷惑。这到底是为什么呢?

点评:有自信当然没错,但是一定不要脱离实际情况,否则容易变得盲目。"过犹不及",自信过了头就该骄傲了。

与第一个例子恰好相反,李小姐是自信太足了,而且这种自信并没有建立在对客观情况的了解之下。很多时候,优势是在比较之下产生的,"知己知彼"才是理想的判断方式。招聘是在适合当中寻找最佳,"有专业、有一点经验"可能只是适合而已。"人外有人",没有找到绝对优势之前随时可能被淘汰。

李小姐盲目的自信使她忽视了正规大报社的客观情况,对于具有国有性质的报社来说,一年的经验是远远不够的,而且也很难通过市场招聘的方式来实现。这实际上还是定位不准的原因。

◆"无的放矢"型

王跃忙碌的求职生活已经持续了很长一段时间了,投出去的简历就像石沉大海一样杳无音讯,偶尔接到几个面试通知也都不理想。

失落的王跃来找我们独之秀职业顾问寻求帮助,看过他的简历我们发现了很多问题。他以前有过几段短暂的工作经历,但之间的关联很少,几乎找不出什么共同点,他也回答不出自己理想的目标,总觉得以前接触过的几类工作似乎做起来都可以。在他厚厚的简历中大部分是一些荣誉证书之类的东西,都是上学时的内容,跟找工作简直毫无关系。

点评:做任何事情都是有目的的,没有目的也就失去了行动的方向和动力。试问一个连自己都不知道要做什么工作的人,又如何让别人来定义你的能力呢?

像王跃这样漫无目的地罗列证书和经历,招聘方能得到什么有效信息呢?在众多的简历中一份内容繁多又无实际意义的简历,是很难得到青睐的。实际上,招聘方看简历并不是只想知道你以前是什么样的,更多的是想了解你现在所具有的能力。所以,一份好的简历要有针对性和突出性。王跃失败在没有定位好目标,不知道自己要做什么,反映在简历中就是累积了过多无用的信息,无法突出优点。

一、求职心理的自我调适

求职本身就是毕业生认识和适应社会的一个过程,在求职过程中遇到困难,甚至经过几次挫折才最后成功是正常的;在就业中遇到许多心理冲突、困惑,产生一些不良情绪也是正常的。要教育大学毕业生在遇到就业问题时及时调整心态,从容、冷静地面对就业这一人生重大课题,并做出正确、理智的选择。

(一)适当调整就业期望值

就业市场化、自主择业给大学生带来了机遇与实惠,但一部分大学毕业生对就业市场残酷的一面认识不足,对就业市场的客观实际了解不够。经过对就业市场、就业形势的客观了解与深刻体验后,大学毕业生必须面对现实、接受现实,不能怨天尤人。同时大学毕业生要适当调整就业期望值,有一种说法是"求上得中,求中得下",意思是说对事情的期望值不要太高,因为事情的结果往往和所预想的有一定差距,要有从最坏处着想,向最好处努力的思想准备,在职业生涯规划和职业发展观念上确定自己正确的人生轨迹,要树立长远的职业发展观念,放弃过去那种择业就是"一次到位",要求绝对安稳的观念。在择业时要看得长远一些,学会规划自己整个人生的职业生涯。在当前大学毕业生学历、素质还有待于提高的前提下,获得一个十分理想职业的时机还不成熟,应采取"先就业,后择业,再创业"的办法。先选择一个职业,在工作中不断提高自己的社会生存能力、增加实际经验,然后再凭借自己的努力,通过正当的职业流动,来逐步实现自我价值。许多大学毕业生不愿意去经济落后的地区工作,可是随着国家政策的倾斜和贫困地区的发展以及西部大开发的进行,这些地区将成为经济发展的热点,也将给毕业生们提供更多的发展机会,因此抢先到这样的地区去工作可能会更有利于自己的职业发展,取得事业的成功。

(二)建立合理的职业价值观

对于当代大学生来说,职业对个体的意义已经远不仅仅是满足生存的需要,职业的价值是丰富的,我们要充分认识到职业对个体发展、社会进步所起到的重要作用,因此,大学毕业生在择业时也不能只考虑工作的经济收入、工作条件、地点等因素,更要考虑职业对毕业生自我一生发展的影响与作用,应看重职业能否帮助实现自我价值。因此,要在考察社会需要的基础上,树立重自我职业发展、才能发挥、事业成功的职业价值观。对于那些虽然现在工作条件较差,但发展空间大,能充分发挥作用的单位要优先考虑;对于那些现在经济发展水平不太高,但发展潜力大、创业机会多的工作地点也要重视。大学毕业生要建立适合自己发展需要的、合理的职业价值观,实现正确择业。

(三)正确认识社会,正确认识自我,主动寻找机遇

大学毕业生择业要知己知彼。知彼就是要了解择业的社会环境和工作单位,正确认识面临的就业形势,了解用人单位的需要。知己就是实事求是地评价自己,对自己有正确的认识。要客观、正确地认识自己在德、智、体诸方面的情况,自己的优点和长处、缺点和短处,自己的性格、兴趣、特长,要明确自己想做什么。大学毕业生应在择业前进行职业能力倾向测试,了解职业特点,找到适合自己的职业方向,扬长避短,用发展的观点来看待自己,要知道自身存在的某些缺点并不可怕,可以先就业然后在工作岗位上不断克服缺点,发展和完善自己。多参加招聘会,主动寻找机遇,并根据已定的择业标准进行选择。机遇并不是对任何人都适用的。一个工作的好与不好,是相对的,对别人合适的,对自己不一定合适,对本科生合适的,对高职生不一定合适,因此一定不能盲从,要时时记住,只有合适自己的才是最好的。还要注意机遇的时效性,在发现就业机会时要主动出击、及时把握,不能犹豫,也不要害怕失败,应有敢试敢闯的精神。

(四)坦然面对就业挫折,提高心理承受能力

大学毕业生在求职中遇到的挫折要比本科生多,这时,应该用冷静和坦然的态度待之,客观地分析自己失败的原因,进行正确的归因。首先,在就业市场化、需求形势不佳、就业竞争激烈的条件下,出现求职失败是在所难免的,不能期望自己每次求职都能成功,要知道即使是本科生也很难一次择业成功,要对可能出现的求职挫折有充分的心理准备。同时,应把就业过程看作是一个很好地认识社会、认识职业生活、适应社会的机会,通过求职活动来了解自己、认识自己、发展自己,促进自我成熟。其次,求职失败并不一定就是因为自己的能力不行,大学毕业生有自身的优势,出现求职失败有许多原因,可能是因为选择求职单位的方向不对,也可能是因为自身的价值观与单位的企业文化不符合,还有可能是其他一些偶然的因素。总之,要正确分析自己失败的原因,调整自己的求职策略,学会安慰自己,以便在下次的求职中获得成功。

(五)积极调整心态,促进人格完善

在求职择业过程中,大学毕业生应当自觉提高自我心理调适的主动性,当自身心理平衡难以维持,即将产生或已经产生心理障碍时,应当根据自己心态的实际情况,选择各种诸如自我静思法、自我转化法、自我适度宣泄法及理性情绪法等自我心理调适方法来调节自身心态,重新建立心理平衡。首先,可以进行积极的自我心理暗示,鼓励自己、相信自己,帮助自己渡过难关。其次,可以向朋友、老师倾诉,寻求他们的安慰与支持。最后,还可以通过体育锻炼、听音乐、郊游等方式转移自己的注意力,排解心中的烦闷,放松自己的心情。通过对自己在就业时出现的种种不良心态的分析,可以发现自己平时不容易察觉的一些人格缺陷。应该说这些人格缺陷是产生这种就业心理问题的根本原因,如果现在没有很好地完善自己的人格,那么这些问题还会对今后的工作、生活带来困扰。因此,要正确面对就业过程中自身暴露出来的问题,

不必为自己所存在的人格缺陷而懊恼,因为绝对的人格健全者几乎是不存在的,关键是要在发现自己问题的基础上,积极改变自己、发展自己,使自己的人格更加成熟,顺利就业。

大学毕业生是国家的财富而不是"包袱",他们是社会和国家的有用之才。目前,我国仍然是人才资源缺乏的国家,积极教育大学毕业生合理定位、顺利就业,纠正当前大学毕业生就业教育中的一些模糊认识,不以成功论英雄,不以学历降人才,使三百六十行的各个层次都有大学生的身影,这样才能使整个社会得到和谐、健康、持续的发展。

二、简历的制作

简历是自我推销的工具,是一种个人广告,用来展示你的工作技能以及你对于未来雇主的价值,主要目的是帮助你获得面试机会。

(一)个人简历的基本内容

(1)个人资料:必须有姓名、性别、联系方式(固定电话、手机、电子邮箱),而出生年月、籍贯、政治面貌、婚姻状况、身体状况、兴趣爱好等则视个人以及应聘的岗位情况,可有可无。

(2)学业有关内容:毕业学校、专业、城市和国家,然后是获得的学位及毕业时间,学过的专业课程(可把详细成绩单附后)以及一些对工作有利的辅修课程。

(3)本人经历:大学以来的简单经历,主要是学习和担任社会工作的经历,有些用人单位比较看重你在课余参加过哪些活动,如实习、社会实践、志愿工作者、学生会、团委工作、社团等其他活动。切记不要列入与自己所找的工作毫不相干的经历。

(4)荣誉和成就:包括"优秀学生""优秀学生干部""优秀团员"及奖学金等方面所获的荣誉,还可以把你认为较有成就的经历(比如自立读完大学等)写上去。

(5)求职愿望:表明你想做什么,能为用人单位做些什么。内容应简明扼要。

(6)附件:个人获奖证明,如优秀党、团员,优秀学生干部证书的复印件,外语四、六级证书的复印件,计算机等级证书的复印件,发表论文或其他作品的复印件等。

(二)个人简历的写作标准

(1)整洁:简历一般应打印,保证简历的整洁性。

(2)简明:简历一般在 1 200 字以内,让招聘者在几分钟内看完,并留下深刻印象。

(3)准确:要求简历中的名词和术语正确而恰当,没有拼写错误和打印错误。

(4)通俗:语言通俗晓畅,没有生僻的字词。

(5)诚实:要求内容实事求是、不卑不亢、表现自然。

(三)突出个性,展现风采

每个人的特点及经历都是不一样的,这就决定了简历不能千篇一律,在简历中要反映出个性和创意。如果简历没有新意,无法做到"与众不同",就无法引起用人单位的注意。下面三个原则有助于让你的简历更加个性化。

第一原则:要有重点。一个招聘者希望看到你对自己的事业采取的是认真负责的态度。不要忘记雇主在寻找的是适合某一特定职位的人,这个人将是数百名应聘者中最合适的一个。因此如果简历的陈述没有工作和职位的重点，或是把你描写成一个适合于所有职位的求职者，你很可能将无法在任何求职竞争中胜出。

第二原则：把简历看作一份广告——推销自己。最成功的广告通常要求简短而且富有感召力，并且能够多次重复重要信息。个人简历应该限制在一页以内，工作介绍不要以段落的形式出现，尽量运用动作性短语，使语言鲜活有力。

第三原则：陈述有利信息，争取成功机会。招聘者对理想的应聘者也有要求：相应的教育背景、工作经历以及技术水平，这会是应聘者在新的职位上取得成功的关键。应聘者应该符合这些关键条件，这样才能打动招聘者，并赢得面试的机会。同样，简历中不要有其他无关信息，以免影响招聘者的看法。

范例：无锡某职业技术学院某同学的个人简历

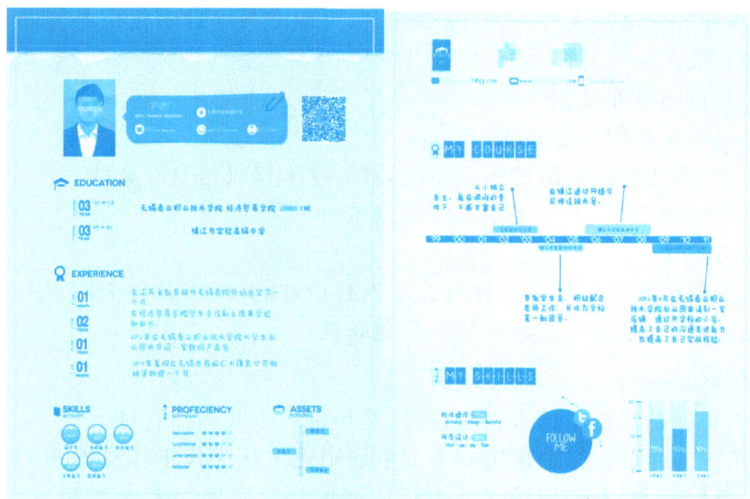

立即行动

请制作一份属于自己的简历。

TIPS：可借鉴网络上的一页纸简历、flash 版简历来进行创新。

三、面试技巧

（一）面试前必做的准备工作

面试之前的准备应该从大一开始，时刻准备，求职准备绝对不仅仅是背诵一些干巴巴的答案，它包括方方面面的信息：

（1）对某个行业的专业知识；

（2）对某个具体职业的专业知识；

（3）陈述能力（阐述自己可能并不熟悉的话题，绝不仅仅是自我介绍）；

（4）梳妆打扮的能力（印象分至少占 3 成权重）；

（5）应变能力。

说到底，这些面试准备是越早越好的。穿衣打扮，既要庄重又要美丽；待人接物，既要专业又要亲切；阐述问题，既要有逻辑性又要有趣味性。

（二）着装礼仪

面试的核心目标是获得主试人员的认可，获得进入企业的通行证。

不同的职位应选择不一样的服饰。不少应届毕业生认为找工作穿着职业套装才显得正式。实则不然，不同专业、不同职位可以配以不同的打扮。例如艺术类的职位，面试官会考察面试者的艺术气质，这时一身休闲、随意的打扮恰恰能起到意想不到的效果。

女生应准备一至两套较正规的套服，以备去不同单位面试之需。尽可能穿出自己的风格，突出个人的气质，强调个人的魅力。参考的法则是，针对不同背景的用人单位选择适合的套装，必须与准上班族的身份相符，要以内在素质取胜，先从严肃的服装入手。不管什么年龄，剪裁得体的西装套裙，色彩相宜的衬衫和半截裙使人显得稳重、自信、大方、干练，给人"信得过"的印象。裙子长度应在膝盖左右或以下，太短有失庄重。服装颜色以淡雅或同色系的搭配为宜，穿着应有职业女性的气息。

男生领带学问大，领带的色调、图案如何配合衬衣和西装是一门很大的学问，也与个人的品位有关，同学们平时可多注意观察成功人士、知名公司领导人的着装，看看他们如何选择领带，同时大家也可以将各自的心得体会多进行交流。

立即行动

设计你的面试服装。

想一想，你的衣柜里有哪些服装适合用于面试（与面试岗位相适应）？在面试时你打算如何包装自己？简单设计面试那天你穿着的服饰和妆容。

（三）成功面试技巧

面试是你整个求职过程中最重要的阶段。成败均决定于你面试时的短短一瞬间的表现。每个人都能够学会怎么出色地面试，而且绝大多数的错误都可以预期并且避免，下面这5个技巧将给你带来成功的契机。

技巧1：座右铭与应聘行业相关

通过提问座右铭，用人单位就可以判断面试者是否具有发展前途。面试者不要说那些易引起不好联想的座右铭，也不应说那些太抽象的座右铭，更不宜说太长的座右铭。座右铭最好能反映出自己某种优秀品质，或者和本专业、本行业相关的一句话，比如"只为成功找方法，不为失败找借口"。

技巧2：说与工作"无关紧要"的缺点

当考官问到你的缺点时，面试者不能说自己没缺点，也不能把那些明显的优点说成缺点，但更不能挑严重影响所应聘工作的缺点，或者说令人不放心、不舒服的缺点。可以说出一些对于所应聘工作"无关紧要"的缺点，甚至是一些表面上看是缺点，从工作的角度看却是优点的缺点。

考官问到"你为什么选择我们公司？"时，就试图从此题中了解面试者求职的动机、愿望以及对此项工作的态度，面试者最好不要说待遇好等，可以说"我十分看好贵公司所在的行业，我认为贵公司十分重视人才，而且这项工作很适合我，相信自己一定能做好。"

技巧3：遇到提问陷阱采用迂回战术

"如果我录用你，你将怎样开展工作？"这是一道陷阱题，如果应聘者对于应聘的职位缺乏足够的了解，最好不要直接说出自己开展工作的具体办法，以免引起不良的效果。面试者可以尝试采用迂回战术来回答，如"首先听取领导的指示和要求，然后就有关情况进行了解和熟悉，接下来制定一份近期的工作计划并报领导批准，最后根据计划开展工作"。

技巧4：回避回答对上级具体的希望

"你希望与什么样的上级共事？"通过面试者对上级的"希望"可以判断出面试者对自我要求的意识，这既是一个陷阱，又是一次机会。面试者要好好把握此机会，最好回避对上级具体的希望，多谈对自己的要求，如"作为刚步入社会新人，我应该多要求自己尽快熟悉环境、适应环境，而不应该对环境提出什么要求，只要能发挥我的专长就可以了"。

技巧5：尽量体现机智、果敢和敬业

"你是应届毕业生，缺乏经验，如何能胜任这项工作？"此题的回答应体现出面试者的诚恳、机智、果敢及敬业。如"作为应届毕业生，在工作经验方面的确会有所欠缺，因此在读书期间我一直利用各种机会在这个行业里做兼职。我也发现，实际工作远比书本知识丰富、复杂。但我有较强的责任心、适应能力和学习能力，而且比较勤奋，所以在兼职中均能圆满完成各项工作，从中获取的经验也令我受益匪浅。请贵公司放心，学校所学及兼职的工作经验使我一定能胜任这个职位"。

小商生涯工作坊

情景模拟

国庆长假后的早晨，你坐公交车上学，早晨路上车很拥挤，公交车开得比平时更慢，以50千米/小时的速度，眼看着时间一分一秒地流逝。从什么时候你开始变得躁动不安了？你会咒骂吗？你的额头是不是开始冒汗了？你会继续乘坐公交车，还是会想中途下车打车前往学校上课？你会尝试打电话给老师请假吗？或者，你彻底放弃了？

你会有怎样的反应？

刚刚你接到了所报名的兼职的电话，现在，你还有10分钟时间来准备给兼职的人事部门回复。恰恰在这个时候，手机铃响了。电话里传来了你母亲的声音，她问你什么时候回家，可是这连你自己都还没计划好呢。虽然你对她说自己现在很忙，没空和她聊天，但她还是滔滔不绝地向你讲述家里发生的事情。现在，你只剩5分钟时间准备给人事部门打电话了，你会在与母亲通话的过程中走来走去吗？你是不是解开了衬衫上面的纽扣？你会说"先这样吧，妈妈"，然后就挂断电话吗？或者你会越来越大声地重复"我现在没有时间"？

你会有怎样的反应？

上面的几个例子，描述的是一些我们在日常生活中经常会遇到的情景。事实上，我们常常会爆发，并且表现得很有攻击性，尽管在这些时候我们不应该这样做。我们发脾气的原因很简单，就是我们想安静一下却无法安静。

如果不断对一个人提出越来越多的要求，例如希望随时能够找到他，能和他交谈或者想让他在任何希望的时候出现，等等，最终他会不胜其烦也没什么奇怪的。"很多人都不想再被各类信息、来电、传真和广告轮番轰炸了。如果你真想打电话的时候，汽车电话却响起来，或者送快递的家伙突然来按门铃，难道你不会恼羞成怒吗？没有什么比一段不被外界打扰、只属于我们自己的时间更让我们向往的了。然而许多事情的确是需要我们为之付出大量时间的，比如做某个重大决定的时候。但是就算我们不断提高工作、学习速度，也无法阻止有些事物的增加，如我们面临的挑战、我们必须直面的各种诱惑和我们需要做出的决定等。因此，面对这些问题的时候，我们需要全面地了解自我、管理自我。

人生，是一份打上蝴蝶结的礼物，我们需要更好的管理它。

阅读时光

一杯茶、一本书、一个下午的美好时光……

1.《德鲁克谈自我管理》 作者：詹文明 东方出版社/2009-11-1

2.《哈佛凌晨四点半》 作者：韦秀英 安徽出版社/2012-10-01

3.《每天学点说话技巧》 作者：文欣 中国纺织出版社/2011-09-01

4.《团队正能量：带队伍就是带人心》 作者：[美]丹·柏秉斯基 中国友谊出版社/2012-11-01

5.《晓梅说商务礼仪》 作者：张晓梅 中国青年出版社/2014-8-1

模块小结

比尔·盖茨说："在你没有做成任何事情之前,这个世界上没人在乎你的感受。"是的,双手才能创造属于我们自己的人生。职业生涯规划不单单是一叠打满字的纸,更重要的是一个自我修炼的计划、一系列自我激励的行动、一段自我反思的历程……成功的人生需要自己去经营,今天的我是由自己三年前的努力决定的,同样,我现在的努力也会决定三年后的自己。一起奔跑吧,兄弟!

参考文献

[1]陈亚鸿,沈新华,陆亚玲,等.高职学生职业发展与就业指导[M].南京:南京大学出版社,2015.

[2]姚金凤.大学生职业发展与就业[M].苏州:苏州大学出版社,2011.

[3]江苏省高校招生就业指导服务中心.大学生职业生涯规划[M].南京:江苏教育出版社,2008.

[4]阚雅玲,张强.大学生成功素质训练[M].北京:机械工业出版社,2007.

[5]黄坚.职业发展与素质训练教程[M].北京:清华大学出版,2009.

[6]王兆明,顾坤华.大学生职业生涯规划[M].苏州:苏州大学出版社,2014.

[7]付鹏.创业综合培训教材核心培训教程[M].北京:科学技术文献出版社,2011.

[8]魏峰.管理自我与规划人生[M].南京:东南大学出版社,2011.

[9]《财经专业大学生发展指南》编写组.财经专业大学生发展指南:职业生涯规划[M].上海:上海财经大学出版社,2012.

[10]王丽.大学生职业生涯规划训练手册[M].北京:北京理工大学出版社,2011.

[11]吴芝仪.我的生涯手册[M].北京:经济日报出版社,2008.

[12]姜纳新.大学生就业指导[M].北京:北京广播学院出版社.2006.

[13]巴特勒,沃德鲁普.哈佛职业生涯设计[M].赵剑非,译.北京:中国商业出版社,2004.

[14]王德炎.大学生职业生涯规划与就业指导[M].武汉:武汉理工大学出版社,2009.

[15]谭一平,叶坤妮.职校生创业指导[M].北京:清华大学出版社,2011.

[16]黄国汀.职业道德与就业指导[M].北京:中国物资出版社,2004.

[17]储克森.职业、就业指导及创业教育[M].北京:机械工业出版社,2004.

[18]李莉.足迹:生涯规划与职业发展[M].北京:北京师范大学出版社,2012.

[18]柳君芳,姚裕群.职业生涯规划(修订版)[M].北京:中国人民大学出版社,2015.

[19]陈济.职业生涯规划学习指导用书[M].北京:中国人民大学出版社,2009.

[20]赵励宁.大学生职业生涯规划[M].北京:中国人民大学出版社,2014.